高等院校经济管理类
专业应用型系列教材

推销原理与实务

主　编　董乃群
副主编　常志远　欧阳慕岚

清华大学出版社
北京

内 容 简 介

本书以辽宁省一流专业——市场营销专业为依托，以辽宁省一流课程资源为基础，遵循实用原则，系统阐述了推销基本原理、推销技术和技巧及推销管理，以帮助学生提升职业素养。全书共分九章，包括推销概述、推销方格与模式、推销环境与顾客购买行为分析、推销员的自我准备、推销接近技术、推销洽谈技巧、推销异议处理、推销成交技术和推销管理。为方便教学，各章均有微课和课程思政视频以及配套案例，并设计了课堂实训和课外实训，实用性较强，具有可操作性。

本书可作为应用型本科院校及高职高专院校市场营销等相关专业推销课程教材，也可供一线销售人员自学使用。

本书封面贴有清华大学出版社防伪标签，无标签者不得销售。
版权所有，侵权必究。举报：010-62782989, beiqinquan@tup.tsinghua.edu.cn。

图书在版编目(CIP)数据

推销原理与实务/董乃群主编.—北京：清华大学出版社，2023.10
高等院校经济管理类专业应用型系列教材
ISBN 978-7-302-63497-3

Ⅰ.①推… Ⅱ.①董… Ⅲ.①推销-高等学校-教材 Ⅳ.①F713.3

中国国家版本馆 CIP 数据核字(2023)第 083282 号

责任编辑：左卫霞
封面设计：杨昆荣
责任校对：李 梅
责任印制：丛怀宇

出版发行：清华大学出版社
网　　址：http://www.tup.com.cn, http://www.wqbook.com
地　　址：北京清华大学学研大厦 A 座　　邮　编：100084
社 总 机：010-83470000　　邮　购：010-62786544
投稿与读者服务：010-62776969, c-service@tup.tsinghua.edu.cn
质量反馈：010-62772015, zhiliang@tup.tsinghua.edu.cn
课件下载：http://www.tup.com.cn,010-83470410

印 装 者：三河市少明印务有限公司
经　　销：全国新华书店
开　　本：185mm×260mm　　印　张：13.25　　字　数：320 千字
版　　次：2023 年 10 月第 1 版　　印　次：2023 年 10 月第 1 次印刷
定　　价：48.00 元

产品编号：102272-01

FOREWORD

前　言

随着市场经济的深入发展,推销行为已渗透到我们生活的方方面面,影响着每个人、每个家庭乃至每个企业,而销售方式随着互联网的发展也在不断地推陈出新。推销既是一门科学,也是一门艺术:推销作为一门科学,在西方已经发展了几十年,有一套完整的、系统的理论和方法;推销作为一门艺术,有太多非程式化的技巧需要用心体会,需要因人因时因地灵活运用才能收到良好的效果。推销作为一种销售技术,需要经过长期探索,反复实践,才能达到熟练运用的境界。

本书以辽宁省一流专业——市场营销专业为依托,以辽宁省一流课程资源为基础,系统阐述了推销基本原理、推销技术和技巧及推销管理。本书内容特色主要体现在以下几个方面。

1. 紧密结合课程思政

思政育人是高校专业教育的重要功能之一。本书深入贯彻党的二十大精神,结合各章节专业知识点融入思政育人的理念,通过丰富的课程思政素材、视频,润物细无声地将思政育人与专业知识教学巧妙结合。

2. 体系完整性

本书以推销工作过程为导向,紧密结合企业推销工作实际。全书共九章内容,遵循"树立现代推销理念→完成推销前的素质准备→掌握推销的步骤、策略与方法→提升推销管理意识"的逻辑关系,符合学生的认知、学习规律。

3. 案例本土化

近年来我国经济发展快速、市场活跃,由于文化差异,我国推销工作有着自己的特征。本书在编写过程中大多采用本国新近案例,以增强案例的相关性、适用性和说服力。

4. 方法操作性强

本书每章都有课堂实训和课外实训,体现实用性和可操作性,应用型特征明显。

5. 提供丰富的配套数字资源

本书为辽宁省一流本科课程推销原理与实务的配套教材,建有在线开放课程,扫描下一页下方二维码即可在线学习该课程,课程含微课、动画、图片、视频、测试等丰富的数字教学资源,授课教师可以此为基础开展个性化线上教学。此外,本书精选其中微课、课程思政视频等优质资源做成二维码在书中进行了关联标注。本书同时还提供 PPT、巩固与应用的答案等。

本书由沈阳工学院董乃群担任主编,常志远、欧阳慕岚担任副主编,主编提出本书的编写思路,确定框架结构,负责全书统稿。本书具体编写分工如下:董乃群编写第 1、4、8 章,沈阳工学院欧阳慕岚编写第 2 和第 3 章,沈阳工学院刘璇编写第 5 章,沈阳工学院姚海波、董乃群编写第 6 章,沈阳工学院常志远编写第 7 和第 9 章。本书由沈阳工学院副校长李文国教授审稿。

本书在编写过程中参考了大量资料,部分资料来源于互联网,有些资料无从核实准确出处,在此一并向有关单位和作者表示感谢。

由于编者的知识、能力有限,书中疏漏和不足之处在所难免,欢迎专家与广大读者批评、指正。

编 者

2023 年 4 月

推销原理与实务在线开放课程

目 录

第 1 章 推销概述 1
1.1 认识推销 2
1.1.1 推销的含义 2
1.1.2 推销的特点 3
1.1.3 推销与市场营销的关系 4
1.2 推销要素与原则 6
1.2.1 推销要素 6
1.2.2 推销原则 7
1.3 推销的一般过程 10
1.4 推销学的演变过程与研究对象 12
1.4.1 推销学的演变过程 12
1.4.2 现代推销学的研究对象 14
1.4.3 现代推销学的研究内容 15
1.4.4 现代推销学的研究方法 15
本章小结 16
巩固与应用 17

第 2 章 推销方格与模式 19
2.1 推销方格理论 20
2.1.1 推销员方格理论 21
2.1.2 顾客方格理论 23
2.1.3 推销员方格与顾客方格的关系 24
2.2 推销模式 25
2.2.1 爱达模式 26
2.2.2 迪伯达模式 28
2.2.3 埃德帕模式 30
2.2.4 费比模式 31
2.2.5 吉姆模式 32
本章小结 34
巩固与应用 34

第 3 章 推销环境与顾客购买行为分析 ... 37

3.1 推销环境概述 ... 38
3.1.1 推销环境对推销活动的影响 ... 39
3.1.2 正确面对推销环境 ... 39
3.1.3 推销环境的内容 ... 40

3.2 消费者购买行为分析 ... 42
3.2.1 消费者市场和组织市场 ... 42
3.2.2 消费者市场分析 ... 43
3.2.3 组织市场的购买行为 ... 50

本章小结 ... 52
巩固与应用 ... 52

第 4 章 推销员的自我准备 ... 55

4.1 推销人员的类型与职责 ... 56
4.1.1 推销人员的类型 ... 56
4.1.2 推销人员的职责 ... 57

4.2 推销人员的品德与能力 ... 59
4.2.1 推销人员的品德 ... 59
4.2.2 推销人员的能力 ... 59

4.3 推销人员的礼仪 ... 61
4.3.1 仪表礼仪 ... 61
4.3.2 仪态礼仪 ... 65
4.3.3 送访礼仪 ... 68
4.3.4 交谈礼仪 ... 71

4.4 推销计划的制订 ... 76
4.4.1 推销计划的含义 ... 76
4.4.2 推销计划的内容 ... 76
4.4.3 制订推销计划 ... 77

本章小结 ... 80
巩固与应用 ... 80

第 5 章 推销接近技术 ... 82

5.1 寻找客户 ... 83
5.1.1 寻找客户的基础工作 ... 83
5.1.2 寻找客户的方法 ... 86
5.1.3 客户资格审查 ... 88
5.1.4 建立客户档案 ... 91

5.2 约见客户 ... 92

5.2.1 推销约见的概念和意义 … 92
5.2.2 约见客户前的准备 … 93
5.2.3 约见的工作内容 … 94
5.2.4 约见客户的方法 … 99
5.3 接近客户 … 101
5.3.1 接近前的准备 … 101
5.3.2 接近客户的方法 … 103
5.3.3 正式接近 … 106
本章小结 … 108
巩固与应用 … 108

第6章 推销洽谈技巧 … 111

6.1 推销洽谈概述 … 112
6.1.1 推销洽谈的原则与任务 … 112
6.1.2 推销洽谈的内容 … 116
6.2 推销洽谈程序 … 117
6.2.1 推销洽谈的准备工作 … 117
6.2.2 导入阶段 … 117
6.2.3 概述阶段 … 119
6.2.4 报价阶段 … 119
6.2.5 磋商阶段 … 120
6.2.6 妥协和协议阶段 … 120
6.3 推销洽谈策略 … 121
6.3.1 互利型洽谈策略 … 121
6.3.2 本方处于优势时的洽谈策略 … 124
6.3.3 本方处于劣势时的洽谈策略 … 127
6.4 推销洽谈沟通技巧 … 129
6.4.1 推销洽谈中的提问技巧 … 129
6.4.2 推销洽谈中的答复技巧 … 132
6.4.3 推销洽谈中的倾听技巧 … 133
本章小结 … 134
巩固与应用 … 134

第7章 推销异议处理 … 137

7.1 客户异议的类型与成因 … 138
7.1.1 客户异议的含义 … 138
7.1.2 客户异议的类型 … 138
7.1.3 客户异议的成因 … 144
7.2 处理客户异议的原则与策略 … 146

  7.2.1 正确对待客户异议 ·············· 146
  7.2.2 处理客户异议的时机 ·············· 147
 7.3 处理客户异议的方法与技巧 ·············· 149
  7.3.1 反驳处理法 ·············· 149
  7.3.2 但是处理法 ·············· 150
  7.3.3 利用处理法 ·············· 151
  7.3.4 补偿处理法 ·············· 152
  7.3.5 询问处理法 ·············· 153
  7.3.6 更换处理法 ·············· 154
  7.3.7 抢先处理法 ·············· 154
  7.3.8 推迟答复法 ·············· 154
  7.3.9 不理睬处理法 ·············· 154
 本章小结 ·············· 155
 巩固与应用 ·············· 155

第8章　推销成交技术 ·············· 157

 8.1 成交信号 ·············· 158
  8.1.1 语言信号 ·············· 158
  8.1.2 行为信号 ·············· 159
  8.1.3 表情信号 ·············· 160
  8.1.4 事态信号 ·············· 160
 8.2 推销成交的策略与方法 ·············· 161
  8.2.1 推销成交的策略 ·············· 161
  8.2.2 推销成交的方法 ·············· 163
 8.3 签订和履行合同 ·············· 167
  8.3.1 买卖合同的特征与内容 ·············· 167
  8.3.2 签订买卖合同 ·············· 168
  8.3.3 合同的履行与变更 ·············· 169
 8.4 成交后的跟踪 ·············· 171
  8.4.1 与顾客保持良好关系 ·············· 171
  8.4.2 服务跟踪 ·············· 172
  8.4.3 回收货款 ·············· 173
 本章小结 ·············· 173
 巩固与应用 ·············· 174

第9章　推销管理 ·············· 176

 9.1 推销绩效考核 ·············· 177
  9.1.1 推销绩效考核的意义 ·············· 177
  9.1.2 推销绩效考核的依据 ·············· 178

	9.1.3 建立绩效考核标准 …………………………………………………… 179
	9.1.4 推销绩效考核的方法 …………………………………………………… 179
	9.1.5 推销控制 ………………………………………………………………… 181

9.2 推销员管理 ………………………………………………………………………… 185
　　9.2.1 推销员的甄选 …………………………………………………………… 185
　　9.2.2 推销员的培训 …………………………………………………………… 189
　　9.2.3 推销员的日常管理 ……………………………………………………… 191
　　9.2.4 推销员的激励 …………………………………………………………… 191
9.3 应收账款管理 ……………………………………………………………………… 194
　　9.3.1 应收账款的含义 ………………………………………………………… 194
　　9.3.2 应收账款风险防范要领 ………………………………………………… 194
　　9.3.3 应收账款的催收方法 …………………………………………………… 195
9.4 推销组织管理 ……………………………………………………………………… 196
　　9.4.1 推销组织的概念和作用 ………………………………………………… 196
　　9.4.2 建立推销组织 …………………………………………………………… 197
本章小结 ………………………………………………………………………………… 200
巩固与应用 ……………………………………………………………………………… 200

参考文献 …………………………………………………………………………………… 202

第1章 推销概述

学习目标

知识目标

1. 掌握广义推销和狭义推销的概念。
2. 理解推销的特点、要素、原则。
3. 了解推销学的演进过程。

能力目标

1. 分辨推销与市场营销的异同。
2. 理解推销的一般过程。

德育目标

1. 中国成长　我当自强。
2. 树立成为有高尚人格的优秀销售人员的职业理想。

案例导入

两辆中巴

村口有一条汽车线路,是从小巷口开往火车站的。不知道是因为线路短,还是沿途人少的缘故,客运公司仅安排了两辆中巴来回对开。

开101号车的是一对夫妇,开102号车的也是一对夫妇。

坐车的大多是一些渔民,由于他们长期在水上生活,因此,一进城往往是一家老小。101号车的女主人很少让孩子买票,即使是一对夫妇带几个孩子,她也熟视无睹,只要求买两张成人票。有的人过意不去,执意要给大些的孩子买票,她就笑着对孩子说:"下次给带点小河蚌来,好吗?这次让你免费坐车。"

102号车的女主人恰恰相反,只要有带孩子的,大一些的要全票,小一些的也得买半票。她总是说,这车是承包的,每个月都要向客运公司交多少钱,哪个月不交足,马上就干不下去了。渔民们也理解,几个人就买几张票,因此,每次也都相安无事。不过,三个月后,门口的102号车不见了。听说停开了。它应验了102号车女主人的话:马上就干不下去了,因为搭她车的人越来越少。

思考:这个案例带给我们什么启示?

推销是一个既古老又现代的名词,说它"古老",是因为自商品交换以来推销活动就存在了;说它"现代",是因为推销活动随着商品经济的发展不断推陈出新,与我们当下的生活休戚相关。在商业社会,推销活动无处不在,从个体小商户到跨国企业,从街头巷尾到跨国商务谈判……无论社会如何发展,只要存在商业竞争,推销行为就将一直存在。

1.1 认识推销

1.1.1 推销的含义

随着经济的快速发展,推销的内涵得到了极大的丰富。

何谓推销?当今世界众说纷纭,国内外专家学者对于推销的定义分析阐述有180多种,以下是目前较有影响的几个解释。

微课:认识推销

美国市场学会:推销是用人为或非人为的方法协助和说服顾客购买某种产品或劳务,并依照对出售者具有商业意义的意见采取有利的行动。

澳大利亚推销学会:推销是说服人们需要推销人员所推销的商品、劳务或意见,是一种具有发现和说服双重作用的工具,也就是要发现人们的需要和欲望,并说服他们采用被推销的商品或被推销的劳务,以满足其需要。

戈德曼(欧洲推销专家):所谓推销,就是要使顾客深信,他购买你的产品会得到某些好处。

原一平(日本推销之神):推销就是热情,就是战斗,就是勤奋地工作,就是忍耐,就是执着地追求。

中国营销界:所谓推销,是指推销人员在一定的推销环境里,运用各种推销技术和推销手段,说服一定的推销对象接受一定的推销客体,同时也达到推销人员自身特定目的的活动。

上述观点各有独到之处,它们都从各自不同的角度,用不同的理论解释问题。我们可以从广义和狭义的角度来理解。

广义推销是指推销主动发起者一方,主要通过信息传递的方式,使推销对象接受并实施推销内容的活动与过程。这一定义概括了所有可以被认为属于推销的行为和活动,既不局限于商品交换,也不局限于人员推销,而是泛指人们在社会生活中,通过一定形式传递信息,让他人接受自己的意愿和观念,或购买商品和服务。

狭义推销是指推销人员在一定的推销环境里,运用各种推销技术和推销手段,说服推销对象接受推销客体的活动过程。

本书所阐述的推销理论与技巧主要是建立在狭义的推销定义基础上的,对推销定义的理解主要把握以下几点。

1. 推销是一个活动过程

推销既是一种传递信息的过程,又是一种传播文明的过程;既是卖的过程,又是买的过程;既是心理活动过程,又是商品交换过程。从现代信息论的角度讲,推销就是一种信息过程,推销人员和购买人员都需要传递、接收、储存、加工、反馈和整理信息。完全可以说,推销活动是信息流的主要途径,商业推销活动更是商品信息流的基本媒介和渠道。从推销活动的社会历史作用来看,推销就是一种传播社会文明的过程,在推销过程中,推销人员必须向推销对象传播各种科学技术知识,而且推销品本身就是知识的结晶,是人类文明的化身。

从推销心理学角度讲,推销就是顾客购买活动的心理过程。一般来说,顾客总是先接收推销信息,引起注意和兴趣,认识和了解推销品,引起购买欲望后再产生购买行为。推销人员必须利用顾客的购买心理,采取相应的推销策略。从推销活动的发展过程来看,一般要经过寻找、约见顾客、接近顾客和说服顾客等几个阶段,还包括售前服务、售中服务和售后服务各个过程;更具体地说,现代推销过程是一个寻找顾客、审查顾客资格、接近准备、接近、面谈、处理异议直至最后成交的过程。从现代推销学角度讲,成交并不意味着整个推销过程的结束,一旦达成交易,卖出推销的商品,推销人员还应该继续为顾客提供各种推销售后服务。可见,推销过程是一个循环往复、永无止境的过程,而且,推销也是一个错综复杂的过程,要受到多种因素的影响。

2. 推销的手段重在帮助或说服

推销人员的任务就是要说服推销对象,要让推销对象接受推销人员所推销的观点、产品或劳务,并让他人接受自己的产品或劳务。因此,推销人员要了解顾客心理,利用推销技巧(手段)帮助顾客解决问题,说服顾客接受相关产品或劳务。

3. 推销的目的是促成购买行为

促成购买行为是推销人员的任务,因此,推销人员必须在客观上让顾客乐意接受商品。现代推销研究的核心是"满足需求",强调在确认顾客需求的前提下才可以尽量运用说服的手段使顾客购买。推销人员要想完成推销任务,达到推销目的,就必须考虑购买人员或推销对象的购买动机和购买目的,就必须设法满足顾客的需要,帮助顾客解决问题。即推销就是"使顾客深信,他购买你的产品是会得到某些好处的",也就是说,要推销商品的使用价值或实际利益。

1.1.2 推销的特点

推销是一门艺术,是推销人员与消费者面对面的双向沟通活动,是促销的一种有效形式,推销具有以下特点。

1. 特定性

推销是企业在特定的市场环境中为特定的产品寻找买主的商业活动,必须先确定谁是需要特定产品的潜在顾客,然后有针对性地向推销对象传递信息并进行说服,因此,推销总是有特定的对象或者说是向特定顾客进行推销。任何一位推销人员的任何一次推销活动,都具有这种特定性。

2. 灵活性

虽然推销具有特定性,但影响市场环境和推销对象需求的不确定性因素很多,环境与需求也都是千变万化的。推销活动必须适应这种变化,灵活运用推销原理和技巧,恰当地调整推销策略和推销方法。可以说,灵活机动的战略战术,是推销活动的一个重要特征。

3. 双向性

推销不仅是一个商品转移的过程,同时还是一个信息双向沟通的过程。在推销活动中,一方面推销人员应向顾客提供有关企业及售后服务等信息,促使顾客采取购买行为;另一方面推销人员又要通过对顾客的观察、调查和与顾客的接触、交谈,了解顾客对所在企业和推销商品的态度、意见及要求,并及时反馈给企业,为企业领导的正确经营决策提供依据。

4. 互利性

现代推销是一种互惠互利的活动,必须同时满足推销主体双方的要求,否则难以达到推销的目的。在推销过程中,推销人员不仅要考虑自己的利益,还要考虑购买一方的利益,这就要求推销人员从双方的共同利益出发,尤其要把握顾客的购买目的和购买动机,帮助顾客解决问题,设法满足顾客的需要。只有对双方都有利,才能实现买卖双方的"双赢"。

5. 说服性

推销的中心是人不是物,说服是推销的主要手段,也是推销的核心。为了争取顾客的信任,让顾客接受企业的产品,采取购买行动并重复购买,推销人员必须将商品的特点和优点耐心地向顾客做宣传、介绍,促使顾客接受推销人员所推销的观点、商品或劳务。

1.1.3 推销与市场营销的关系

有人认为市场营销就是推销,把推销与市场营销混为一谈,也有人认为市场营销与推销是完全不同又各自独立的活动,这些看法都是不正确的。其实市场营销与推销有着密切的关系,它们既有区别又有联系。

1. 市场营销与推销的区别

现代企业的市场营销活动,包括市场营销调研、选定目标市场、产品开发、定价、分销、促销以及售后服务等一系列活动。市场营销是一个含义比推销更广的概念,推销仅仅是市场营销活动的一部分。菲利普·科特勒指出,推销不是市场营销的最重要部分,推销只是"市场营销冰山"的尖端。推销是企业的市场营销人员的职能之一,但不一定是其最重要的职能。这是因为,如果企业的市场营销人员做好市场营销研究,了解购买者的需要,按照购买者的需要设计和生产适销对路的产品,同时合理定价,做好分销、促销等市场营销工作,那么这些产品就能轻而易举地推销出去。正因为如此,彼得·德鲁克说:"市场营销的目的在于使推销成为多余。"

早期的市场营销与推销几乎是同义语。如第二次世界大战前的英文词典曾将 marketing

释义为"推销"或"销售",以致迄今国内外仍存在营销即推销的误解。实际上,市场营销与推销存在原则上的区别:市场营销重视买方的需要,认真考虑如何更好地满足消费需求,根据顾客的需要设计产品,讲求产品质量,增加花色品种;根据顾客的需要定价,使顾客愿意接受;根据顾客的需要确定分销渠道,处处方便顾客;根据顾客的需要进行促销,及时传播消费者欢迎的市场信息。而传统的推销,还没有把促销当作市场营销的一个组成部分,重视的是卖方的需要,以销售现有的产品、实现企业赢利为主要目标。可见,市场营销的出发点是市场(需求),传统推销的出发点是企业(产品);市场营销以满足消费者的需要为中心,传统推销以销售企业现有的产品为中心;市场营销采用的是整体营销手段,传统推销侧重于推销技巧。

现代推销观念视推销为营销组合的组成部分,是动态的、系统的营销活动过程中的一个环节,但也是市场营销不可缺少的重要机能。

2. 推销是市场营销的重要机能

不论人们对推销的地位、作用如何评说,推销毕竟是市场营销不可缺少的重要机能。日本著名企业家松下幸之助曾说过:"营销是为了卖得更好。"推销的重要性在于:首先,由于销售是社会再生产的中心环节,只有通过销售才能实现产品到商品的转化,解决社会总产品的实现问题,使社会再生产和扩大再生产顺利进行。其次,由于生产与消费存在时间与空间的差异,并且由于消费需求千差万别、日新月异,生产者难以做到完全适应需求的变化,在质与量上使生产与消费完全一致。最后,生产者与消费者之间的信息沟通,既不充分也不及时,使得同一商品往往是脱销与积压并存,此处积压、彼处脱销。此时,推销就成为市场营销的重要组成部分。

以上各点说明,当生产的规模不大、产量不多甚至供不应求、流通范围很小时,生产者可以按一时一地的市场需要去组织生产,只要产品质量、性能符合当地市场的需要,价格合理,就可以"酒香不怕巷子深",用不着花多大力气去推销。然而,大生产必将形成大市场,每一种商品都必定要投入市场,而真正形成大市场的只有大量生产的消费品或者是作为工业原料的产品。在生产社会化高度发展的市场经济条件下,生产者力求通过大批量生产去降低成本,赢得竞争优势,流通就必须面向全国乃至世界市场,要求产品能销售到一切对它存在有效需求的地域,这无疑需要把推销作为营销组合的重要一环。只有成功的推销,才能真正做到在适当的时间、适当的地点,以买主乐意接受的价格和方式,把适合需要的产品送到顾客手中。这种成功的推销,既可以是把已生产出来的产品尽快销售出去,也可以为企业保证足够的订单。在需求相对稳定的情况下,按订单生产无疑最有利于消除生产与消费之间的种种矛盾,也最有利于提高营销各环节的效率和经济效益。但在更多的情况下,生产者并不能完全按订单生产,很多产品生产出来后有待推销,或是中间商按需求预测去订货,货到后也需要推销。

视频:90秒见证中国GDP飞速增长

课程思政:中国成长　我当自强

素材:90秒见证中国GDP飞速增长

1952年中国GDP 679.1亿元,到2020年中国GDP达到1015986亿元,经过58年的不懈努力,中国成为全球GDP排名第二的经济体。经济腾飞离不开党的正确领导,也包含了全国各族劳动人民的辛勤努力,其中也有我们推销人员的一份贡献。

讨论：看视频，谈体会，作为个体的我们在经济发展过程中能够做什么？

1.2 推销要素与原则

1.2.1 推销要素

推销要素是使推销活动得以实现的必然因素，包括推销人员、推销对象和推销品。它是现代推销活动中基本的、内在的因素，这些因素缺一不可，其中推销人员和推销对象是推销主体，推销品是推销客体。商品推销的过程，是各个推销要素之间的运动过程。在推销活动中，推销人员是第一主体，推销对象是第二主体，两大主体既对立又统一。推销人员向推销对象提供其所需的推销客体，追求的是商品价值的最大体现；推销对象通过洽谈和购买，从推销人员那里获取推销客体，追求的是商品的使用价值。任何一方要想实现自己的追求都必须以关心对方追求的实现为前提，并且，推销人员要比推销对象更积极主动才能保证推销活动的顺利进行。推销品是推销客体，是商品、劳务，本身不会转移，只有在买卖双方的推动下才会实现其转移，实现其价值和使用价值。

微课：推销要素与原则

1. 推销人员

推销人员是指主动向别人推销商品的推销主体，主要是指专门从事商业性推销的职业推销人员。推销人员的主要任务是通过走访顾客，了解顾客的困难与问题，为顾客提供服务，说服顾客购买企业的产品或劳务。要成功实现推销的目的，推销人员首先要成功地推销自己，使顾客在乐意接受推销人员的基础上接受推销人员所推销的产品。

推销人员是推销活动的主体，其行为是否合理、有效，决定着推销过程的最终结果。他们不仅是推销活动的主动发起者，而且是整个推销过程的推动者和控制者。作为企业与顾客之间的桥梁和纽带，推销人员肩负着为企业推销产品或劳务、为顾客提供服务的双重任务。企业的销售工作离不开推销人员，顾客的购买也离不开推销人员。推销人员只有通过自己积极主动的努力，才能在满足顾客需要的同时实现企业销售的目标。

案例 1-1

几位推销员聚在办公室争论一个问题。甲说："要想把推销工作搞上去全靠我们推销员，如果大家工作不努力，业绩肯定上不去。"乙说："我不同意你的观点，我认为关键是产品，如果公司的产品质量差，就是把推销员累死也不行，我们的产品要是像华为的那样，你就是不推销，也会有人上门来要，何劳我们如此辛苦。"丙说："我认为，关键还是现在市场疲软，经济繁荣需求旺盛，还怕卖不出去？以前我们产品不也卖得好好的。"

思考：推销工作中什么才是最重要的？

2. 推销对象

推销对象又称顾客、客户、购买者等,是接受推销人员推销的推销主体,他们是推销人员推销活动的目标,是说服的对象。从现代推销学的意义上讲,推销对象是指具有购买决策权或者具有影响购买决策的力量并且直接参与购买过程的有关人员,包括各类采购人员、购买决策人员以及其他方面的有关人员。一般来说,推销对象可以分为四类:一是年龄、性别、教育水平、收入水平、经历、性格、职业各异的个人购买者;二是不同规模、不同经营范围的为转卖或加工后转卖而购买商品的中间商;三是各种各样的为生产或管理的需要而购买生产设备、原材料和辅助材料的生产企业;四是政府机关、学校、社团等各种非营利组织。

在现代社会,推销环境发生了巨大的变化。推销对象不仅以购买人员的身份参与推销过程,许多还以生产决策人的身份参与推销过程,成为名副其实的推销主体。而且,购买活动本身的技术要求越来越高,各行各业的大批专家直接参与购买活动,制定购买政策,甚至直接参与推销洽谈,选购推销品,形成一种专家购买的局面,对传统的推销方式提出了挑战。

3. 推销品

推销品是推销人员推销的目标,主要包括商品、服务、观念等,是推销活动的客体。它可以是有形的商品,也可以是无形的服务、思想、观念、点子等。作为推销活动的基本要素,推销品必然会影响推销活动的各个方面和环节,如推销品的性质、质量、技术含量、体积等,都关系到推销活动的具体方式、难易程度等。因此,要保证推销活动的顺利实施,买卖双方都要研究推销客体,了解推销品的特性、用途、维修保养等各方面的知识。

1.2.2 推销原则

推销原则,是基于对推销规律的认识所概括出来的推销活动的依据和规则。它是推销活动的指导思想和基本原则。推销人员掌握正确的推销原则,可使推销活动有所适从,减少推销失误,提高推销成效。

1. 顾客导向原则

顾客导向是现代市场营销观念的客观要求。它强调以市场需求为中心,以满足顾客需要为出发点,在满足顾客对产品或劳务需要的同时,实现推销的长期目的。"顾客是企业的生命之泉,失去顾客的企业,是无法生存下去的。"菲利普·科特勒指出,"顾客需要我们帮助他们解决问题。而一位有效的销售人员就是知道顾客的难处并知道如何帮助他们解决困难的人。"因此,顾客导向意味着推销人员必须摒弃以企业为中心的传统推销观念,通过分析研究,明确顾客的需求所在,并通过推销活动来满足顾客对产品或劳务的需求。

需要是指没有得到某些基本满足的感受状态。推销人员不仅要了解推销对象是否具有支付能力的需求,而且要了解推销对象的具体需求是什么,要熟悉自己的顾客,既了解他们共同的需要,又了解他们特殊的需要,把顾客的需要放在第一位,向其推销适当的产品或服务。

现代市场经济的发展,客观上要求推销人员树立以需求为中心的顾客导向。为此,推销人员必须做到以下几点。

（1）注重调查研究，发现顾客的真实需要。只有了解顾客的需求才有可能通过企业的营销努力，适应和满足顾客的需求，使产品推销和满足需求结合起来。

（2）注重信息的传递和反馈，成为企业与顾客沟通的纽带。一方面，将企业与产品的有关信息传递给顾客，便于购买者比较、选择，做出购买决定。另一方面，将市场信息反馈给企业，有利于调整企业的经营方向，使企业经营既能发挥自身优势，又能满足市场需求。

（3）注重产品的推销策略，促进产品销售。根据顾客的需要，在适当的时间、地点，以适当的价格、适当的方式向消费者提供他们所需要的产品，在满足顾客需要的同时，达到推销产品的目的。

（4）注重销售服务，免除顾客的后顾之忧。根据顾客的需要，向顾客提供售前、售中、售后的信息服务和技术服务，以及运输、安装、维修服务，使顾客买得高兴、用得满意、购后放心。

案例 1-2

好服务赢得更多交易

某公司的一位销售员曾驱车30公里，而且不顺路，就为了给客户送去仅值40元的油炸土豆条。

有人问他："花那么多时间在这些小额订单上又怎么能赚钱呢?"他回答说："是公司要求我必须这么做。开车那么远，却只拿到一份小小的订单，确实不如我的时间值钱，甚至还不及我的汽油值钱。但是，一旦我让本公司商品摆上了货架，我就希望它永远留在上面。在我们这一行，保住了货架占位就意味着一切。我可不愿意因为我的服务差而失去更多的交易。"

营销启示：以顾客为导向，为顾客提供优质服务是赢得顾客的法宝，当你用长期优质服务将顾客团团包围时，就等于让你的竞争对手永远也别想踏进你客户的大门。

2．互惠互利原则

互惠互利原则是指在推销过程中，推销员要以交易能为双方都带来较大的利益或者能够为双方都减少损失为出发点，不能从事伤害一方或给一方带来损失的推销活动。顾客都关心自己的利益，顾客之所以进行购买，就在于交易后得到的利益大于或等于他所付出的代价。实现"双赢"是培养长久客户之计，是顾客不断购买的基础和条件，也是取得顾客良好口碑的基础和条件，因此，要成为受欢迎、被期待的推销人员，在推销活动中推销人员要设法为客户提供利益，设法满足自己和顾客双方所追逐的目标，使顾客从购买中得到其预期的好处。

推销人员在把握互惠互利原则时，切不可理解为对顾客的让利或赠奖利诱。实际上，与顾客具有对产品功能要求的需要和对产品使用价值之外的多种需要相适应，顾客追求的利益也是多方面的。推销人员在努力实现互惠互利原则时，必须善于认识顾客的核心利益，并与顾客加强沟通。

正确运用互惠互利原则开展推销活动，必须在推销之前分析交易活动的结果能给顾客带来的利益。顾客追求的利益,既有物质的,也有精神的,不同的顾客对同一商品会产生不同标准的价值判断,需求强烈的商品,价值判断较高;反之亦然。商品不同,带给顾客的利益就会有差异。不同的顾客对商品价值的评判会有高低,要在准确判断推销品给顾客带来的利益的基础上找到双方利益的均衡点,开展"双赢"推销活动。在进入利益判断时,一个优秀的推销人员,不仅要看到当前的推销利益,而且要看到长远的推销利益;不仅要看到直接的推销利益,还要看到间接的推销利益。推销人员要多因素综合评价利益均衡点,不能以某一次交易的成功与否来判断推销的利益,要坚持用能给顾客带来的利益引导顾客成交。充分展示商品或服务能给顾客带来的利益,是引导顾客购买的重要途径。这种展示越充分、越具体,顾客购买的可能性就越大。

案例 1-3

范蠡贩马

范蠡看到吴越一带需要好马。他知道,在齐国收购马匹不难,马匹在吴越卖掉也不难,而且肯定能赚大钱。问题是把马匹由齐国运到吴越却很难:千里迢迢,人马住宿费用且不说,最大的问题是当时正值兵荒马乱,沿途强盗很多。怎么办?他通过市场了解到齐国有一个很有势力、经常贩运麻布到吴越的巨商姜子盾。而姜子盾因经常贩运麻布早已用金银买通了沿途的强盗。于是,范蠡把主意打在了姜子盾的身上。这天,范蠡写了一张榜文,张贴在城门口。其意是范蠡新组建了一支马队,开业酬宾,可免费帮人向吴越运送货物。

不出所料,姜子盾主动找到范蠡,求运麻布。范蠡满口答应。就这样,范蠡与姜子盾一路同行,货物连同马匹都安全到达吴越。马匹在吴越很快卖出,范蠡因此赚了一大笔钱。

营销启示:企业是营利性的组织,所有的经营活动都应该是以提高经济效益为中心的。推销作为企业营销的一种手段,必须保证赢利。消费者在购买过程中以货币换取产品,满足个人的需求。这也是一种"赢利"的形式。作为推销人员应该坚持推销活动是"双赢"的。

3. 诚信为本原则

诚信的基本含义为诚实,不疑不欺,在人际交往中言而有信、言行一致、表里如一,在推销过程中不提供伪劣产品,不从事欺骗性活动,不传播虚假信息。

诚信推销作为推销准则,对推销人员提出了以下具体的要求。

(1) 信守承诺。信守承诺就是遵守自己的诺言,所谓"一诺千金",此乃取信于人的核心。推销过程中,常见的承诺误区主要表现为:盲目承诺、含糊承诺、不负责任的承诺等。承诺不仅有明确的承诺,如合同、协议、函电、行为表示,而且有隐含的承诺,如质量承诺、退换承诺,这些都是信誉问题。诚信不仅要信守书面的、口头的承诺,而且要信守隐含的承诺,如作为国际惯例的产品召回制度,就是信守隐含承诺的典型表现。信守承诺必须体现"敢作敢为"的精神,在由于某种原因不能履行承诺的情况下,承诺者必须按有关法律、法规规定,及时通知对方或做出解释,并在必要时主动赔偿损失,承担责任,直至接受惩罚。

(2) 信任对方。只有信任对方,才能得到对方的信任。推销员在推销过程中的谨慎、小心是必要的,所谓"防人之心不可无"。但是,建立在充分掌握信息基础上的推销,人为设置障碍是不可取的。猜疑、过多犹豫、不信任对方本身就是诚信缺失的表现,而不择手段地耍奸弄巧更是有失道德水准,结果往往是弄巧成拙。因此,推销人员必须具备大将风范,以己之信任换取对方的首肯,实现诚信推销。

(3) 以诚相待。诚信与保守商业秘密并不矛盾,诚实的意义在于不欺诈。中国商业倡导的"生意不成仁义在",正是以诚相待的写照。对推销人员来说抱定推销的诚意,尊重顾客,学会赞美,善于换位思考,从顾客的立场、角度出发来考虑问题,报价合理,讨价适当,热心当好顾客的参谋等,都是富有诚意的表现。以诚相待不仅有利于优化交易气氛,消除隔阂,而且可以得到顾客的回报。实际上,推销的成功,有许多正是由于推销员的以诚相待,让顾客获得心理满足,从而对推销员抱有感激之情而回报以重复购买、推荐与介绍新的顾客等,这正是我们所需要的。

(4) 说服引导原则。说服诱导是指推销员以语言和行为将自己的意见通过各种方式传递给顾客,主动引导推销过程朝推销员的预期效果发展的原则。

几乎所有的推销专家都认为,推销是一种十分讲究技巧与方法的活动,推销的技巧和方法又具体体现在推销员说服与劝导的能力上。通过有效的劝导,使顾客愿意接受推销员的拜访,愿意倾听推销员的推销陈述,使顾客充分地了解推销员希望他了解的东西,使推销的进程能按推销员的意愿推进。经由有效说服,方能有效地消除顾客异议,建立顾客对推销员及其推销品的信心。说服与引导是现代推销的基本手段。在现代市场经济条件下,推销员与顾客是平等的两个交易主体,推销员既不能强迫顾客购买推销品,也不能靠乞求获得订单,更不应以欺骗的手段取得推销成果。

课程思政:成为有高尚人格的优秀销售人员的职业理想

素材:一位脑瘫患者逆袭成为金牌销售员

电影《永不言弃》的主人公比尔是一位残障人士,他患有先天性脑瘫,但比尔并不甘心成为一个失败者,他希望能通过自己的努力,在生命中获得成功。那么他是如何由一位脑瘫患者逆袭成为金牌销售员的呢?

讨论:观看视频,从比尔身上你学到了什么?

视频:一位脑瘫患者逆袭成为金牌销售员

1.3 推销的一般过程

推销是颇具创造性的工作,任何条件下都有效的推销方法是不存在的。但在推销过程中却包含着一定的程序。

现代推销过程可以分为以下几个步骤:寻找客户→推销接近→推销洽谈→处理异议→推销成交→售后服务→信息反馈。

微课:推销的一般过程

1. 寻找客户

寻找潜在顾客是推销工作的第一步,它是指寻找有可能成为潜在购买者的顾客。这里所说的潜在顾客是既具备一定购买能力,又具有购买决策权,并且还应当具有购买动机和欲望的人,同时具备上述三个条件才能称为潜在顾客。推销人员从事推销,首先应该明确的是向谁推销。

推销员应建立潜在的顾客名单及档案,并加以分类,作为开发的目标,收集有关客户尽可能详尽的信息。客户名单应当包括三个部分:首先,必须不断地寻找新的潜在顾客,防止推销活动停滞不前。如果只满足于原有的数量可观、关系良好的客户,忽视新客户的开发,必然把新市场拱手让给竞争者。其次,对于因各种原因未继续购买的老客户,他们有的已成为竞争者的客户,但其中也有等待推销员再次造访的老主顾。推销员应鼓起勇气再次拜访他们,弄清他们停购本企业产品的原因,力求有可能比竞争对手更好地满足他们的需要。现有客户永远是推销的重要目标,现有客户是扩大市场占有率的基础和起点,也是推出新产品、新创意或推广新用途的首选目标。最后,推销人员在努力开发新客户的同时,必须对老客户给予必要的关注,因为同老客户打交道毕竟比同一个陌生的顾客打交道要容易得多。

2. 推销接近

推销接近是为直接推销活动做好准备的一个过程,包括接近准备、约见客户和接近客户三个步骤。接近准备要求必须能够事先了解自己的顾客,了解和熟悉所推销的产品,了解竞争对手及其产品。约见客户是推销人员征求客户同意接见洽谈的过程,当推销人员做好必要的准备工作和安排后,即可约见客户。推销人员可以通过电话、信函或见面接触等方式与顾客进行约见。约见是接近客户的开始,约见能否成功是推销成功的一个先决条件。征得客户同意约见后,即到了接近客户这一关,利用好首次与顾客见面的最重要的 30 秒,吸引顾客的注意力和兴趣,为以后的活动打下良好的基础。

3. 推销洽谈

推销洽谈是使整个推销过程进入实质性阶段的标志,也是关系到整个推销成败的关键环节。这是推销人员运用各种方式、方法、手段与策略了解顾客的需求,说服顾客购买的过程,也是推销人员向顾客传递信息并进行双向沟通的过程。

在推销洽谈过程中,推销人员要充分调动情感、智力因素,发挥能动性与创造性,善于运用各种推销技巧,对顾客的各种问题给予满意的答复。

4. 处理异议

在推销活动中,顾客对推销人员所做的各种推销努力和传递的各种推销信息,会有不同的反应,或是积极响应,同意购买;或是迟疑观望、提出异议。顾客异议是推销活动中必然出现的现象。美国一位著名的科学家说过:"全世界的失败,有 25% 只要继续下去就可以成功,成功的最大阻碍是放弃。"推销工作也是如此。从某种角度来说,推销员的成功都是从遭受拒绝开始的,遭受拒绝是成功推销之母。所以,推销员应该认识到:客户提出异议是很正常的,要把客户的异议看成推销的真正开始,要针对客户异议的类型,事先准备好标准应答语,在实际工作中灵活运用。

5. 推销成交

推销成交是顾客接受推销人员及其推销演示并立即购买推销品的过程,是整个推销活动的高潮。此时,推销员应有两种思想准备,即顺利成交和成交失败。所以,要善于捕捉成交信号,及时成交,随时成交。推销员要克服自身心理障碍,掌握自然成交的策略,不要逼迫客户购买,要保留一定的成交余地,适时诱导客户主动成交,让客户觉得成交是他们自己的主意。

6. 售后服务

达成交易并不意味着推销过程的结束,售后服务同样是推销工作的一项重要内容。成交以至收款、交货后,售货方能否兑现其服务承诺,使顾客满意,反映了厂商的信誉。例如,履行包安装调试、包退换、包维修、包培训的服务承诺,搞好索赔处理,以及定期或不定期地访问客户,实行跟踪服务等,都是关系买方利益和卖方信誉的售后服务工作。

7. 信息反馈

推销人员每完成一项推销任务,不仅要搞好售后服务,进行推销工作检查与总结,还必须继续保持与客户的联系,加强信息的收集与反馈。及时反馈推销信息,既有利于企业修订和完善营销决策,改进产品和服务,也有利于更好地满足顾客需求,争取更多的"回头客"。

1.4 推销学的演变过程与研究对象

1.4.1 推销学的演变过程

1. 推销学溯源

从历史的角度来考察,推销活动先于市场出现,而市场的产生和发展又促进了推销的发展。在我国古代文献《易经》中有记载:"神农氏作……日中为市,致天下之民,聚天下之货;交易而退,各得其所。"在尧舜时期,有了"北用禹氏之玉,南贵江汉之珠"的现象。据说舜本人就曾经做买卖往返于顿丘、贾夏之间,进行频繁的推销活动。

微课:推销学的演进与研究对象

到了商代,商业活动与商人阶层作为社会大分工的产物而正式出现。春秋战国时期的大商人,像范蠡、子贡、白圭等人就是较具代表性的人物。范蠡辅助勾践灭吴国后,更名易姓,弃官经商,世称"陶朱公",因为他出色的贸易技巧与推销本领,积财数十万。子贡是孔子的弟子,复姓端木,名赐,子贡经商很有一套,他奔走于曹、鲁之间,"与时转货资",很会掌握推销时机与购销动向,成为孔子七十二门徒中最富有的一个。由于范蠡、子贡高超的经商技巧与推销技术,所以后人把经营买卖和产品推销活动称作"陶朱事业,端木生涯"。白圭,是战国时期以经营农副产品贸易为主的大商人。白圭十分讲究贸易致富理论,对商品需求变化的内在规律已有初步认识,提出了"人弃我取,人取我予"的经营策略。白圭还十分讲究推销决策与推销艺术,提出经商推销要勇于决断,而且要工于心计,并提出"智、勇、仁、强"四字诀。他的这套理论给后人有益启示,使人们认识到要从事推销活动,必须研究和掌握推销活动的内在规律,才能保证在竞争中立于不败之地。

翻开世界历史,处处都可看到各国劳动人民经商贸易的记载。无论是古希腊、罗马时代频繁往来于地中海沿岸的一艘艘商船,还是古埃及、古印度穿梭跋涉于林莽大漠和崇山峻岭中的马帮驼队,都在史书上留下了古代经济中推销活动的足迹。

2. 推销学的发展

1) 古老的推销技术(19世纪中叶以前)

商品推销和商品生产是一对孪生兄弟,自有商品生产和商品交换时起,商品推销就产生了,并形成了古老的推销技术。在这个时期,自给自足的自然经济占主导地位,商品经济还不发达。由于社会制度的原因而形成的势力割据,使市场小而分散,加上交通不便,市场规模呈现出相对稳定的形态。从事推销活动的人主要是个体生产者和商人,推销技术主要以个人推销技术为主。传统推销技术就是在这个时期发展起来的,它具有以下特点。

(1) 推销成功与否带有很大的偶然性。其原因主要是因为所推销的商品是已经生产出来的,它们不一定为消费者所需要。而且推销成功主要依赖于个人的作用,它包括个人的素质、技术水平、私人关系及社会联系等。

(2) 推销活动带有短期性。以集市、庙会为主,店铺为辅的非连续性的销售方式,推销活动的重点总是放在"这一次"如何把商品卖出去,推销者并不关心"下一次"的推销活动。

(3) 推销活动具有欺诈性。偶然性与短期行为的特点必然造成推销活动带有欺诈性。

(4) 在推销方式、方法上,出现现代推销中的一些原始雏形,一些说服消费者购买的方式、方法已出现。

即使在今天,我们仍能在一些集市、庙会上看到这种古老的推销技术及它们表现出来的基本特点。

2) 生产型推销(19世纪中期—20世纪20年代)

在这半个多世纪的进程中,商品生产有了长足的发展,商品经济已基本取代了自给自足的自然经济。推销主体也由个人转变为企业。在商品经济条件下,如果企业不能把商品卖出去,商品的价值就不能得以实现,企业就不可能得到利润,甚至会破产。因此,它要求推销摆脱偶然性,推销技术也就有了其生存、发展的土壤。但是,随着封建市场割据被逐步消灭,发达国家对不发达国家的殖民占领,使市场的空间范围不断扩大,消费需求迅速增长,由于生产的发展赶不上需求的发展,因此,市场处于供不应求的状态。在这种形势下,企业生产的产品都可以卖出去,企业的注意力主要集中在降低成本,充分利用现有的设备、技术、原材料来生产出更多的产品上,"以产定销"的经营思想决定了企业以生产为中心,并不重视推销活动。

这个时期,推销在方式和手段上有所发展,广告已应用在销售现场和营业推广中。但从总体上来说,以生产为中心、以产定销的格局,仍使推销具有短期行为的特点,推销技术的发展也比较缓慢。

3) 销售型推销(20世纪20—50年代)

20世纪30年代资本主义国家频繁发生经济危机,资本主义基本矛盾日益尖锐。随着资本主义国家对世界的瓜分完毕,客观上要求企业必须重视商品的推销,商品价值能否实现已直接威胁到企业的生存与发展。这个时期有以下几个特点。

(1) 许多企业内部开始设立销售部门,销售活动作为一种职能从企业经营中分离出来,它推动了推销技术的迅速发展。

(2) 逐步把"坐等顾客上门"的消极被动方式转变为"走出去,说服顾客"的积极推销方式。在生产中,也开始注意产品的差异性。

(3) 传统推销的短期性和在成功率上的偶然性已不能适应企业发展的需要。在这个时期,推销的一些基本手段已形成并逐步完善,企业推销技术和推销观念已开始面临一场新的革命性的转变。

4) 现代推销(市场型推销)(20 世纪 50 年代至今)

第二次世界大战后,科学技术迅猛发展,物质财富有了较大的增长,形成了以消费者为主导的买方市场。顾客的消费需求呈现出多样化、复杂化的趋势。资本主义商品和资本的相对过剩在市场上表现日益明显,企业间的竞争日益激烈。在这种形势下,新的推销方式的产生便成了自然而然的事情,它从根本上改变了传统推销的概念,并日益科学化。1958 年,欧洲著名推销专家戈德曼《推销技巧》的问世,宣告了现代推销学的产生。现代推销主要具有以下特点。

(1) 以消费者的需求为中心,即消费者需要什么就生产什么,企业以销定产,以需定产,这就彻底地改变了传统销售中成功的偶然性。

(2) 现代推销具有全局性和系统性的特点。全局性主要表现在以销售指导生产和采购,企业中的销售部门发展为占有主导地位的综合性市场部门,企业的一切经济活动围绕市场来进行。系统性主要表现在:推销已不再单纯是销售部门的事情,而是企业经营管理水平的整体体现,是企业各经营环节配合是否紧密的综合反映。

(3) 现代推销使销售成功具有长期性和稳定性的特点。企业要生存和发展,要使生产持续地进行,必须使推销的成功长期而稳定,决不能像传统推销那样靠一次性交易去牟取暴利,靠欺诈手段进行"一锤子买卖"。

(4) 现代推销改变了企业的经营策略与目标。在策略上,更注意开拓市场,开发新产品和提高市场占有率,注意制定科学化的产品、价格、销售渠道、经营方式和促销手段等方面的策略。在经营目标上,从过去只注重利润目标转变为"创造顾客"的企业目标,即在实现一定利润水平目标的前提下,争取更多的顾客,保障企业长期、稳定的发展。

(5) 现代推销要求企业注意广泛利用现代科学技术,它包括新的通信手段、信息处理手段、信贷手段、结算手段和科学的决策等。这也是企业提高竞争能力,使成功的推销具有长期性和稳定性的条件。

1.4.2 现代推销学的研究对象

尽管推销活动十分复杂,但并非毫无规律可循,作为一门科学,推销也具有规律性。现代推销学所研究的是企业以市场为中心,从消费者需求出发所开展的现代推销活动的整体过程及其规律。这个表述强调了以下两点。

(1) 现代推销学的研究范围是推销活动的整体过程。商品的推销活动过程是由多个环节构成的,包括寻找买主、约见、接近买主、洽谈、处理异议、达成交易以及提供售中、售后服务等,如果其中某个环节出了问题,推销活动就难以顺利进行。

(2) 现代推销学的研究目的是总结推销规律。现代推销学的研究目的是总结一些具有普遍意义的推销规律或规律性的东西，从而更好地指导推销实践。

1.4.3　现代推销学的研究内容

现代推销学是在市场营销理论指导下，对人员推销的具体研究。现代推销学的研究对象决定了它的研究内容，现代推销学的具体研究内容如下。

1．现代推销的基本理论

推销人员要取得较大的推销成果，必须有科学的理论做指导，因此，掌握现代推销学的基础理论是每一个推销人员的首要任务。具体来说，要具备现代推销观念，充分地把握顾客心理和购买行为，了解顾客需求，掌握寻找潜在顾客的方法等。作为一个合格的推销人员，必须全面掌握这些知识，以便自己在推销工作中能适应各种环境的变化，取得优异的推销成绩。

2．推销人员的素质与能力

推销人员是推销活动过程的主体之一，在沟通企业与消费者、传播新产品和新技术的信息、顺利完成推销任务等方面起着重要作用。推销人员只有具备较高的素质和能力，才能更好地掌握推销理论，灵活而有效地实施推销策略与技巧，才能在推销工作中取得优异的成绩。所以，推销人员必须时刻注意提高自我修养，促进自我发展，加强自我完善，明确自我职责，不断提高自身的能力。

3．推销策略与技巧

掌握各种推销策略与技巧是推销人员达成交易的保证。推销策略与技巧主要包括寻找顾客及顾客资格审查、接近与约见顾客技巧、推销洽谈技术、顾客异议处理与成交策略等。推销人员要保证自己取得更好的推销绩效，就需要掌握推销组织与管理方式。掌握了这些推销策略与技巧，推销人员在推销工作中才能应付各种突发事件，在处理复杂的推销情况时才能游刃有余。

1.4.4　现代推销学的研究方法

现代推销学是一门实践性很强的综合性应用学科，与多种学科密切相关，因此，在现代推销学的研究中，必须结合中国国情，坚持唯物辩证法，走理论联系实际的道路。在研究和掌握这门学科时，首先，应当采用综合性的研究方法，即借鉴各有关学科的研究方法来研究现代推销活动过程，掌握一般规律。现代推销学与市场营销、市场调查与预测、消费心理学、消费行为学、广告学、公共关系学、现代传播学、社会学、商品学及管理学的关系都极为密切，所以，作为一个合格的推销人员，必须通过各种方式和途径，广泛吸收知识，为我所用。其次，要用理论与实际相结合的研究方法，在现代推销理论的指导下，注重实际应用。当然，这种实际应用可以根据自身情况灵活掌握，如商品推销可以从小商品做起，业务量也可以由小到大，同时，在日常生活及与人交往中也应留心观察，积累经验。总之，事物是不断发展变化的,只要我们一切从实际出发,从现实的推销活动出发,就可以从中总结出正确理论,从而进一步指导推销活动的实践。

现代推销学研究的方法很多,归纳起来,可以概括为以下几种。

1. 产品研究法

产品研究法是一种以人员推销的客体为对象的研究方法,也是一种以物为中心的研究方法。这种方法认为,产品是推销活动的客体,产品研究是推销活动的基础。由此,它以产品为主线,要求在人员推销中按产品及其特性进行分类,并在此基础上分别探讨人员推销时如何根据不同产品、不同产品寿命周期采取不同的推销战略和策略,它更着力于研究产品的设计、质量、价格、品牌、包装等。它认为有了好的产品,推销才能得以顺利进行。

2. 人员研究法

人员研究法是一种以推销人员为中心的推销研究方法。这种方法的基本观点是:没有推销不出去的产品,只有不称职的推销人员。推销人员是现代推销学研究的中心,因而要侧重对推销人员基本素质的培训,对推销谈判、推销策略和技巧等内容的研究。

3. 环境研究法

环境研究法是一种侧重研究人员推销环境的方法,它认为推销成功与否的关键在于产品和推销人员的工作是否适应环境。因而,这种方法着力于研究市场的规律、市场的区域特点、消费者的特点等,甚至将谈判对手的心理、用户心理表现等都纳入研究的内容之中。

4. 制度研究法

制度研究法是一种以研究推销制度为出发点的方法。它的研究从企业内部出发,研究如何建立促进推销活动的高效的组织和制度。

本章小结

推销是一个古老而又年轻的名词,随着我国市场经济的发展,推销这一职业在中华大地上得到迅猛发展,为满足人们的需要,为社会经济的发展发挥着重要的作用。本章从总体上阐述了推销的含义、特点、作用、要素、原则及推销学的演进过程等。

推销的定义有广义和狭义之分。广义的推销是泛指人们在社会生活中,通过信息传递的方式,使推销对象接受并实施推销内容的活动与过程。从这个意义上说,生活中处处都有推销。狭义的推销是指推销人员在一定的推销环境里,运用各种推销技术和推销手段,说服推销对象接受推销客体的活动过程。本书所说的推销就是指狭义的推销。

推销的原则是推销人员在推销过程中应该把握的基本准则,主要有顾客导向原则、互惠互利原则和诚信为本原则。

随着商品经济的发展,推销也由古老推销向现代推销发展,推销学作为一门学科也在不断发展,学习现代推销技术要把握现代推销的含义、特点、原则,以及它的发展历程及研究对象。

巩固与应用

1. 主要概念

广义推销　狭义推销

2. 复习思考题

(1) 列举你所熟悉(或推销)的产品,并说出它们能满足顾客的哪些需求。
(2) 推销有哪些特点?试比较推销与营销的差异。
(3) 推销应遵循哪些基本原则?
(4) 简述推销过程的主要步骤及其工作的主要内容。
(5) 阐述你对推销这一职业的认识。

3. 课堂实训

实训背景:学生自组一个销售公司,对公司进行合理规划,在今后的学习过程中,始终以公司的经营宗旨为大前提,进行一系列市场营销活动和日常推销工作,力求达成公司1年(或1学期)的经营目标。

实训活动:

(1) 要求学生自组公司,4～5人一组。选择相应的公司背景,共同探讨制定公司经营宗旨、公司经营范围及未来1年(或1学期)公司经营所需的相关规章制度。
(2) 将学生编入团队,明确团队合作关系,监督管理机制。分工协作,解决学习(推销)中遇到的难题,明确成绩考核方法。
(3) 明确公司经营项目、运营方式、公司短期赢利计划。

4. 课外实训

任务:尝试选择一种日常用品,到社区开展推销。
目的:在不掌握有关推销理论和技巧的情况下,总结你所面临的推销问题。
要求:个人完成。
考核点:对推销的认识。

5. 案例分析

董明珠巧用"返利"促销售成功

1995年,董明珠发明了"淡季返利",即依据经销商淡季投入资金数量,给予相应利益返还。这样把"钱—货"关系,变成"钱—利"关系,既解决了制造商淡季生产资金短缺问题,又缓解了旺季供货压力。1995年,格力淡季回款比上年增加3.4倍,达11亿元,为1996年与春兰总决战做好了市场准备。

1995年,格力又发明"年终返利",将7000万元利润还给经销商。

1996年,空调淡季,格力靠淡季返利拿回了15亿元回款。在淡季价格战中,各个品牌只得纷纷降价,甚至零售价低于批发价,批发价低于出厂价,大伤元气。董明珠规定格力1分钱也不能降。到了8月31日,格力却宣布拿出1亿元利润的2％按销售额比例补贴给每个经销商。这样在空调业最困难的1996年,格力销售增长17％,第一次超过春兰。

格力不仅把缩小营销队伍省下的钱补给了经销商,1997年还拿出2.5亿元返还经销商。

董明珠认为:只有经销格力赚钱,才能长治久安。她不仅将紧俏空调品种平均分配,避免大经销商垄断货源,扰乱市场,还推出了空调机身份证,使每台空调在营销部备案。一般来说,空调9月到3月是淡季,4月到8月是旺季,淡旺季有不同的价格,淡季比旺季低2个万分点。一般厂家都在挖空心思想把旺季从4月提前到3月,以获得更大利润。

1998年,董明珠却突发奇想,在朱总支持下宣布把淡季延长一个月。4月继续实行3月淡季价。格力到手的钱不要,等其他厂回过神来,众多大经销商已纷纷划款给格力抢买格力产品,有厂家长叹:"董明珠也真狠,这么多年,我们从没想到过这一招。"

就这样,董明珠从一名基层业务员成长为格力的总经理,从2005年至今,她一直担任着格力的重要领导职务。

(资料来源:https://www.yjbys.com/chuangye/gushi/anli/560384.html)

思考:
(1) 阅读上面案例后回答如何理解推销?
(2) 该案例中的推销对象是谁?体现了哪些推销原则?

第2章 推销方格与模式

学习目标

知识目标

1. 理解推销方格理论的基本内容。
2. 掌握爱达模式、迪伯达模式、埃德帕模式、费比模式、吉姆模式的特点与适用范围。

技能目标

1. 掌握不同推销方式的具体方法和运用技巧。
2. 应用推销方格理论、顾客方格理论分析推销人员心态及顾客购买心态,提高实践应用技能。
3. 应用不同推销模式解决实践问题。

德育目标

1. 培养诚实守信的职业道德和自信求索的钻研精神。
2. 严守秘密,恪守保护客户隐私的职业操守。

案例导入

搭话儿见功夫

一天,一位年轻的女士来到某服装店柜台前,仔细打量着挂在衣架上的几款羊毛衫。随后,她从衣架上取下一款黄蓝相间几何图案的羊毛衫,端详了一会儿,对营业员王莉说:"请问这件羊毛衫多少钱?""758元。"营业员王莉回答。"好,我要了,就这件吧!"那位女士把羊毛衫放在服务台上,边拿出手机边说。在为她包衣服时,王莉恭维了一句:"您真有眼力,很多人都喜欢这个款式。"女士听了这句话,沉吟片刻,然后微笑着对王莉说:"抱歉,我不要啦!"

王莉傻眼了,没想到一句恭维话反倒使顾客终止了购买,为什么呢?王莉客气地问:"怎么啦,这款式您不喜欢吗?""有点。"女士也很客气地回答,然后准备离开。王莉立刻意识到刚才那句恭维话可能是个错误,必须赶紧补救。趁女士还未走开,王莉赶紧问:"能否告诉我您喜欢哪种款式?我们这几款羊毛衫是专门为像您这样气质高雅的年轻女士设计的,如果您不喜欢,可否留下宝贵的意见,以便我们改进。"听了这话,女士解释道:"其实这几款都不错,我只是不太喜欢跟别人穿一样的衣服。"哦!原来这是位不追求时尚、有自己主见、喜欢与众不同的顾客。"您误会了。我刚才说很多人都喜欢的这个款式,由于产品质量好,价格高一点,所以买的人并不多,您是这两天第一位买这个款式羊毛衫的顾客。而且,这个款式我们总共才进了 10 件⋯⋯"经过一番争取,那位女士最终买走了那件羊毛衫。

思考:案例中的情况转折说明了什么问题?

(资料来源:董亚辉,霍亚楼.推销技术[M].2 版.北京:对外经济贸易大学出版社,2012)

成功的推销人员,不仅要有自信心和良好的态度,还要注意根据顾客的特点选择合适的推销方式和技巧,这样才有可能取得推销活动的成功。推销学大师戈德曼认为,如果一个推销人员想获得成功,就必须以工作为己任,并且必须对自己从事的工作充满信心。一些职业的推销人员在遇到顾客对他所提供的产品不感兴趣的时候,依然能够保持良好心态,越挫越勇,积极应对,针对顾客的实际情况,想方设法去赢得顾客。那么,怎样使推销人员树立起对所从事工作的必胜信心呢?这种必胜信心的表现形式的具体内容又是什么呢?这些将是推销理论和推销模式所要回答的问题。它是为推销员奠定推销心理基础、激发推销员的积极性、提高其推销技术的基础理论。建立信任是职业推销员坚定信心、推销成功的基础与关键要素。

2.1　推销方格理论

推销是一种复杂的社会活动,是推销员与顾客交往的过程。在这个活动过程中都有着各种各样的心理活动,形成推销员和顾客各自的心理状态。不同的推销心态往往会带来不同的推销效果。许多学者在大量推销实践过程中总结出其中的规律性,形成推销理论。其中,曾以"管理方格理论"而蜚声经济学界的美国管理学家罗伯特·R. 布莱克教授和 J. S. 蒙顿教授在此基础上,于 1970 年研究了推销员与顾客之间的人际关系和买卖关系,提出了"推销方格理论",这是推销学基础理论的突破之一。

微课:推销方格理论

推销方格理论分为推销员方格理论和顾客方格理论两部分,推销员方格理论研究推销活动中推销员的心理活动状态,顾客方格理论则研究顾客在推销活动中的心理活动状态。

案例 2-1

推销沟通有学问

推销员:你们需要的卡车我们都有。

客户:我们要两吨的。

推销员:你们运的东西,每次平均重量是多少?

客户:很难说,大约两吨吧。

推销员:是不是有时多、有时少呀?

客户:是这样。

推销员:究竟需要用什么型号的汽车,一方面要看你运的什么货,另一方面要看你在什么路上行驶,对吧?

客户:对。

推销员:你们那个地方是山区吧,据我所知,你们那里路况并不好,那么汽车的发动机、车身、轮胎承受的压力是不是要更大一些啊?

客户:是的。

推销员:你们主要是利用冬天田里没活了搞运输吧?那么,对汽车承受力的要求是不是更高呢?

客户:是的。

推销员:货物有时会超重,又是冬天在山区,汽车负荷已经够大的了,你们决定购买汽车型号时,连一点余地都不留吗?

客户:你的意思是?

推销员:你们难道不想延长车的寿命吗?一辆车满负荷,另一辆车从不超载,你觉得哪一辆车寿命会更长呢?

客户:当然是载重量大的那辆了。

最后双方达成了交易。

(资料来源:https://wenku.baidu.com/view/0d6875df9d3143323968011ca300a6c30c22f112.html?_wkts_=1675946209077&bdQuery=)

思考:本案例显示出什么样的沟通技巧?

2.1.1 推销员方格理论

推销员方格理论认为,推销员在进行推销工作时,心里应该有两个目标:一是完成销售任务,把产品卖出去;二是与顾客建立良好的人际关系,以便日后开展业务。在具体的推销活动中,推销员追求两种目标的心理态度就构成了推销方格。

推销员方格是一个平面坐标系中的第一象限的图形(见图 2-1),用纵坐标表示推销员对顾客的关心程度,横坐标表示推销员对完成推销任务的关心程度。两个坐标值都从 1~9。坐标值越大,表示关心程度越高。每一个方格交点就代表一种推销员的心理态度或推销风格。其中(1,1)、(1,9)、(9,1)、(5,5)、(9,9)分别是五种典型的推销方格。

1. 事不关己型

事不关己型指的是推销员方格图 2-1 中的(1,1)型,这类推销员既不关心自己的推销任务能否完成,也不关心顾客的需求和利益能否实现。事不关己型的推销员对本职工作缺乏责任心。究其原因,也许是主观上不愿做推销工作,

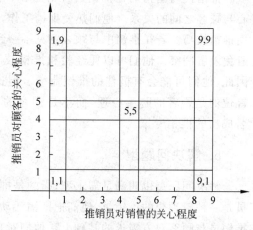

图 2-1 推销员方格

当一天和尚撞一天钟；也许是客观上对工作不满意。曾经在社会上备受批评的国营商场服务员就属于这一类推销员。他们极差的服务态度被写进了许多相声作品里，与现今的优质服务做对比，讽刺意味非常强烈。

2. 顾客导向型

顾客导向型指的是推销员方格图 2-1 中的(1,9)型，推销员非常重视与顾客的关系，而不关心销售的完成情况，即推销员刻意强调在顾客中树立自己良好的形象，处处为顾客着想，甚至放弃原则来迎合顾客，迁就顾客，尽量满足顾客的要求，达到与顾客建立良好关系的目的。持这种心态的推销员认为：我是顾客之友，我想了解他并对其感受和兴趣做出反应，这样他会喜欢我。这种私人感情可促使他购买我的产品。他们可能是不错的人际关系专家，但并不是成熟的推销员。这其实是强行推销的另一种表现。现代推销要求把顾客的利益和需要放在第一位，不是把顾客的感受摆在首位。

3. 强力推销型

强力推销型指的是推销员方格图 2-1 中的(9,1)型，推销员具有强烈的成就感与事业心。这类推销员的心态与顾客导向型正好相反，他们认为：既然由我负责这个顾客，我便应施加压力，迫使其购买。因此，他们为提高推销业绩，不惜采用多种手段，全然不顾顾客的心理状态和利益。推销员与顾客被形象地比喻为拳击台上的两个选手，推销员要坚决把顾客打倒。他们千方百计地说服顾客购买，甚至不择手段地采取强行推销的方法，将商品推销出去，而不考虑顾客是否真正需要所推销的商品。这类推销员的强行推销不但损害了顾客的利益，而且损害了企业的市场形象和产品信誉，导致企业的经济利益受损，最终推销活动和推销员给顾客留下极坏的印象，影响了推销行业的发展。在此之后，强行推销被温和推销所代替。

4. 推销技巧型

推销技巧型指的是推销员方格图 2-1 中的(5,5)型推销员，他们既关心推销成果，也关心与顾客之间的关系。他们热爱推销工作，十分重视对顾客心理和购买动机的研究，善于运用推销技巧。若在推销中与顾客意见不一致，一般都能采取折中的办法，使双方相互妥协，避免矛盾冲突。他们可以凭经验和推销技术诱使顾客购买一些实际上并不需要的东西，因此，他们可能会有极佳的推销业绩。但这类推销员仍然不是理想的推销员。他们放在首位的是顾客的购买心理，而不是顾客的利益的需要。他们需要进一步学习，以成为一名成功的推销专家。

5. 解决问题型

解决问题型也叫满足需求型，指的是推销员方格图 2-1 中的(9,9)型推销员。这类推销员是一种较理想的推销员，他们把推销活动看作满足双方需求的过程，把推销的成功建立在推销员与顾客双方需求的基础上。他们对自己的推销工作及效果非常重视，并且十分关心顾客的需要。他们注意研究整个推销过程，总是把推销的成功建立在满足推销主体双方需求的基础上，针对顾客的问题提出解决办法，并在此基础上完成自己的推销任务。这种推销的心理态度是最佳的推销心理态度。世界超级推销大师齐格·齐格勒说:"假如你鼓励顾客去买很多的商品只是为了自己可以多赚钱,那你就是一个沿街叫卖的小贩。假如你鼓励顾客购买很多商品是为了顾客的利益,那你就是推销的行家,同时你也得益。"事实正是如此。

2.1.2 顾客方格理论

推销活动不仅要受推销员态度的影响,而且也要受顾客态度的影响。在购买活动中,顾客也至少有两个目的:一是在有利的购买条件下购买合适的商品来满足自己的需求;二是与推销员建立良好的人际关系。顾客方格与推销员方格的图形是一样的(见图2-2)。其中,纵坐标表示顾客对推销员的关心程度,横坐标表示顾客对购买的关心程度,坐标数值越大表示关心程度越高。

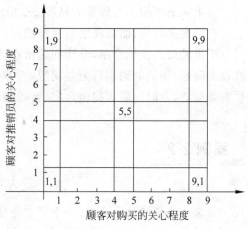

图 2-2　顾客方格

1. 漠不关心型

漠不关心型指的是顾客方格图 2-2 中的(1,1)型顾客,具有这种心态的顾客既不关心推销员,对购买行为也不关心。原因之一是其没有购买决策权。具体表现为尽量避免做出购买决策,回避推销员。向这类顾客推销商品是非常困难的,推销成功率是相当低的。

2. 防卫型

防卫型指的是顾客方格图 2-2 中的(9,1)型顾客,他们只关心如何以更佳的条件购买商品,对推销员不但不关心,反而极为反感,甚至敌视。这类顾客可能受传统观念的影响,认为"无商不奸"或者有受骗上当的经历,认为推销员都是骗子。他们在购买过程中小心谨慎,斤斤计较,总希望获得更多的利益。这类顾客只是对推销员或推销工作有偏见,而不是不愿意接受推销品。所以,推销员必须首先推销自己,取得顾客的理解和信任,才能使推销工作顺利进行。

3. 软心肠型

软心肠型又叫情感型,指的是顾客方格图 2-2 中的(1,9)型顾客。他们对推销员极为关心,尤其体谅推销员的心情和处境。所以,他们也许只是因为推销员热情周到,或因为推销员辛苦工作而受感动购买产品。软心肠型的顾客自然是所有的推销员都希望碰到的了。许多老年人和性格柔弱、羞怯的顾客都属于此类顾客。

4. 干练型

干练型也叫公正型,是指顾客方格图 2-2 中的(5,5)型顾客。这类顾客有商品知识和购买经验,在与推销员打交道时显得非常聪明,既乐意听取推销员的意见,又倾向于自主地做出购买决策。但干练型的顾客在接受推销时容易过分展示自己的知识、经验、聪明、公正、宽容等优势,因此购买一些自己并不十分需要或很不合算的商品。

对待这类顾客最好的方法就是要尽量满足其消费心理,推销员充分摆明事实和证据,让其自己做出购买决策。

5. 寻求答案型

寻求答案型指的是顾客方格图 2-2 中的(9,9)型顾客,是最成熟的购买人。他们不仅关心自己的购买行为,而且高度重视推销员。他们在考虑购买商品之前,了解自身的需要,通过倾听推销员的推销介绍,分析问题所在,购买合适的产品或服务来满足自身的需要,解决存在的问题,他们的购买行为是明智的。对待这类顾客,推销员应积极参谋,主动为顾客提供有效服务,及时向顾客提供真实、有效的信息,诚心诚意帮助顾客解决问题。

案例 2-2

人不可貌相

在某一个沿海的大城市,一个穿着普通的老人来到某百货公司的高级化妆品专柜。他的到来显得与这里的环境极不相符,因此也没有服务员主动上前招呼他。总算有位牢记"殷勤接待所有人"这个推销信条的售货员,在接待完其他顾客后,因职业敏感发现那位老人手里拿着一张纸条,猜想一定是妻子或女儿写给他来买什么的。结果不出所料,纸条上写的三款商品,每款都价值 300 多元,根本就不必花费唇舌,几分钟的时间就把生意做成了。

(资料来源: https://wenku.baidu.com/view/8516f2411837f111f18583d049649b6649d70922.html?_wkts_=1675943227474&bdQuery=％E6％8E％A8％E9％94％80％E6％96％B9％E6％A0％BC％E7％90％86％E8％AE％BA％E6％A1％88％E4％BE％8B)

思考:

(1) 案例中的这位销售员属于什么类型的推销员?其他销售员又属于什么类型的推销员?

(2) 在貌似非购买者的推销对象面前,推销员应该怎么做呢?

2.1.3 推销员方格与顾客方格的关系

推销的成功与失败,不仅取决于推销员的工作态度,同时也受顾客态度的影响。各种心态的推销员与顾客接触,哪一种搭配能导致推销成功呢?布莱克教授总结出推销员方格与顾客方格的关系,反映了推销员态度与顾客态度之间的内在联系。

一般地说,推销员的心理态度越是趋向于解决问题型(图 2-1 中(9,9)型),其推销能力越强,就越有可能收到理想的推销效果。对推销员推销心态和推销绩效之间关系的比较研究发现:在推销业绩方面,按推销员方格中的分类,(9,9)型(解决问题型)比(5,5)型(推销技巧型)高 3 倍,比(9,1)型(强力推销型)高 15 倍,比(1,9)型(顾客导向型)高 9 倍,比(1,1)型(事不关己型)高 75 倍以上。由此可见,不同的推销员对推销工作的贡献相差很大。因此,要成为一位出色的推销人员,健康的心态是不可缺少的。所以,推销员应树立正确的推销态度,要加强培训与锻炼,调整改善自我心态,努力使自己成为一个能够帮助顾客解决问题的推销专家。

当然,具有(9,9)型推销心态的推销员是理想的推销专家,但并不是说只有这种心态的推销员才能取得推销佳绩。推销员的推销活动能否成功,除了自身的努力以外,还要看顾客是否愿意配合。如果推销专家遇到一位铁了心不购买推销品的顾客,纵然他有高明的推销技法,也很难成功。如果一位(1,9)型(顾客导向型)推销员遇到一位(1,9)型(软心肠型)顾客,双方都特别关心对方,尽管推销员不算是一个优秀者,他依然能够成功推销。

根据推销方格,五种类型的推销员和五种类型的顾客进行不同的组合,就会发现:有的能顺利达成交易,有的不能成交,有的即使成交也不是二者简单搭配的结果。为此,用表 2-1 表示推销员与顾客的关系。

表 2-1 推销方格与顾客方格搭配

推销类型	顾客类型				
	(1,1)	(1,9)	(5,5)	(9,1)	(9,9)
(9,9)	+	+	+	+	+
(9,1)	0	+	+	0	0
(5,5)	0	+	+	—	0
(1,9)	—	+	0	—	0
(1,1)					

表 2-1 反映了推销方格与顾客方格之间的内在联系。表中"+"表示成功,"—"表示失败,"0"表示推销成败的概率相等。

因此,正确把握推销心态与购买心态之间的关系是非常重要的。只要二者能达到相互配合、和谐统一,推销就会成功。

课程思政:深入开展法治教育

素材:引起潜在顾客注意,宣传要合法适度

什么样的用语不能在广告中出现?根据《广告法》第九条第(三)项的规定,广告中不得使用"国家级""最高级""最佳"等用语。在广告中使用这些用语,不但容易误导消费者,还可能不正当地贬低了同类商品或服务,涉嫌构成不正当竞争行为,故法律明确予以禁止。

视频:引起潜在顾客注意,宣传要合法适度

讨论:观看视频,讨论推销宣传合法适度的重要性,推销过程中要遵守法规的重要性。

2.2 推销模式

顾客对推销的接受过程是一个非常复杂的心理演变过程。所谓推销模式,是指在推销活动过程中,推销人员根据推销活动的特点以及针对顾客的心理变化采取的应对策略,从而

归纳出一套程序化的标准推销形式。国际上一些有名的推销大师根据自己的成功经验,总结出了五种典型的推销模式,即爱达模式、迪伯达模式、埃德帕模式、费比模式和吉姆模式。

微课:推销模式

2.2.1 爱达模式

根据消费心理学研究,顾客购买的心理过程可以分为四个阶段,即注意(attention)、兴趣(interest)、欲望(desire)和行动(action)。著名的推销专家海因兹·姆·戈德曼在《推销技巧——怎样赢得顾客》一书中根据消费心理学的研究,把成功的推销活动概括为四个步骤:引起潜在顾客注意—唤起潜在顾客兴趣—激起潜在顾客购买欲望—促成潜在顾客购买行为。注意、兴趣、欲望和行动四个单词的英文缩写为AIDA,中文音译为"爱达",所以戈德曼的推销步骤又称为爱达模式,它被认为是推销成功的四大法则。该模式的具体内容就是一个成功的推销员必须把潜在顾客的注意力吸引到推销的产品上,使潜在顾客对产品产生兴趣。这样,潜在顾客的购买欲望随之产生,从而促使潜在顾客做出购买决策。这种推销模式的适用性很强,它不仅可以指导推销员的推销过程,而且适用于上门推销,如办公用品和生活用品的上门推销,也适用于店堂推销,如柜台推销、展销会推销。

爱达模式包括四个发展阶段,它们的完成时间不是固定的,可长可短。四个阶段的先后次序也不是一成不变的,有时候可以省掉其中的某个阶段。

1. 引起潜在顾客注意

潜在顾客是指可能购买推销品的人。人们的购买行动通常都是从注意开始的,因此,开展推销活动首先要引起潜在顾客对推销品的注意。推销员通过推销活动刺激潜在顾客的感官,使顾客对推销员和推销品有一个良好的感觉,促进潜在顾客对推销活动有一个正确的认识和正确的态度。引起顾客注意的方法有许多,如形象吸引法、语言吸引法、利益提示吸引法、动作吸引法等。推销员要因人、因地而采取不同的方法。

(1)形象吸引法。当一名推销员首次出现在某位顾客面前时,顾客可能凭着瞬间的判断而在潜意识里持欣赏、信任或厌恶态度,这就是重要的第一印象。第一印象来自推销员的服饰、举止表情等所带给顾客的视觉上的刺激。能否在短时间内给顾客留下良好印象,对于推销员来说是非常重要的。因此,推销员应特别重视自己的仪表形象。

(2)语言吸引法。加深与顾客之间感情的最好方法,就是找到顾客感兴趣的话题,使双方处在良好的氛围之中,这样可消除顾客的防范心理。

(3)利益提示吸引法。推销员开门见山地将产品给顾客带来的利益告诉顾客,利用人们关注自身利益的心理,来吸引顾客的注意。例如,一个冰激凌设备推销员采用这种方法吸引顾客时,他就会对客户说:"我有一个能使您每销售一加仑冰激凌就节省30%投资的建议。"

(4)动作吸引法。比较常见的情况是如果推销员的动作潇洒利落,彬彬有礼,举手投足得体,气质风度俱佳,那么他一定给顾客在视觉上形成良好的第一印象,这样就会引起顾客的注意。

除了以上几种吸引消费者注意的方法以外,还有很多方法可以集中消费者的注意力,推销员应根据时间、地点、销售对象的不同采用灵活多样的方法。

推销员在运用上述各种方法时,还应当注意以下几个问题。

(1) 做好推销前的准备工作。有了充分的准备,推销才能从容有序、有针对性、高效率地进行,也才能使推销员在顺利接触推销对象的基础上,较好地展示、临场发挥。

(2) 说好第一句话。大量实践证明顾客在听第一句话的时候注意力是高度集中的。

(3) 时时刻刻为顾客着想。推销员应当站在消费者的角度介绍产品,说明被接受的原因是什么,设法了解顾客可能面临的问题,从顾客感兴趣的话题开始推销谈话,而不是把销售产品放在洽谈业务的开头。

(4) 用肯定的语气说话。任何否定的、无把握的、试探性的语言都不足以引起顾客的注意。

(5) 巧妙处理推销中的干扰,注意保持顾客的注意力。

2. 唤起潜在顾客兴趣

兴趣与注意有着密切的关系。兴趣是在注意的基础上发展起来的,反过来又强化注意。一次推销活动如果已经引起了顾客的注意,说明已经完成了推销的第一步。在此基础上,推销员应该设法使潜在的顾客对所推销的商品发生兴趣,产生好感。

爱达模式中唤起消费者兴趣的阶段就是示范的阶段。推销员要尽可能地向顾客示范所推销的产品。人们总是相信"百闻不如一见"。如果所推销的产品不便随身携带时,推销员可以借助产品的宣传资料、数据和其他一些器具,向顾客宣传介绍所推销的产品。如有可能,推销员应尽量少谈产品,让顾客尽快亲自检验产品的质量。让顾客亲眼看一看、亲手摸一摸,这比其他任何一种方法都更具有说服力。具体内容包括以下几点。

(1) 向顾客示范所推销的产品。示范是推销员向顾客证明所推销产品效用的最有效的方法,可以消除顾客的疑虑,促使他们产生购买欲望。如果推销员去推销绿色无味环保油漆的话,他就不必拿着产品的说明书唾沫横飞地介绍,而应该直接让消费者去闻闻油漆的味道,再对比一下其他竞争产品。如果可能的话,领这个消费者去参观已经粉刷好的样板间,感受一下用此类油漆装修的房间空气是怎样的清新。

(2) 了解顾客的基本情况。知己知彼,百战不殆,对顾客的情况越了解,就越有可能直接与顾客交换意见和看法,也就越有希望达成交易。

(3) 推销员演示示范动作。推销任何产品都应该向顾客进行示范,并且进行使用示范,让消费者体会产品的具体功能。当然,最好能为整个示范过程增加戏剧性,这样就更容易引起消费者的兴趣了。

(4) 让顾客参与其中,比单独的推销员示范更能激发顾客的兴趣。

(5) 在适当的时候递上产品宣传册,并对主要内容进行简要解释。

(6) 示范产品的时间不能太长,并且要有所侧重。

(7) 言谈举止得体,并且引导顾客在示范过程中得出正确的结论。

3. 激起潜在顾客购买欲望

激起潜在顾客购买欲望是指推销人员通过推销活动,在激起顾客对推销品的兴趣后使顾客对推销品产生强烈的拥有愿望,从而导致顾客产生购买欲望。在推销过程中,刺激顾客的购买欲望可分为以下三个步骤进行。

（1）向顾客介绍情况。推销员要想激起顾客产生购买欲望，就必须巧妙地向顾客说明购买产品后将会感到称心如意、得到好处。比如，一位吸尘器推销员对家庭主妇说："您好好想想看，如果有了这台机器，您就可以从繁重的家务劳动中解放出来了。您可以利用原来打扫房间的时间陪孩子去游乐场，或者和您的先生一同看电视、聊聊天。多好啊！"

（2）提出一些有吸引力的建议。推销员必须刺激顾客，使顾客对他所推销的产品产生兴趣。说服顾客的最好方法是，介绍产品并示范所推销的产品，建议顾客尝试或试用。

（3）向顾客讲道理。在得到顾客反映之后，找到症结所在，然后有针对性地进行论证，多方诱导顾客的购买欲望，直至达成交易。推销员除了从情感上刺激顾客的购买欲望外，还应该从理智上刺激顾客的购买欲望，使他相信他的购买决定在情感上和理智上都是正确的。

4. 促成潜在顾客购买行为

促成潜在顾客购买行为是指推销人员要不失时机地强化顾客的购买意识，培养顾客的购买意向，促使顾客最终产生购买行动。促成潜在顾客购买行为是爱达模式的最后一个步骤，它是全部推销过程和推销努力的目标，也是对前三个目标的总结和收获。这一过程要求推销人员在推销活动中必须抓住机会，坚定顾客的购买信心。顾客从产生购买欲望，到采取购买行动，还需要推销人员运用一定的成交技巧来施加影响，以促成顾客尽快做出购买决策。

案例 2-3

比较以下两种说法，哪种效果更好？

甲：使用这种机器，可以大大地提高生产效率、减轻劳动强度。它受到用户的一致好评，订货量与日俱增。

乙：××钢铁厂使用了这种机器，生产效率比过去提高了40%，工人们反映机器操作方便，使用效率高，非常受欢迎。现在，该厂又追加订货10台。

（资料来源：http://www.17xie.com/read-63988.html）

营销启示：甲例中，推销员的说明是由一连串简单的肯定句组成，缺乏事实根据，使人听了不踏实，无法让人信服。乙例中的推销员引用了一个实例和数据，有根有据，让人不可不信。

2.2.2 迪伯达模式

"迪伯达"是英文字母DIPADA的译音，这六个英文字母分别为六个英文单词definition（发现）、identification（结合）、proof（证实）、acceptance（接受）、desire（欲望）、action（行动）的第一个字母。它们表达了迪伯达模式的六个推销步骤。迪伯达推销模式认为，在推销过程中，推销人员必须先准确地发现顾客的需要和愿望，然后把它们与自己推销的商品联系起来。推销人员应向顾客证明，他所推销的商品符合顾客的需要和愿望，顾客确实需要该商品，并促使顾客接受。

不同于爱达模式,迪伯达模式适用于生产资料市场上生产资料的推销;适用于老顾客及熟悉顾客的推销;适用于保险、技术服务、咨询服务、信息情报、劳务市场上无形产品的推销;适用于顾客属于有组织购买即集团购买者的推销。迪伯达模式的开头比爱达模式复杂,层次多,步骤繁。但由于迪伯达模式紧紧抓住了顾客需要这个关键性的环节,使推销工作更能有的放矢,因而具有较强的针对性,推销效果很好。

1. 准确发现顾客的需要和愿望

从推销实践来看,真正的推销障碍来自顾客的需要和愿望得不到满足。因此,在这一阶段,推销员应通过对顾客心理的科学分析,准确发现顾客的需要与愿望,探讨顾客需要解决的问题,而不要急于向顾客介绍推销品。这种做法既体现了以顾客为中心的原则,又能引起顾客的兴趣,不仅有利于制造融洽的推销气氛,而且有利于消除推销障碍。

2. 把推销品与顾客的需要、愿望结合起来

准确发现顾客的需要与愿望是说服顾客的要点,把顾客的需要和愿望与所推销的产品联系起来,则是建立说服顾客的基础。只有这样,才能很自然地激起顾客的兴趣,为促使顾客采取购买行动埋下伏笔。

3. 证实推销品符合顾客的需求和愿望

证实不是简单的重复,而是推销人员使顾客认识到推销品是符合他的需要的过程。推销员对自己所推销的产品进行介绍、说明时,要证实所推销的产品符合顾客的需要与愿望,即证明所推销的产品是顾客所需要的,以增加顾客的信任度,减少顾客的疑虑。

4. 促使顾客接受推销品

在推销过程中,顾客往往不能把自己的需求与推销品联系起来,推销人员必须拿出充分的证据向顾客证明,推销品符合顾客的需求,他所需要的正是这些产品。当然这些证据必须是真实可信的,而且要达到这个目的,推销人员必须做好证据理由的收集和应用等准备工作,熟练掌握展示证据和证实推销品的各种技巧。

5. 刺激顾客的购买欲望

在推销过程中,仅仅将顾客的需要和推销品联系起来还是远远不够的。当顾客接受了推销品之后,推销人员应及时激发顾客的购买欲望,利用各种诱因和刺激使顾客对推销品产生强烈的满足个人需要的愿望和感情,为顾客的购买行动打下基础。

6. 促使顾客做出购买行动

促使顾客做出购买行动是迪伯达模式的最后一个步骤,与爱达模式的第四个阶段"促成潜在顾客购买行为"是相同的。在这一阶段要求推销人员在前面工作的基础上,不失时机地劝说顾客做出最后的购买决定。

2.2.3 埃德帕模式

埃德帕模式是迪伯达模式的简化形式,它适用于有着明确的购买愿望和购买目标的顾客。"埃德帕"是五个英文字母 IDEPA 的译音。这五个英文字母分别为五个英文单词的第一个字母。它们表达了埃德伯模式的五个推销步骤:identification,即把推销品与顾客需要结合起来;demonstration,即向顾客示范产品;elimination,即淘汰不合适的产品;proof,即证实顾客的选择正确;acceptance,即促使顾客接受产品。

在采用该模式时不必去发现和指出顾客的需要,而是直接提示哪些产品符合顾客的购买目标,这一模式比较适合零售推销。

1. 把推销品与顾客需要结合起来

一般来说,人们总希望从购买活动中获得一定的利益,包括在一定程度上增加收入、减少成本、提高效益。推销人员应对上门主动求购的顾客热情接待,主动介绍商品,使顾客认识到购买商品所能获取的利益,紧紧扣住顾客的心弦,使其欲罢不能,只好接近推销人员,这种效果是其他接近方法所无法达到的。在实际推销工作中,普通顾客在推销人员接近时立即认识到购买商品的利益,同时为了掩饰求利心理,也不愿主动向推销人员打听这方面的情况,而往往装出不屑一顾的神情。如果推销人员在接近顾客时主动提示商品利益,可以使商品的内在功效外在化,尽量满足顾客需求。

在向顾客展示利益时,推销人员应该注意以下问题,即商品利益必须符合实际,不可浮夸。在正式接近顾客之前,推销人员应该进行市场行情和用户情况调查,科学预测购买和使用产品可以使顾客获得的效益,并且要留有一定余地。

2. 向顾客示范产品

证实产品有效的常用办法是示范,也就是当着顾客的面展示并使用商品,以证实你推销的商品确实具备能给顾客带来某些好处的功能,以便使顾客产生兴趣和信任。熟练地示范你推销的产品,不仅能吸引顾客的注意力,而且更能使顾客直接对产品发生兴趣。所以,要求推销员事先做好示范的准备工作,尽量针对顾客的具体需要进行展示,鼓励顾客参与示范的过程。

3. 淘汰不合适的产品

有些产品不符合顾客的愿望,我们称为不合格产品。需要强调指出的是,推销人员在向顾客推销产品的时候,应及时筛选那些与顾客需要不吻合的产品,使顾客尽量买到合适的产品,但也不能轻易淘汰产品,要做一些客观的市场调研及分析。

4. 证实顾客的选择正确

通过案例向顾客证明选择该产品是合适的,产品能满足他的需要。通过具体事例告诉顾客先前的买主由于购买了该产品使其工作效率得到了明显的提高,经济效益显著增加。推销员也可以将本产品与竞争产品相比较,使顾客感受到自己的购买决策是明智的。

5．促使顾客接受产品

推销人员应针对顾客的具体特点和需要进行促销工作，并提供优惠条件，以促使顾客购买自己推销的产品。

2.2.4　费比模式

费比模式是由美国俄克拉荷马大学企业管理博士、我国台湾中兴大学商学院院长郭昆漠总结出来的推销模式。"费比"是英文 FABE 的中文译音，FABE 是英文单词 feature（特征）、advantage（优点）、benefit（利益）和 evidence（证据）第一个字母的组合。费比模式将推销过程分为以下四个步骤。

1．将产品的特征直截了当地告诉顾客

推销员在见到顾客后，要以准确的语言向顾客介绍产品的特征。介绍的内容应当包括：产品的性能、构造、作用、使用的简易性、方便程度、耐久性、经济性、外观优点及价格等，如果是新产品则应更详细地介绍。如果产品在用料和加工工艺方面有改进的话，也应介绍清楚。如果上述内容多而难记，推销员应事先打印成宣传材料或卡片，以便在向顾客介绍时将材料和卡片交给顾客。

2．把产品的优点介绍给顾客

推销员应针对在第一步骤中介绍的产品特征，寻找出产品特殊的作用，或者某项特征在该产品中扮演的特殊角色、具有的特殊功能等。如果是新产品，则务必说明该产品的开发背景、目的、设计时的主导思想、开发的必要性以及相对于老产品的差别和优势等。当面对的是具有较高专业知识的顾客时，则应以专业术语进行介绍，并力求用词准确，言简意赅。

3．列举产品给顾客带来的利益

推销员应在了解顾客需求的基础上，把产品能给顾客带来的利益，尽量多地给顾客列举出来。不仅要讲产品外表的、实质上的优势，更要讲产品给顾客带来的内在的、附加的利益。从经济利益、社会利益、工作利益到社交利益，都应一一列举出来。在对顾客需求了解不多的情况下，应边讲解边观察顾客的专注程度和表情变化，在顾客表现出关注的主要需求方面要特别注意多讲解、多举例。

4．以证据说服顾客

该模式要求推销员在推销中避免用"最便宜""最可靠""最耐用""最划算"等字眼，因为这些话已经令顾客反感而没有说服力了。因此，推销员应该用真实的数据、案例、实物等证据解决顾客的各种疑虑，促使顾客购买。

费比模式与其他模式相比，最大的优点就是要求推销员事先将产品的特征、优点、产生的利益逐项罗列出来，并打印在宣传手册上。在推销过程中推销员就可以照单抓药，逐项陈

述,最终达成交易。但是,此模式的缺点就是如果遇到顾客对产品的需求潜在、不明确,就需要推销员一点点逐步强化他们的购买欲望。此时,如果推销员运用费比模式就会显得唐突和生硬,会引起顾客的反感。

案例 2-4

费比模式示范

以 E100 分真人发音这一功能来介绍 FABE 促销方法。

第一步:向顾客介绍 E100 分真人发音功能

我们的 E100 分是由真人发音,不同于市场上其他产品的电子发音。

第二步:向顾客介绍真人发音的优点

E100 分由于使用语言家(中央电视台著名播音员)的标准英语发音,语音准确、清晰。

第三步:向顾客说明真人发音给顾客的好处

真人发音便于学习者跟读、模仿以及矫正自己不正确的发音,对英语口语的练习大有好处。

第四步:让顾客亲自操作,感受真人发音的效果,从而说服顾客购买

点击发音时间较长的句子,让顾客试听真人发音的效果,用事实说服其购买,从而达成交易。

(资料来源:http://www.ezeem.com/forum/Read_allasp? id=1259&no=1675910)

营销启示:费比模式最大的优点就是要求推销员事先将产品的特征、优点、产生的利益传达给消费者,让消费者认同这样的优点,最终达成交易。

2.2.5 吉姆模式

推销三角理论认为,推销活动中最重要的三个要素是产品(或服务)、企业(或品牌)、自己(推销能力),推销员在推销活动中必须做到 3 个相信,才有可能取得好的推销业绩,即①相信自己所推销的产品或服务;②相信自己所代表的企业或品牌;③相信自己的推销能力。

该理论认为只有同时具备了这三个条件,才能激发推销员的销售热情,才能充分发挥推销员的推销才能,自如运用各种推销策略和技巧,取得较好的推销业绩。这就好比三角形的三条边,合起来就构成了稳定的三角形结构,缺一不可。其中,企业的产品用英文表示为 goods,推销员所代表的企业用英文表示为 enterprise,而推销员用英文单词 man 表示,这三个英文单词的第一个字母合起来便构成了 GEM,故西方营销界也称推销三角理论为 GEM 模式,我国译为吉姆模式。

吉姆模式认为,在推销活动中,顾客接受推销品,采取购买行动,实现推销成交是推销品、企业、推销人员三个因素综合作用的结果。其关键是"相信",即推销人员一定要相信自己所推销的产品(G),相信自己所代表的企业(E),相信自己(M)。该模式旨在帮助推销人员树立自信心,提高说服能力。

1. 推销员对产品或服务的相信

推销员对自己所推销的产品应当充分相信,因为产品是推销员推销的客体。它给顾客提供使用价值,给顾客带来需求上的满足。推销员要相信推销的产品货真价实,相信自己的产品具有使用价值,才可以成功地将产品推销出去。

推销员相信自己的产品,要求推销员对其产品的核心产品、形式产品及延伸产品的三个层次内容必须十分清楚,并对竞争产品有较清晰的了解,从而对自己推销的产品的效用、质量、价格等建立起自信。在向顾客推销介绍时,能根据顾客的不同需求有目的地作出有理有据的阐述,才能更加主动有效地处理顾客的各种异议。当然,推销员对自己推销的产品也不应盲目自信。这种自信应源于对产品的充分了解,源于对产品知识、功能效用和与其他产品相比的相对特征、优势及其合理使用方法的充分了解。

2. 推销员对企业或品牌的信任

在推销活动中,推销员是企业形象的代言人,他们对外代表着企业,他们的一举一动都会影响顾客对其所代表的企业的看法和印象。同时,推销员的工作态度、服务质量和推销业绩直接影响企业的经济效益、社会效益和发展前景。因此,只有当推销员充分相信自己所代表的企业,并形成认同感,才能使其产生从事推销工作的向心力、荣誉感和责任感,才能使其产生主人翁的工作热情,并在推销工作中发挥创造精神。

推销员对企业的信任,包括相信企业经营行为的合理性、合法性,相信企业的经营、决策和管理能力,相信企业的实力和行业影响力,相信企业改革和发展的前景等。信任是成功的动力,连自己企业都不相信的推销员是不可能在推销工作中取得成功的。

然而,推销员对企业的信任应该是客观的,而不应是盲目的,因为企业的优势和劣势是相对的。推销员对企业的优劣、长短要用辩证的眼光来分析,认识到在自己和企业其他人员的努力下,企业的劣势可以变成优势,落后可以变为先进。企业无论大小、新旧,都有自己的长处,这种长处是推销员建立企业信任的基点,也是成功推销的基础。

3. 推销员对自己推销能力的信心

推销员的自信心是完成推销任务、实现自己的销售目标的首要前提。推销员对自己的信心来源于以下三个方面:①认为自己从事的推销事业有意义,并且有希望取得大的成功;②自己具有从事推销事业并取得成功的智慧和能力;③自己推销的产品具有竞争力,行业发展有前景,对前途充满信心。

然而,万事开头难,推销员的事业总是从无到有、从小到大、从缺乏经验到经验丰富进步和发展的。如果推销员遇到了几次失败或挫折就气馁,就失去信心,是不可能干好推销工作的,因此,推销员必须有遭遇挫折的心理准备,才能保持信心。

推销员缺乏自信的表现主要有三个方面:①认为自己天生就不是干推销的"料";②害怕被顾客拒绝,觉得被拒绝很没面子;③担心从事的推销工作会做"蚀本生意而不愿承担经济风险"。推销员需要克服上述心理障碍,因为成功的推销员没有一个是一帆风顺的。推销大师乔·吉拉德曾欠债 6 万美元,但凭着顽强的毅力和自信,在逆境中求生存、求发展,最终成为享誉世界的汽车推销大王。

课程思政：坚持自信自立

素材：二十大代表风采 | 徐梦桃：为梦想坚持 拼出冬奥冠军

在众多雪上项目中，自由式滑雪空中技巧是中国队率先取得冬奥奖牌突破的领域。然而，从1998年的长野到2018年的平昌，20年，中国队始终未能"捅破"女子金牌那层"窗户纸"。北京冬奥会前，徐梦桃已经有了三届冬奥会经历。温哥华，初出茅庐的她名列第六；索契，落地时稍有失误，抱憾摘银；平昌，世界排名第一的她在大风中挑战三周跳失利……时间来到了2022年，北京冬奥会。年过30的徐梦桃第四次站上冬奥会女子决赛的出发台，在她之前出发的国外选手刚刚刷新了场上最高分，令人窒息的压力再度袭来。无悔追梦，放手一搏！徐梦桃果断选择将最后一跳难度拉满。那一天，又是大风、低温，但她最终完美落地，不负期望，为中国女子自由式滑雪空中技巧实现了冬奥金牌"零"的突破！夺冠后，徐梦桃身披国旗、泪流满面，在风雪中豪迈呐喊，镌刻下感动无数人的北京冬奥会名场面。对于自己能够当选党的二十大代表，徐梦桃倍感光荣和责任重大。"在赛场上，我不是一个人在战斗，背后是整个中国体育，其中有非常多优秀的党员，他们给了我很大支持。"徐梦桃说，"成为党的二十大代表后，我希望把我们整个体育系统党员们的精气神，尤其是运动员党员在备战中起到的榜样作用传承下去，我也希望用我们追求梦想、力拼冠军的劲头，带动身边所有的人。"

视频：二十大代表风采 | 徐梦桃：为梦想坚持 拼出冬奥冠军

讨论：观看视频，奥运冠军的成功给我们带来哪些启示？"人生不言弃"的精神对于一名推销员的成长励志是否也很重要？

本章小结

推销是一种复杂的社会活动，是推销员与顾客交往的过程。在大量推销实践过程中，人们总结出其中的规律性，形成推销理论。现代推销学的一个大的突破就是把推销过程理论化、系统化、规范化。重点介绍了推销方格理论和推销模式。推销方格理论阐述了推销人员与顾客之间的人际关系和买卖关系。这个理论包括推销员方格、顾客方格、推销员方格和顾客方格关系三部分。推销方格理论可以帮助推销员更清楚地认识到自己的推销能力，更深入地了解自己的推销对象，掌握顾客的心理特征。

顾客对推销的接受过程是一个非常复杂的心理演变过程。中外推销专家在深入研究推销案例的基础上，从不同角度提出了一系列的推销模式。所谓推销模式就是根据推销活动的特点及对顾客购买活动各阶段的心理演变而采取的策略，归纳出的一套程序化的标准推销形式，具体包括爱达模式、迪伯达模式、埃德帕模式、费比模式、吉姆模式。在推销实践中，推销员应从中发现掌握推销活动的规律，灵活运用推销模式，从而提高推销效率。

巩固与应用

1. 主要概念

推销模式 推销方格理论 推销员方格 顾客方格 爱达模式 迪伯达模式 埃德帕

模式　费比模式　吉姆模式

2. 复习思考题

（1）简述推销员方格理论的主要内容及对推销工作的指导意义。

（2）简述顾客方格理论的主要内容。

（3）结合实例论述推销员方格与顾客方格的关系。

（4）简述爱达模式的主要内容。

（5）简答迪伯达模式将推销分为哪几个步骤。

（6）简述埃德帕模式的主要特点。

（7）根据五种不同推销模式的基本要求，联系你在日常购买活动中的实际，思考一下哪一种推销模式对你来讲最有效果。

3. 课堂实训

实训背景：推销员是一家手机专卖店的销售员，该专卖店在市内有30多家连锁门店和服务点，主要销售菲尔斯牌智能手机，该手机属高档手机，价格相对较贵，一般市场均价在7000元。

客户是从事销售业务的IT人士，他现在用的是一老款智能手机，已使用2年，目前想换但也不着急换，已逛过几家手机销售店，初步看上一款摩尔品牌的新型手机，价格比菲尔斯便宜1000元左右。

实训内容：

（1）模拟店面推销活动，精准把握客户情况，灵活运用各种沟通技巧和推销礼仪，介绍产品。

（2）灵活应用推销模式指导推销实战，训练费比模式在实践中的应用。

实训活动：

（1）4～5人一组，每组集体策划一个情景并准备销售过程，各成员轮流扮演角色，集体推选一名组员代表本组上台扮演销售人员，在全班同学中随机选一名同学扮演客户。

（2）集中模拟演练时，每组选派一名组员作为观察员，根据评分表对各小组演练进行评价及点评。

（3）评分表见表2-2。

表2-2　评分表

FABE	1组	2组	3组	4组	5组
产品特性					
效用或优势					
利益或好处					
证明					
总分					

评分标准：好5分；较好4分；一般3分；较差1分；差0分。每位观察员算出各组总分，根据每位观察员的总分，算出各组平均分，记为该小组最终成绩。

评价要求：观察员需记录观察点具体行为特点,给出好或不好的理由,并进行公开点评。

4. 课外实训

任务：找一件你熟悉的产品,你该如何向顾客证实,使其相信该产品确实是他所需要的,并且假设他是顾客方格中的干练型、防卫型、漠不关心型顾客,你该如何处理这样的局面？

目的：熟悉推销方格理论。

要求：可以以小组为单位,也可以以个人为单位,写出方案。

考核点：顾客方格理论、推销模式。

5. 案例分析

把握心理巧推销

潘先生在推销过程中非常善于琢磨客户心理,抓住客户需求,并运用娴熟的语言技巧引导客户做出购买决定。潘先生曾获得香港第十八届杰出推销员殊荣。

潘先生在一家办公用品公司当推销员,一次,他来到一位客户的办公室推销自己公司的碎纸机,客户在听完产品介绍、清楚购买细节后,表示愿意买一台,会在第二天到潘先生处订货。

第二天,潘先生左等右等,就是不见客户到来,他便登门拜访,却发现客户办公桌上放着另外一家办公用品公司的样本册,而且目光一直停留在其中一页。潘先生凭着对本行业产品的全面了解,一眼便知客户正在关注的产品和昨天他所推销的产品属于同一类型,区别仅仅在于对方产品有扇清除纸屑的小拉门。

潘先生彬彬有礼地说:"打扰您了,我在公司等了好久也不见您过来,知道您一定很忙,所以就亲自来您这儿了。"

客户只应了一声请坐,又低头去看刚才那一页。潘先生已经猜出客户需要碎纸机,成交有戏。沉思片刻之后,找到一把椅子在客户旁边坐下,对客户说:"我们公司的碎纸机上有圆洞,同样可以取出纸屑,而且方便、美观得多,圆洞设计比方门设计方便耐用,又更平滑、流畅、美观,圆满的设计包您用了满意。"

潘先生的解释打消了客户心中的顾虑,于是点了点头,同意签订购买订单。

思考：

(1) 潘先生采用的是哪一种推销模式？

(2) 从潘先生的成功推销中可以获得什么启示？

第3章 推销环境与顾客购买行为分析

学习目标

知识目标
1. 了解推销环境分析的内容。
2. 理解影响顾客购买行为的主要因素。
3. 掌握资本市场购买行为的类型和决策过程。

技能目标
1. 应用相关知识进行推销环境的分析。
2. 具备分析不同顾客购买行为的影响因素和决策过程的能力。

德育目标
1. 努力成为诚信、友善、守信的优秀推销人才。
2. 具有工作责任心,立工匠之志,视工匠为理想。

案例导入

懂市场的汽车制造商知道消费者和影响者看重什么

谁做出了60%的购买新汽车的决定?谁影响了80%的新车购买决策?女性。没错,就是女性。

女性是推动汽车产业发展的一股力量。富有见地的汽车制造商会雇用女性设计师、工程师和营销主管,以便更好地了解和满足这一群宝贵的汽车购买者和影响者。她们了解到了什么呢?汽车价格和质量固然很重要,但在购买新车的决策过程和体验中,女性和男性对汽车性能和影响决策的主要因素的看法和感受是不同的。

对款式的感觉。女性和男性都注重款式。对男性来说,款式更侧重于车的外部线条和特色,看上去是否很有面儿。女性则对内饰的设计和饰面更感兴趣。设计适合她们的身材比例、能见度良好、后备厢空间宽敞而且停车不费力的车型尤其重要。

对速度的要求。男性和女性都讲求速度,理由却各不相同。男性考虑的是汽车从0加速到时速100公里需要几秒。女性则想确保汽车有足够的加速度能让她们抢在18轮的大卡车之前驶上高速公路的入口坡道。

安全性。对男性而言,安全性是指汽车有助于避免交通事故的性能,如防抱死制动系统和反应灵敏的转向装置。对女性而言,安全性则指有助于从车祸中逃生的性能,比如安全气囊和强化的侧面板等。

购买体验。女性和男性的新车购买体验有很大的不同。一般来说,男性会事先决定买什么样的车,并且专门去找该类型的车。相比之下,女性则把购买当成信息收集的过程。女性购车者需要寻求可靠的意见,因此被称为收割者。她们积极地搜集信息,直到评估所有的选择后才会决定购买。女性比男性更频繁地浏览购车网站,阅读汽车对比文章,细看汽车广告。但是,亲朋好友的推荐意见是女性最看重的。在决定购买前,女性通常会光顾三家汽车经销商,比男性多一家。

汽车制造商发现女性比男性更不喜欢线下购车体验,尤其不喜欢与汽车销售员打交道。与很多男性购车者不同,女性通常不会对在购买汽车时用什么招数省钱感到得意。男人都会兴奋地出去买车,并谈论他们在跟推销员交谈时,如何占了上风,从而省下一大笔钱。从没听到或看到任何女性这样说过。特别是,女性对于购买新车时经常涉及的讨价还价惴惴不安。毫不奇怪,大约一半的女性购车者会拉着一位男性,以便对销售条款做出最终的决定。

(资料来源:罗杰·A.凯林,史蒂文·W.哈特利.市场营销[M].董延峰,董伊人,等译.成都:四川人民出版社,2022)

营销启示:汽车价格和质量固然重要,但在购买新车的决策和体验中,女性和男性对汽车性能和影响决策的主要因素的看法是截然不同的。所以,懂市场的汽车制造商应通过市场调查充分了解消费者和影响者真正看重的是什么,运用相关知识和经验向消费者提供富有价值的产品或服务。

任何推销活动均处于一定的推销环境之中,其活动规律必须适应一定的推销环境,同时,推销环境又不是一成不变的,它总是处于不断的变化之中。研究推销环境的目的是通过对环境变化的观察来把握其趋势,以发现企业发展的新机会和避免这些变化所带来的威胁。推销员的职责在于正确识别市场环境所带来的可能机会和威胁,从而调整推销策略以适应环境变化。

在消费过程中,顾客都会有自己的价值判断、消费习惯、行为方式,在购买不同的商品时,也会产生不同的消费心理并受到不同因素的影响。所以,理解并掌握顾客购买决策及影响因素是推销工作成功的前提。不同的推销环境,影响了不同的推销产品,形成了不同的推销方式和推销手段,产生了不同的推销观念和消费观念,造就了不同的推销人员和推销对象,最终也改变着环境自身,创造出新的推销环境。

3.1 推销环境概述

各种商品推销要素的组合,离不开一定的环境和条件。推销员的推销活动总是在一定的环境中进行的,良好的销售环境是推销品成功的基本条件和要素。

所谓环境,是指以人类生存和活动为中心的周围及其相关的事物境况,包括自然环境与社会环境。所谓推销环境就是对影响推销活动的各

微课:推销环境概述

种内部条件和外部因素的总称。推销活动面对的不是单一的环境,而是各种环境因素相互影响、相互作用的结果。因此,推销环境对推销活动的影响是极其复杂的,这种复杂性主要是由于推销环境本身的特性导致的。

首先,推销环境具有很强的开放性。环境系统中不同的环境因素之间互相开放、互相影响,不同地区的销售环境之间,国际与国内销售环境之间,宏观与微观销售环境之间,必须按客观要求互相开放,绝不能互相封闭。因此,也就要求推销员研究每一次推销所面对的推销环境和与其相关的各种因素。

其次,推销环境具有相关性。环境对企业的影响有直接的,也有间接的,甚至有些环境因素在一定时间、地点、条件下对推销活动起到举足轻重的作用,而当情况发生变化后,这种作用也随之发生变化,不再重要。当一个环境因素改变时,也可能带动其他环境因素变化。总而言之,推销员应该在推销过程中关注推销环境的变化及其所带来的影响。

最后,环境因素是不断变动的系统。不仅不同商品之间的销售环境不一样,就是同一品种,在不同时期、不同地区的销售环境也是变动的,像自然规律运动一样在不断变化,经济周期、社会局势、人口变动等各种环境可变因素,随时都在发生变化,因此,推销商品环境也是不断变化的。推销员对推销环境的调查、预测、分析和研究是一项不间断的、经常的工作,能迅速地捕捉环境变化带来的机会,及时避免可能发生的风险,以获得推销的成功。

3.1.1 推销环境对推销活动的影响

推销环境直接影响企业的推销活动,主要表现在以下几个方面。

1. 影响推销目标的制定

推销目标的制定,一方面要取决于企业自身的内部条件,另一方面要受制于外部条件。离开了外部环境,目标既无意义,也不可能实现。推销的目标市场、策略以及推销工作的各项具体目标都由推销环境决定,它们都必须建立在对推销环境调查预测的基础上。

2. 影响推销组织的设计和控制

推销组织的设计必须根据环境决定,没有一种组织模式可以适应各种不同的环境。环境的稳定性、向企业输入信息的可靠程度、向企业反馈信息时间的长短都会影响企业的组织设计和控制方式。

3. 影响推销方式和方法的选择

推销员采取什么推销策略、方式和方法必须根据环境特点来决定。即便是一些比较成熟和成功的方法也不能简单拿来套用,必须首先分析在什么时间、地点和条件下才具有成功的可能。

3.1.2 正确面对推销环境

任何推销活动必须适应一定的推销环境。但是,推销活动在推销环境面前并非完全是被动的,推销员应该充分认识推销环境。为此,要做到以下几点。

1. 认识推销环境

每个推销员都应该知道推销环境是复杂的,而且这种变化是有规律可循的。探索推销环境变化的规律要进行长期的、细致的调查和研究。只有掌握环境的变化规律才有可能预测未来,使推销活动长期、稳定地发展。

2. 适应推销环境

推销环境中有很多因素是推销员无法控制的,因此只能去适应它。在整个推销活动中,推销员可以尝试在这个过程中随着环境的变化随机应变、及时调整,也可以在制订推销目标和计划的时候预测到环境的可能变化,提前做好防范和采取应变的措施。一旦推销环境发生的变化让推销员措手不及,面对后果一定要积极总结经验,为以后的推销活动奠定基础。

3. 利用推销环境

推销环境既给推销活动带来困难和风险,也给推销活动带来机遇和挑战。能否利用机会关键在于推销人员是否善于把握机会,只有在很好地认识和适应推销环境的基础上,才有可能利用好推销环境。

3.1.3 推销环境的内容

1. 宏观环境

1) 人口环境

人口是构成市场的第一位因素。因为市场是由那些想购买商品同时又具有购买力的人构成的。因此,人口的多少直接决定市场的潜在容量,人口越多,潜在市场规模就越大。而人口的年龄结构、地理分布、婚姻状况、出生率、死亡率、人口密度、人口流动性及其文化教育等人口特性,会对市场格局产生深刻影响,并直接影响企业的市场营销活动。

作为一名推销员,必须重视对人口环境的研究,密切注视人口特性及其发展动向,针对不同的人口环境,应及时、果断地调整推销策略。

2) 经济环境

经济环境指企业营销活动所面临的外部经济因素,如消费者收入与支出、经济发展状况等,其运行状况及发展趋势会直接或间接地对推销活动产生影响。

直接影响推销活动的经济因素就是消费者的购买力。市场不仅是由人口构成的,这些人还必须具备一定的购买力。而一定的购买力水平则是市场形成并影响其规模大小的决定性因素,它也是影响企业推销活动的直接经济环境,主要包括:消费者收入水平、消费者支出模式和消费结构的变化,以及消费者储蓄和信贷情况的变化。

除了这些直接影响企业的市场推销活动的经济环境因素外,还有一些经济环境因素也对企业的营销活动产生或多或少的影响。比如,该地区的经济发展水平、经济体制、地区与行业发展状况和城市化程度。

3) 政治与法律环境

政治因素像一只有形的手,调节着企业推销活动的方向,法律则为企业规定商贸活动行为准则。政治与法律相互联系,共同对推销员的推销活动产生影响和作用。

政治环境指企业市场营销活动的外部政治形势和状况以及国家方针政策的变化对推销活动带来的影响,主要体现在:政治局势是否稳定,政府方针、政策的变化,政治经济体制的变化和国际关系的影响。同时,也应该考虑目前各国政府采取的对企业营销活动有重要影响的政策和干预措施。

法律是体现统治阶级意志,市场经济是法制经济。各种法令、法规的制定、颁布和实施,特别是有关经济方面的立法,规范和制约着企业的活动,推销商品必须依法行事。

4) 自然环境

一个国家、一个地区的自然环境包括该地的自然地理状况、自然资源状况等,这些因素都会不同程度地影响企业的推销活动。

推销员要尽可能地避免由自然地理环境带来的威胁,最大限度地利用环境变化可能带来的机会,应不断地分析和认识自然地理环境变化的趋势,根据不同的环境情况来销售产品。

5) 科学技术环境

科学技术是影响人类前途和命运的最大的力量,技术进步对企业生产和产品销售的影响也更为直接和显著。现代科学技术是社会生产力中最活跃的和最具决定性的因素,科学技术的发展直接影响企业的经济活动,使得产品更新换代速度加快、产品的市场寿命缩短,也使人们的生活方式、消费模式和消费需求结构发生深刻的变化。

6) 社会文化环境

社会文化是指一个社会的民族特征、价值观念、生活方式、风俗习惯、伦理道德、教育水平、语言文字、社会结构等的总和。每个人都生活在一定的文化环境中,不同的社会文化环境下,消费者的需求和行为会有很大差异。推销员在开展推销活动前应该充分了解对方的风俗习惯、商业习惯,避免造成双方的误解,影响成交。

2. 微观环境

(1) 消费者环境。推销员所进行的一系列的推销活动都是以满足顾客需求为中心的。顾客是企业最重要的推销环境因素。顾客是推销员服务的对象,也就是推销活动的客体。按照购买动机和类别的不同,不同市场的顾客都有其独特的需求和购买行为。这些差异决定了推销员要开展不同的推销活动。因此,推销员要认真研究为之服务的不同顾客群,研究其类别、需求特点、购买动机等,使其推销活动能针对顾客的需求,符合顾客的愿望。

(2) 竞争者环境。竞争是商品经济的基本特性,推销员在开展推销活动的过程中,不可避免地会遇到竞争者或竞争对手的挑战。经验告诉我们,成功的企业和优秀的推销员都是在激烈的市场竞争中得以发展和壮大,最终脱颖而出的。因而,推销员必须密切关注竞争者的任何细微变化,认真分析竞争环境,并实施相应的推销谈判技巧。

在分析竞争环境时,推销员要分析关于本企业所在行业中的市场竞争类型,是完全垄断、完全寡头垄断、垄断竞争还是完全竞争;要观察竞争对手的竞争行为,是品牌竞争、行业竞争、形式竞争还是一般竞争;要关注竞争者的竞争战略、竞争目标,以及面对竞争时竞争者的反应等。

案例 3-1

客户管理精确到细节

泰国的东方饭店堪称亚洲饭店之最,几乎天天客满,不提前一个月预订很难入住,而且客人大多来自西方发达国家。泰国在亚洲算不上特别发达,但为什么会有如此吸引人的饭店呢?其依靠的是非同寻常的客户服务,也就是客户关系管理。

一位朋友因公务经常去泰国出差,并下榻在东方饭店。第一次入住时良好的饭店环境和服务就给他留下了深刻的印象,当他第二次入住时,几个细节更使他对饭店的好感迅速升级。

那天早上,在他走出房门准备去餐厅时,楼层服务生恭敬地问道:"于先生是要用早餐吗?"他很奇怪,反问:"你怎么知道我姓于?"服务生说:"我们饭店规定,晚上要背熟所有客人的姓名。"这令于先生大吃一惊,因为他频繁往返于世界各地,入住过无数高级酒店,但这种情况还是第一次碰到。

于先生高兴地乘电梯到餐厅所在的楼层,刚刚走出电梯门,餐厅服务生立刻迎上来热情地说:"于先生,里面请。"于先生更加疑惑,因为服务生并没有看到他的房卡,就问:"你知道我姓于?"服务生答:"上面的电话刚刚下来,说您已经下楼了。"

于先生刚走进餐厅,服务小姐微笑着问:"于先生还要老位子吗?"于先生的惊讶再次升级,心想:尽管我不是第一次在这里吃饭,但最近的一次也有一年多了,难道这里的服务小姐记忆力那么好?看到于先生惊讶的目光,服务小姐主动解释说:"我刚刚查过计算机记录,您去年的6月8日在靠近第二个窗口的位子用过早餐。"于先生听后兴奋地说:"老位子!老位子!"服务小姐接着问:"老菜单?一个三明治,一杯咖啡,一个鸡蛋?""老菜单,就要老菜单!"于先生已经兴奋到了极点。

(资料来源:http://www.365u.com.cn)

营销启示:对已有的客户进行客户精确管理的前提是企业知道客户是谁,他购买了什么产品或服务,有哪些具体的消费属性。客户精确管理的核心是客户数据库的应用,关键是与特定客户高效率的沟通。企业借助数据库可以锁定某个特定的客户,了解客户消费属性和购买历史,进而采取明智的营销战略和策略,满足客户需要,赢得竞争优势,提高营销效益。

企业通过数据库应用与客户进行高效率沟通,精确营销的作用就会体现出来,它可以帮助企业找到那些影响客户购买行为的关键。推销人员可以通过精确营销找出客户潜在购买的可能性与方向,有效促成销售。

3.2 消费者购买行为分析

3.2.1 消费者市场和组织市场

社会中每个人都是消费者,消费者可以是某个人,也可以是一个家庭,他们都是最终的消费者。在消费过程中,每个人都会有自己的价值判断、消

微课:消费者购买行为分析

费习惯、行为方式,在购买不同性质或大小不同的商品时,也会产生不同的心理,会受到不同因素的影响。

消费者市场是指所有为了个人消费而购买物品或服务的个人和家庭所构成的市场。消费者市场是现代市场营销理论研究的主要对象。

由于资本品市场、中间商市场、公共产品市场的消费者都是组织单位,一般统称组织市场。推销员要根据这三个市场的特点,运用一定的推销策略和技巧,才有可能获得客户的订单。

3.2.2 消费者市场分析

1. 消费者的需要与欲求

1) 消费者需要

消费者需要是指消费者生理和心理上的匮乏状态,即感到缺少些什么,从而想获得它们的状态。个体在其生存和发展过程中会有各种各样的需要,如饿的时候有进食的需要,渴的时候有喝水的需要,在与他人交往中有获得友爱、被人尊重的需要等。当然,消费者的这种匮乏感达到一定迫切程度的时候,才会激发需要,促使消费者采取行动。需要一旦被唤醒,消费者就会为了消除匮乏感和不平衡状态而采取行动。

美国著名心理学家马斯洛在1954年发表的《动机与个性》中提出了"需要层次论"。他将人类的需要分为5个层次,即生理需要、安全需要、社交需要、尊重和爱的需要以及自我实现的需要。当代作家王小波称:"世界上只有两种问题,一种是没饭吃饿出来的问题;一种是吃饱了撑出来的问题。"虽然很调侃,但却反映出了马斯洛需要层次论的本质,较低层次的需求优先于高层次的社会需求和自我实现需求。较低层次的需求满足之后,才会产生高层次的需求。

所有推销员都应该了解自己所推销的产品能够满足顾客需要的层次。一旦推销员了解了消费者的心理特征和心理需求,就容易通过推销技巧促使消费者产生购买欲望,最终达成推销。

课程思政:坚持守正创新

素材:良品铺子首次携手敦煌 跨界合作打造中秋联名礼盒

良品铺子与敦煌博物馆跨界合作打造的中秋联名礼盒在敦煌莫高窟发布,并向中国敦煌石窟文化研究基金会进行公益捐赠,公益基金用于敦煌文化保护和传承。作为敦煌博物馆联名零食合作品牌,2019年中秋,良品铺子中秋礼盒国潮范儿十足,九色鹿、飞天等敦煌元素穿越千年出现在礼盒

视频:唤心焕新,守护敦煌

中。精致的设计、一饼八味口味创新、传统手工制作的好品质,令其预售期就引起了吃货们的关注。敦煌IP的系列中秋月饼礼盒,也再次成为良品铺子挖掘中国传统文化内核、为消费者提供高品质、高颜值、高体验和精神层面的满足的高端产品的一个代表。

国潮当道,年轻人青睐高颜值

作为首个和敦煌IP合作的零食品牌,良品铺子2019年推出的良辰月系列国潮礼盒足够吸睛。该系列礼盒设计由国内知名设计师潘虎亲自操刀,还原敦煌壁画的最初色彩,并选择和中秋团圆、嫦娥奔月相关的元素,把飞天舞女、九色鹿、三兔共耳、明月等元素通过插画形式运用到礼盒上。由潘虎打造的良辰月·舞金樽、良辰月·弄清影、良辰月·团圆意等

七款国潮礼盒,让人们能够感受到跨越千年而来的文化高级感。

创新研发,按需定制更懂消费者

作为月饼主流消费者的"80后""90后",他们更加重视月饼的健康和口感,这也对月饼提出了更高的品质要求。因此,良品铺子国潮礼盒不仅在创意设计上足够用心,更在产品品质上下足了功夫。

传统月饼品种单一、工艺落后、口味偏甜,这些都是被诟病的主要因素。近年来,各品牌纷纷在口味和造型上创新,新式月饼受到年轻消费群体的喜爱。

深挖传统文化做讲究的高端产品

良品铺子国潮月饼如此吸睛绝非偶然。2019年年初良品铺子提出的高端战略明确提出,要给消费者提供高品质、高颜值、高体验和精神层面的满足。良品铺子董事长杨红春强调,高端是一种讲究。以产品为例,这种无比的讲究,来源于我们无比的挑剔和顽固的坚持,做产品,你的挑剔就是要对原料辅料精挑细选,对工业配方无比究,对研发设计不断否定和迭代创新,只有在这种无比挑剔和顽固坚持思想的指导下,才能够把产品做好。

讨论:观看视频并讨论良品铺子是如何助力传统文化打造营销亮点,获得消费者青睐的?

(资料来源:https://www.maigoo.com/news/525859.html)

2) 欲求

欲求是消费者更深层次的需求。人的欲求受社会因素及机构因素,诸如职业、团体、家庭、教会等影响。因而,欲求会随着社会条件的变化而变化。1818年德国哲学家叔本华在他的《作为意志和表象的世界》中提出,为了满足不断助长的欲求,人们总是欲壑难填,一个欲望刚刚满足,随即又会产生另一个更高的欲求,所以欲求永不能被满足。欲求是某一群体共性愿望或习惯,如法国人喜欢吃面包、美国人喜欢吃汉堡、中国人喜欢吃馒头等。

这种无形的欲求对推销活动具有很大的影响力,主要有以下两点原因。

(1) 推销员的目的不仅是要将推销品销售出去,而且要建立顾客的品牌忠诚度。有些消费者在产生购买行动时,注重的是内心的一种无形的感觉,而不是有形的产品。品牌忠诚度是消费者对推销品的度量,反映了一个消费者从一个品牌转向另一个品牌的可能程度。

(2) 成功的推销员及其推销品具有竞争对手难以模仿的形象与个性,而这正是赢得顾客忠诚度的前提。

根据市场营销学的原理,人类的需要有限,但其欲望却很多,当具有购买能力时,欲望便转化成需求。作为推销员所能做的就是影响人们的欲望,并试图向人们指出何种特定商品可以满足其指定需要,进而使商品更有吸引力,适应顾客的支付能力且使之容易得到,影响需求。

案例 3-2

深耕年轻化市场,光明乳业跨界牵手电竞英雄联盟

随着英雄联盟电子竞技的快速发展,观看电竞赛事已成为当下年轻人的流行文化和生活方式,电竞行业也是一个正在茁壮成长的新生流量体。3月22日,英雄联盟在上海举办线上发布会,光明乳业作为2020年英雄联盟职业联赛战略合作伙伴,不断发掘年轻化、有活力的市场,将更多美味的乳品带到电竞世界,足以体现光明乳业深耕年轻市场的决心。

2020年开年挑战诸多,期待也更多。作为中国常温酸奶首创品牌,光明莫斯利安也在品牌年轻化升级的道路上不断挑战,实现自我的突破;从2019年携手新晋代言人刘昊然开始,莫斯利安就从焕新产品线上,在年轻市场上拿下了不少优秀成绩。2020年,莫斯利安将继续作为光明乳业年轻化战略的核心品牌走向市场。作为2020年英雄联盟职业联赛战略合作伙伴,莫斯利安将打破传统品牌和超级IP的次元壁,把"TT星厨甜品系列"带到电竞世界,深耕年轻市场。

产品开盖即饮的特点,从观赛时刻让大家无压力畅饮,到开黑时刻随即畅饮,营养瞬间补给,莫斯利安力求为年轻消费群体推出一款完美适配的饮用产品。此次破圈合作,不仅是产品创意焕新,革新常温酸奶市场的消费升级,更是带领年轻人一起探索美味与超级IP的次元魅力,带来一股全新的美味风暴。

光明乳业助力打造电竞之都

2020年英雄联盟S10总决赛在中国上海举办,全球总决赛是英雄联盟电竞赛事体系当中最高荣誉、最高含金量、最高竞技水平、最高知名度的年度比赛。而中国最高级别的英雄联盟职业联赛LPL,也将迎来它第七个年度的新挑战和新辉煌。开年的疫情,使LPL乃至全球赛区的春季赛进程,都遇到了前所未有的挑战。

但困难总是暂时的,作为力求打造"全球电竞之都"的上海,已经集聚了全国80%以上的电竞企业、俱乐部、战队以及直播平台;超过40%的全国电竞赛事也是在上海举办。英雄联盟S10全球总决赛作为英雄联盟职业赛事中最为顶尖的赛事,在2020年也是以上海为主要城市,并在国内各大城市进行。上海市政府在通报疫情发布会上,还特意提及了电子竞技产业相关,就S10全国总决赛是否如期举办表示,"全力准备办好英雄联盟全球总决赛S10等重大赛事。"

作为与上海同频共振的百年乳企,在各个行业渡过疫情难关的时刻向英雄联盟S10总决赛伸出橄榄枝,也是体现了光明乳业对上海企业发展大环境的支持。同时为品牌注入新的活力,让品牌焕发新的生机,为中国电竞事业发展尽一份中坚之力,也是莫斯利安的一份骄傲使命。

2020年中国英雄联盟职业联赛LPL七周年活动主题是"齐心共进"。LPL陪中国电竞走过的岁月,对于很多人来说它已经不仅仅是一款游戏了,而是维系情感、归属群体、为荣誉而战的真实体现,莫斯利安也将会携手中国英雄联盟职业联赛在世界赛的舞台跟大家"齐心共进,再创辉煌"。

为契合年轻化市场,不断创新升级

随着时代的变化,年轻人已成为市场的主力军。消费群体的年轻化趋势和消费环境的改变,从潮流追随者,到潮流创造者,光明乳业真正站在年轻人角度去思考年轻群体的消费需求,身处消费场景,为更精确的目标,提供更好的体验。这个时代下的年轻人个性化非常明显,对所有新鲜事物充满好奇心和探索精神,单一的健康乳饮品已经无法满足年轻消费群体的需求,他们需要更自由、更多元化的消费选择。所以莫斯利安品牌年轻化之路不再是一味迎合,而是成为与年轻群体一起探索新事物的伙伴。

近年来,随着全产业链的升级与完善,光明乳业发挥"品牌融合、产业链整合、优势联合"

的强劲动力,不断开发新品。2019年,光明乳业推出了莫斯利安冰激凌、线下烘焙旗舰店,还牵手流量明星刘昊然,莫斯利安迎来新的品牌升级,并相继推出莫斯利安TT星厨甜品系列,深受广大年轻消费群体喜爱。在新形势下,光明乳业不断创新升级,为广大年轻消费人群带来美味体验。

2020年,莫斯利安TT星厨甜品系列带着"寻遍世界的美味"来到英雄联盟赛场,来到英雄联盟的召唤师峡谷。莫斯利安将派出神秘美食召唤师带领大家穿越在峡谷次元间,在2020年全方位展现属于莫斯利安的"美味次元"世界,让市场感受不一样的全新酸奶风味和美味创意风暴。

2020年,莫斯利安在全国范围内推出一系列以电竞为主题的活动,定位于年轻消费群体,莫斯利安的玩法也相应地更加年轻化,响应时下最火的趋势、做最潮的活动,跟品牌深度互动,拉近跟时代群体的距离。

引领年轻化市场将成为未来新趋势

光明百年经典,莫斯利安活力创新。莫斯利安作为中国高端乳品的引领者,常温酸奶首创者,与英雄联盟赛事的联合是两种文化的破圈交叉融合,不仅是在助推中国电竞事业的发展,更是在消费者印象中树立起核心年轻力的品牌形象,力求为广大消费者提供更多创新力的应用场景。光明乳业不断创新升级,为广大年轻消费者带来前所未有的电竞美味次元之旅。

(资料来源:http://tj.news.163.com/20/0327/12/F8NPUHKI04209810.html)

2.影响消费者购买行为的主要因素

在现代社会经济条件下,随着人们生活水平的不断提高和消费内容的日益丰富,人们的消费水平也不断提高,消费者的购买过程受到多种复杂因素的影响,归纳起来主要有文化、社会、个人和心理等因素。这些因素,推销员基本上是无法控制的,但这些因素是制订推销计划、进行推销活动的基础和根据。

1) 文化因素

文化是人类欲望和行为最基本的决定因素。文化一般是本国或本民族人民在生活习惯、价值判断和行为模式等方面的一种长期而稳定的积淀。在社会中成长的儿童通过其家庭和其他主要机构学到了一套基本的价值、知觉、偏好和行为的整体观念。文化包括亚文化和社会阶层。

(1) 亚文化。亚文化是由具有共同生活经历和环境形成的具有共同价值观念的人群组成。每种文化都包含较小的亚文化群体;每种亚文化都使得其成员在社会性上区别于其他文化。亚文化包括国籍、宗教、种族和地理地域特征,很多亚文化组成了重要的细分市场。

(2) 社会阶层。社会阶层是在一个社会中具有相对的同质性和持久性的群体,它们是按等级排列的,每一阶层成员具有类似的价值观、兴趣爱好和行为方式。人们以自己所处的社会阶层来判断各自在社会中占有的地位高低。同一社会阶层的人,其行为比较相似,这样也就决定了他们的消费行为的相似性,这值得每一个推销员去仔细研究。

课程思政:文化自信

素材:大唐不夜城以盛唐文化为背景,以唐风文化为主线

2020年,西安大唐不夜城以不倒翁表演为主的宣传视频火爆全网,日均客流最高时超

过80万人次,年营业收入达112.4亿元。大唐不夜城以唐朝文化为背景,以盛唐名胜以及古典的仿唐建筑为宣传,用新潮的互联网概念结合自身悠久的历史底蕴,收获了游客们对大唐不夜城的向往与期待,也打响了西安盛唐古都文化。

视频:大唐不夜城

大唐不夜城的打造凸显文化之魂、创意之魂、服务之魂和运营之魂,以盛唐文化为背景,以唐风元素为主线,从文化创意到落地执行,从文化活动到文创产品,从文化演绎到特色风情,始终坚持"以文化为核心,以旅游为依托,以融合为手段,以体验为目的"这样一个理念,打造了集购物、餐饮、娱乐、休闲、旅游、商务为一体的开放式商业步行街区,让城市文化赋予街区人文魅力。让大唐不夜城成为一个可以让你去很多次的文旅项目,而不是一生只去一次的地方。

(资料来源:https://baijiahao.baidu.com/s?id=17146539907604739378&wfr=spider&for=pc)

讨论:观看视频,讨论大唐不夜城展现了什么文化理念?

2) 社会因素

除了文化因素之外,一个消费者的行为还会受到其他因素,如相关人群、家庭、社会角色、身份等的影响。

一般情况下,一个人的相关群体来自他的家庭、朋友、邻居与同事等,也受到一些关联不大的群体影响,比如宗教、职业和贸易协会,还会受到一些离他们很遥远的群体的影响,比如崇拜的偶像,一些意见带头人等,这也是企业更愿意邀请大明星做产品代言的原因。对受相关群体影响大的产品和品牌制造商来说,必须想办法去接触和影响相关群体中的意见带头人。

家庭是一个社会中最重要的消费购买组织。家庭成员组成了最具有影响力的最初参照人群。家庭一般由父母和兄弟姐妹组成。从父母身上,一个人获取了有关宗教、政治、经济、个人目标、自我价值和爱的观念。甚至即使一个消费者不常和其父母接触,父母对他们的影响还是很大的。在父母和孩子们生活在一起的国家里,父母的影响是长久而连续的。推销员对家庭中丈夫、妻子、孩子在购买大宗产品和服务中的角色和影响有很大兴趣。这些角色在不同国家和社会阶层中有很大差距。例如,中国传统观念"男主外,女主内",虽然这种观念随着社会的发展也在不断变化,但女性在家庭消费品购买中仍占据着主要的角色。

角色是由人们所期望的一个人所应该表现出来的一系列行为所组成。每一种角色都反映了一定的地位。一个法官可能比一个警察有更高的地位,或一个销售经理比一个普通职员有更高的地位等,这些角色和地位都反映了社会对其的综合评价。人们在购物中,有时会选择那些能反映自身角色和地位的产品。这就是为什么某些大的公司总裁会选择奔驰作为座驾,穿着名贵服装等。

3) 个人因素

一个购买者的行为往往还由一个人的人格特征决定。这些特征包括购物者的年龄和人生阶段、职业和经济状况、生活方式、个性和个人感官等。

(1) 年龄和人生阶段。在不同的阶段所需要的产品和服务是不同的。人们对食品、服装、家具及娱乐的品位常常和年龄有关。有时,购买行为还和"家庭生命周期"密切相关,家庭生命周期是指家庭随时间推移而不断成熟所经历的不同阶段(见表3-1)。

表 3-1　家庭的生命周期

青　年	中　年	老　年
单身	单身	已婚
已婚无孩子	已婚无孩子	
已婚有孩子	已婚有孩子	
离婚有孩子	已婚无尚未独立的孩子	
	离婚无孩子	
	离婚有孩子	
	离婚无尚未独立的孩子	

（2）职业和经济状况。一个普通工人可能更倾向于购买粗犷的工作服,而白领工人则更多地购买职业套装。有的公司甚至向某个特定职业群体提供专业的产品和业务。一个人的经济状况会影响其对产品的选择。一个人的收入、储蓄和可支配收入等决定了他对产品的选择权限。收入敏感型产品的营销者应关注个人的收入、储蓄和利率的发展趋势。

（3）生活方式。生活方式是指一个人的生活形式,可以由他或她的消费心态来表示,包括衡量消费者主要的 AIO 项目——活动（工作、爱好、购物、运动、社会活动）、兴趣（食物、时尚、家庭、娱乐）及观念（关于自己的、社会问题的、商业的、产品的）。它勾勒了一个人在社会上的行为及相互影响的全部形式。

（4）个性。个性是指能导致一个人对自身环境产生相对一致和持久的反应的独特心理特征。消费者的个性和某种品牌的选择方面具有一定的关联性。例如,一个 IBM 计算机销售商发现,IBM 计算机使用者的个性特征很多表现为高度自信、独立及主动。

（5）个人感官。潜在的消费者在产生了购买动机之后,是否采取行动还取决于对刺激物的感觉。我们可以从视觉、听觉、嗅觉、味觉和知觉等各个方面来分析。消费者往往通过综合分析来决定是否真正购买。所以,一切广告宣传要通过人的感觉才能真正影响消费者的购买。

4）心理因素

一个人的购买选择还要受到四个心理因素——动机、知觉、学习、看法和态度的影响。

（1）动机。一个人在每一个时刻都会有许多需求,一个需求只有达到足够强烈的程度才能成为"动机"。因此,所谓"动机"是指足以迫使人去寻找满足的需要。

（2）知觉。受动机驱使的人准备采取行动,但是,一个人的行动会受到这个人对环境知觉的影响。在同一情况下,具有相同动机的人会采取完全不同的行动,原因就是他们对外界环境的知觉不同。知觉是具有个人化特征的。有的人可能会感觉一个语速很快的销售员很真诚或有雄心,也可能感觉另一个销售员聪明和乐于助人。

（3）学习。学习是指由于经验而引起的个人行为的变化。人们在行动时,也同时在学习。人类的大部分行为都是通过学习得到的,学习过程发生在动机、刺激、线索、反应及巩固的相互作用过程中。"动机"是强烈的要求人们采取行动的内部刺激。"线索"是指能决定人们何时、何地、怎样来做出决定的刺激。假设你是一位计算机爱好者,曾经购买过"华为"计算机,感觉使用良好,也许就会更多地使用"华为"计算机,你的看法和观点也许就在你的使用过程中得到进一步的"巩固",以后你在购买其他诸如打印机之类的产品时,可能也会首先想到"华为"。

(4) 看法和态度。通过行动和学习，人们会获得看法和态度。而这反过来又会影响他们的购买行为。营销者对人们关于某个产品或服务所形成的看法感兴趣，因为正是这些看法构成了能影响购买行为的品牌或产品形象。如果其中有些看法不正确或对购买者不利，营销者就需要开展营销攻势来更正它们。

3. 消费者购买决策的类型

消费者购买决策主要包括扩展型购买决策、名义型购买决策和有限型购买决策三大类。

1）扩展型购买决策

当对某类产品或对该类产品的具体品牌不熟悉，而且也未建立起相应的产品与品牌评价标准时，消费者面临的就是扩展型购买决策。扩展型购买决策一般是在消费者介入程度较高，品牌间差异程度比较大，而且消费者有较多时间进行斟酌的情况下所做的购买决策。该类型决策的显著特点是，消费者在购买过程中要进行大量的信息搜集，并对各种备选产品做广泛而深入的评价、比较。

消费者介入是指消费者搜索、处理商品相关信息所花费的时间和消费者有意识地处理商品相关信息及广告所花费的精力，它决定消费者对信息类别的遴选和做出购买决策的过程。根据消费者投入的时间和精力，可将商品分为高度介入商品和低度介入商品，商品的特性决定了其广告传播方式和效果上的差异。高度介入商品的消费者品牌忠诚度较高，如汽车、教育、保险等；低度介入商品的消费者品牌忠诚度较低，如生活用品。

2）名义型购买决策

名义型购买决策实则是一种惯例化反应，本身并未涉及决策，只是根据以前的经验发生惯性反应（不存在选择）。这种类型的决策通常发生在低介入程度的购买过程中。名义型购买决策通常分为品牌忠诚型购买决策和习惯型购买决策两种类型。

(1) 品牌忠诚型购买决策。假如消费者对某个品牌的洗发水产生了忠诚和信赖，那么该消费者就成了这个品牌的忠诚顾客。这说明该消费者对产品的介入程度高，而对购买的介入程度低。消费者来到超市的洗发水货架，可能会不加考虑就选择所喜爱的品牌，很少注意其他品牌，尽管有的品牌优于该消费者所喜欢的品牌，这就属于品牌忠诚型购买决策。品牌忠诚型购买决策与消费者对产品品牌的态度、信任程度和购买习惯有关。当某种品牌已为消费者所偏爱，并取得消费者的信任时，消费者一旦需要这一类别的产品，就会不加思考地选择该品牌，而不愿意花时间去把这种品牌与其他品牌做比较。从品牌的使用频次来说，消费者使用次数越多的产品，越可能成为他们选择的对象，即熟悉的东西才敢于相信。一般来说品牌忠诚型购买决策随着消费者年龄的增加而逐渐增多。此外，性格内向的消费者，更可能发生品牌忠诚型购买决策。

(2) 习惯型购买决策。习惯型购买决策是指消费者会重复购买某一品牌的产品，但当遇到更好的品牌或其他品牌的产品正在打折时，消费者可能会选择其他品牌。如果消费者属于低度介入并认为各品牌之间没有显著差异，就会产生习惯型购买决策。消费者并未深入搜集信息和评估品牌，只是习惯于购买自己熟悉的品牌，在购买后可能评价也可能不评价产品。一般来说，这类消费者对价格低廉、经常购买、品牌差异小的产品花最少的时间，采取就近购买的方式，属于最简单的购买行为，如购买食盐、鸡精、牙膏、面巾纸之类的便利品。也就是说，消费者始终购买同一品牌的产品，不是因为对该品牌的忠诚，而是不值得花费时间和精力去寻找另一个替代品牌。

（3）有限型购买决策。有限型购买决策指消费者对某一产品领域或该领域的各种品牌有了一定程度的了解，或者对产品和产品品牌的选择建立了一些基本的评价标准，但还没有形成对某些特定品牌的偏好，因而还需要进一步搜集信息，以便在不同品牌之间做出较为理想和满意的选择。当消费者认为备选商品之间的差异不是很大、介入程度不是很高、解决需求问题的时间比较短时，他所面临的大多属于有限型购买决策。有限型购买决策包括：内部信息搜集或有限的外部信息搜集，很少的备选方案，基于较少属性的简单决策规则，很少的购后评价和较低的购买介入程度。

3.2.3 组织市场的购买行为

1. 资本品市场的购买行为

资本品市场也称生产者市场、产业市场或者生产资料市场。在资本品市场上，个体或组织购买货物或劳务是为了生产其他产品和劳务，以便出售、出租或供给他人。构成资本品市场的产业包括农、林、渔、牧业、采矿业、建筑业、运输业、通信业、公共事业、金融业、保险业和服务业等。

1）资本品市场的特点

资本品市场的购买者数目少，购买规模大，地理位置较集中，缺乏需求弹性，一般均为专业化、理性、长期互惠的购买行为，通常采用直接采购的方式。虽然没有和最终消费者接触，可是依然受他们的需求喜好的影响。

2）购买决策的参与者

资本品市场的采购组织随着企业的规模不同而不同，有的企业仅由一个人或者几个人负责；有的则有专门的采购部门。这些参与资本品采购的人们担任的角色一般包括以下四种类型。

（1）使用者。使用者即所要采购物品的实际使用者，通常采购某种物品的要求是由他们首先提出来的。他们在规格型号上起很大的作用。

（2）影响者。影响者是企业内外直接或间接影响采购决策的人，其中技术人员是特别重要的影响者。

（3）采购者。采购者是企业里有权决定采购项目和供应者的人。在日常采购中，采购者就是决策者；在复杂的采购中，决策者常常就是企业的主管。

（4）控制者。控制者是控制信息流的人员，可控制外界与采购有关的信息。这些人能够控制外界的采购有关的信息流入企业。

3）影响资本品市场购买行为的主要因素

相对于消费品市场而言，资本品市场的购买行为更为理性，追求的是最大的经济利益。但是资本品用户的采购者也是人，他们具有社会人的某些特点，特别是当供应者在质量、价格、服务方面大致相似的情况下。所以，采购人员选择供应商时也要考虑人际关系和个人情感因素。归纳起来，影响资本品市场的购买行为的主要因素见表3-2。

表 3-2 影响资本品市场的购买行为的主要因素

环境因素	企业内部因素	人际因素	个人因素	采购者
市场需求水平	目标	权力	年龄	风险态度
经济前景	政策	地位	收入	
货币成本	程序	情绪	教育程度	
市场供给情况	组织结构	说服力	职务	
技术创新	制度		性格	
政治法律				
市场竞争趋势				

2．中间商市场的购买行为

中间商市场采购者行为往往也是从提出需求开始，而以决定向哪一家供应商采购结束；其采购者行为受环境、组织等因素的影响。中间商在采购业务的类型、采购决策的参与者，以及怎样制定采购决策方面，都有其特点。

1) 中间商采购决策和采购业务的类型

中间商是顾客的采购代理人，它必须按照顾客的需求来制订采购计划。中间商的采购计划包括三个主要决策：经营范围和商品搭配措施；选择怎样的供应商；以怎样的价格和条件采购。搭配策略是最重要的策略，它决定着中间商的市场地位。

2) 批发商和零售商可选择的搭配战略

- 独家产品——只经营一家厂商制造的产品。
- 深度搭配——经营各厂家制造的同类产品。
- 广泛搭配——经营范围十分广泛，但是往往有一定的关联性，如某一经销商不仅经营各种品牌的收音机，而且经营电视机、VCD、组合音响等。
- 混合搭配——经营各种无连带关系的商品，比如不仅经营各种音响设备，还经营吸尘器、家具、电冰箱等。

3) 中间商市场购买者的类型

中间商的采购也同资本市场一样，也要受到环境、组织因素、人际因素和个人因素的影响。此外，采购人员的采购风格，也要予以考虑。一般来说，中间商的采购者可分为以下七种类型。

(1) 忠实采购者。他们年复一年地忠实于同一货源，不轻易更换供应者。

(2) 机会采购者。他们善于从备选的几个符合其长远利益和发展前途的供应者中，随时挑选最有利的资源，而不固定于任何一个。

(3) 最佳交易采购者。他们专门选择在一定时间内能给予最佳交易条件的供应者成交。

(4) 创造型采购者。他们向卖方提出他们所要求的产品、服务和价格，希望以他们的条件成交。

(5) 广告型采购者。他们在每一笔交易中都要求供应者补贴广告费。

(6) 悭吝型采购者。他们在交易中总是要求供应者给予价格折扣，并且只同给予最大价格折扣的供应者成交。

(7) 精明干练型采购者。他们选择的货源都是最物美价廉的。

中间商市场的推销员应该了解采购者的特点,因地制宜,促成交易。

3. 公共产品市场的购买行为

公共产品是指那些向社会大众提供,但不直接收取费用的公用设施。公共产品带有一定福利性质,是政府免费提供给社会大众消费的,是不直接收费的产品。公共产品的购买者主要是政府及执行政府职能的有关组织。

1)谁参与公共产品市场的购买决策

公共产品的采购者包括中央政府、地方政府等;在西方,公共产品的采购者包括联邦政府、州政府和地方政府等。实际上,并没有一个统一的机构为政府各部门统一采购,而是由各部门自行采购自己所需要的物资,特别是专用设备。各级政府都是那些希望向他们出售产品或劳务的企业的潜在目标,企业的推销员应该研究各种机构的采购模式和需求特点。

2)影响公共产品市场的购买行为的主要因素

公共产品市场的采购者一般也受环境、组织、人际关系、个人特性等因素的影响,然而公共产品市场的采购者其独特之处在于它还受到社会公众的制约。在西方国家,一个监督者是国会,另一个监督者是预算局,它们抨击政府的浪费行为或者负责审查政府的开支。此外,一些民间监督机构或媒体机构也往往监督政府机构,保护纳税人的利益。

一般来说,政府支出要受到公众审查,政府机构在采购前要做许多文案工作,如填写系列表格和正式的审批等。供应商常常会抱怨过量的文书工作、官僚主义、规章条例、决策拖延以及主管人员的频繁更替。政府官僚作风越重,推销员就越要设法绕过或冲破这种官僚主义。还有一些非经济原则在政府采购中起着日益重要的作用。有些要求政府采购时要照顾衰退的行业和地区,照顾小企业和没有种族、年龄、性别歧视的企业。那些准备向政府机构出售产品的企业必须牢牢记住这一原则。

本章小结

推销员的推销活动总是在一定环境下进行的。推销环境直接影响着企业的推销活动,推销员应该正确面对推销环境。

在消费者市场中,主要影响消费者购买行为的因素包括:文化、社会、个人和心理等。消费者的购买过程在购买者实际做出购买行为之前就已经开始了,而且会持续到购买之后,具体过程分别是:需求确认、信息收集、选择评价、购买决定及购买后行为。

除了消费者市场外,还有资本品市场、中间商市场、公共产品市场的消费者们。它们都是组织单位,一般统称组织市场。推销员应该学习这三个市场的特点,掌握一定的推销策略和技巧。

巩固与应用

1. 主要概念

推销环境　影响消费者购买行为的主要因素　消费者购买决策过程

2. 复习思考题

(1) 什么是推销环境？

(2) 简述推销环境对企业推销活动的影响。

(3) 假设你是某种产品(个人选择)的推销员，你能将所处销售区域的消费者划分为几个典型的社会阶层吗？

(4) 假设你是某种产品(个人选择)的推销员，请举出顾客购买你所推销的产品的 10 种理由。

(5) 假设你是某种产品(个人选择)的推销员，你认为顾客购买你推销的产品时主要考虑的因素是什么？

3. 课堂实训

实训目的：深入了解消费者购买行为的特征及影响因素。

实训内容：分析最近一次购买中的行为特征。

(1) 为什么要进行这次购买？

(2) 此次购买中，同学、朋友、家人分别担当了什么样的角色？

(3) 此次购买行为受到了哪些因素的影响？试列出 3～5 个影响因素。

实训活动：

(1) 4～5 人一组，每组完成实训内容。

(2) 组内研讨分享，总结出经典案例做课上分享。

(3) 形成小组案例分析报告。

4. 课外实训

任务：访问若干位最近购买过大件商品的消费者和另外购买过小件商品的消费者。分析他们的购买决策过程在哪些方面相同，在哪些方面不同。

目的：考察消费者购买决策过程。

要求：个人完成。

考核点：消费者购买决策过程是怎样的？影响消费者购买行为的环境因素有哪些？

5. 案例分析

消费心理是消费者在满足消费需要活动中的思想意识，它支配着消费者的购买行为。人进入老年后，由于生理器官的变化，必然会引起心理上的变化。研究老年人的心理特征，有助于了解和掌握老年人消费心理，为企业的营销决策提供依据。

某服装企业在为老年人提供服装时采用了以下营销措施。

(1) 在广告宣传策略上，着重宣传产品的大方实用、易洗易脱、轻便、宽松。

(2) 在媒体的选择上，主要是电视和报刊。

(3) 在信息沟通方式上，主要是介绍、提示、理性说服，而力求避免炫耀性、夸张性广告，不邀请名人明星。

(4) 在促销手段上，主要是价格折扣，展销会。

(5) 在销售现场,生产厂商派出中年促销人员,为老年消费者提供热情周到的服务,为他们详细介绍商品的特点、用途,若有需要,则送货上门。

(6) 在销售渠道的选择上,主要选择大商场,靠近居民区,并设立了老年专柜或老年店中店。

(7) 在产品款式、价格、面料选择上,分别采用以庄重、淡雅,民族性为主,以中低档价格为主,以轻薄、柔软为主,适当配以福、寿等喜庆寓意的图案。

(8) 在老年顾客的接待上,厂家再三要求销售人员在接待过程中要不徐不疾,以介绍质量可靠、方便健康、经济实用为主,在介绍品牌、包装时注意顾客的神色、身体语言,适可而止,不硬性推销。

某一天,在该厂的老年服装店里来了四五位消费者,从他们亲密无间的关系上可以推测出这是一家子,并可能是专为老爷子来买衣服的。老爷子手拉一位十来岁的孩子,面色红润、气定神闲、怡然自得,走在前面,后面是一对中年夫妇。中年妇女转了一圈,很快就选中了一件较高档的上装,要老爷子试穿,可老爷子不愿意,理由是价格太高、款式太新,中年男子说反正是我们出钱,不用管价格。可老爷子并不领情,脸色也有点难看。营业员见状,连忙说,老爷子您可真是好福气,儿孙如此孝顺,您就别难为他们了。小男孩也摇着老人的手说,好的好的,就买这件好了。老爷子说小孩子懂什么好坏。但脸上已露出了笑容。营业员见此情景,很快将衣服包好,交给了中年夫妇,一家人高高兴兴地走出了店门。

经过这八个方面的努力,该厂家生产的老年服装很快被老年消费者所接受,销量急剧上升,企业得到了很好的经济效益。

(资料来源:https://wenku.baidu.com/view/c800f178f242336c1eb95e31.html?fr=search-rec-1&_wkts_=1676195165385&wkQuery=％E6％8E％A8％E9％94％80％E9％A1％BE％E5％AE％A2％E8％B4％AD％E4％B9％B0％E8％A1％8C％E4％B8％BA％E5％88％86％E6％9E％90％E6％A1％88％E4％BE％8B)

思考:

(1) 这八个方面体现了老年消费者怎样的消费心理和购买行为?企业这样做的营销依据是什么?老年人和青年人、妇女等在消费心理、购买行为上有什么区别?这样的心理和行为是怎样形成的?

(2) 分析这户人家不同的购买角色和营业员的销售技巧。

第4章 推销员的自我准备

学习目标

知识目标
1. 明确推销员的职责。
2. 掌握推销员应具备的素质和能力。
3. 理解并掌握推销人员的各项礼仪规范。
4. 掌握制订推销计划的相关知识。

能力目标
1. 掌握推销员应具备的各项礼仪规范,塑造良好形象。
2. 与客户接触中能熟练运用交谈礼仪、迎送礼仪。
3. 能熟练制订一份完整的推销计划。

德育目标
1. 从中国精神中汲取力量努力成为具有艰苦奋斗、独立自主、实事求是、敢为人先、严守纪律、自力更生等精神内核的优秀推销人。
2. 用中华文化武装自己,增强文化自信,克己复礼,提升自信心。

案例导入

一位推销员到一家公司去推销,刚进门,该公司的部长要开会。这位部长极为傲慢地打了个手势说:"你等我一下,散会后我们再谈。"说完就去开会了。

这时候,推销员的心里犯了嘀咕,但他的第一反应不是能不能将这笔生意做成功,而是如何消除对方的嚣张气焰。

约25分钟以后,部长出来了,见面就说:"我还有事要忙,只能给你15分钟时间,你有什么事就快说吧。"说完,往椅子上一坐,接着,腿跷到了桌子上。

这阵势下,如何谈生意?如果当时是你在场,你会愤慨吗?你会扭头就走吗?如果你这样做了,正中对方下怀,他会笑话你的懦弱和怯于挑战。而这位推销员的个人素质显然是一流的,他既没有怒形于色,也没有默默忍受,而是先考虑如何让对方把跷在桌子上的腿放下来。推销员说:"张部长,您开了这么长时间的会,一定很累,我们先不谈生意,您先喝杯水休息一下"。接着他给部长倒了一杯水送了过去,并故意把水端到了部长的面前,但没有放下去。结果,推销员赢了这场心理战,那位部长坐不住了,急忙把腿放下,站了起来,双手把水接下。

"周经理,我们屋里谈。"那次两人聊了足足有40分钟,最后不仅生意做成了,两人还成为很好的朋友。

(资料来源:刘平.世界上最伟大的推销员:实训提升[M].4版.北京:中国纺织出版社,2018)

营销启示:一名优秀的推销员必须具备出众的心理素质和随机应变的本事,而这些,正是一位优秀推销员必备的个人素质。动不动就火冒三丈和灰心丧气的人,是干不好推销工作的。

俗话说工欲善其事,必先利其器。当今世界,市场环境复杂多变,要想成为优秀的推销员必须先做足准备。优秀的推销员不仅要有良好的心理素质和随机应变能力,还要掌握渊博的知识,精通推销语言,具备勤奋努力积极向上的品德,举止得体,拥有良好的个人魅力等,才能在竞争激烈的市场环境中拥有一席之地。

4.1 推销人员的类型与职责

推销员最基本的职责就是销售企业的产品,但事实上,销售的成功不过是一系列有效活动的必然结果。推销员在推销过程中真正要做的工作,是如何在企业利益和顾客利益之间找到共同点,既让顾客得到应得的利益,也使企业的利益得以维护。

微课:推销人员的职责

4.1.1 推销人员的类型

1. 按销售产品的对象划分

按销售产品的对象可分为接触新顾客的推销员和接触老顾客的推销员。

新顾客从未购买过企业的产品,要说服新顾客,必须完成介绍产品、克服异议等多项工作;而老顾客对产品和成交条件都比较熟悉,要使其继续购买企业的产品,重点在沟通关系和提供服务方面,几乎不再需要推销技巧。

2. 按销售产品的价值划分

按销售产品的价值可分为高价值产品的推销员和低价值产品的推销员。

高价值产品在这里是指对购买者的生产或生活比较重要,购买决策过程比较复杂的产品,如成套设备、住宅等,要说服顾客购买这些产品,自然需要较多的时间和精力。而推销低价值产品则容易得多。

3. 按推销员的工作性质划分

按推销员的工作性质可分为外勤推销员和内勤推销员。

外勤推销员的工作场所一般在顾客的工作地点,是主动寻找客户;内勤推销员的工作场所在企业内,不必奔波旅行,也无须唤起顾客的购买欲望,因为内勤推销员接触的是已准备采取购买行动的顾客。外勤推销员扮演着"购买欲望刺激者"的角色,而内勤推销员则扮演着"开发票者"的角色。

4. 按产品的特性划分

按产品的特性可分为有形产品推销员和无形产品推销员。

有形产品的特征比较容易被顾客所了解,它能够带给顾客的利益是看得见、摸得着的,而向顾客说明无形产品的利益则相对难一些,推销无形产品所需的时间和精力也就多一些。比如,向同一顾客推销保健品和健康保险,显然推销健康保险更难一些。

5. 按销售产品的职责划分

按销售产品的职责可分为直销员、贸易性推销员和传教式推销员。

(1) 直销员。直销员是指那些直接向最终用户推销产品的推销员。直销员可以隶属于某一生产企业,也可以为某一批发商工作。通常,最终用户应该到生产企业或批发商处交款取货,而不应从直销员手里取货。但有些企业也允许直销员随身携带产品并在顾客处成交。

(2) 贸易性推销员。贸易性推销员是指那些向批发商、零售商销售产品的推销员。贸易性推销员工作的重点不是寻找新的潜在客户,而是如何保持和发展与老客户的关系,使其不断购买企业的产品。

贸易性推销员并非都隶属于制造商,经销商、代理商的推销员大部分也是以中间购买者为推销对象的。有些贸易性推销员推销的是工业仪器、设备,有些则推销个人消费品。前者为中间商提供的服务主要是:培训中间商的推销员,使其深入了解产品的技术特征;后者为中间商(主要是零售商)提供的服务一般是各种促销活动,如在零售商所在地进行广告宣传。

(3) 传教式推销员。传教式推销员,又称促销员。传教式推销员的基本特征是,为某一生产企业促销商品,说服最终用户到当地的分销商处购买该生产企业的产品。

把成交建立在真正满足顾客需求的基础上,这是营销观念的基本含义之一,也是营销观念对推销人员的基本要求。推销员应把为顾客服务,发现和解决顾客的问题作为自己的首要任务。当然,营销观念并不仅仅重视顾客利益的满足,如果推销过程没有给企业带来利益,推销员也是不称职的。正如一位推销专家所说:亏本的销售对企业和顾客同样有害。因此,在有利润的前提下达成销售是推销员的首要任务。每一次推销活动的具体任务是不同的,不同类型的推销工作也有不同的工作内容,但任何企业的推销员都承担着一些相同的基本职责,包括销售准备、结交客户、客户信息的搜集与处理等。

4.1.2 推销人员的职责

每次推销活动的具体任务或许不同,但任何推销员都承担着一些相同的基本职责:销售产品(或服务)、树立形象、收集信息、沟通关系、提供服务。

1. 销售产品

它是通过直接推销过程的一系列活动来完成的。这类活动包括寻找潜在顾客、约见顾客、推销洽谈、处理异议、确定价格及交货时间等成交条件、签订合同等,此外还包括推销产品所必需的辅助性活动,如商务旅行、调研、案头工作、必要的交际等。据美国的一项调查,推销员花在旅途及等待会见上的时间占全部工作时间的26%；花在调研及案头工作上的时间占全部工作时间的23%；而真正与顾客接触，说服顾客购买的时间占全部工作时间的41%。

2. 树立形象

树立形象是指推销员应该通过推销过程的个人行为，使顾客对企业产生信赖或好感，并促使这种信赖和好感向市场扩散，从而为企业赢得广泛的声誉，建立良好的形象。在顾客面前，推销员就是企业，顾客是通过推销员了解和认识企业的。因此，能否为企业树立一个良好的市场形象，也就成为衡量推销员的重要标准之一。

3. 收集信息

推销员与顾客直接接触，易于获得需求动态、竞争状况以及顾客的意见等重要信息。及时、持续不断地收集这些信息并反馈给企业，是推销员应承担的一项重要职责。国外许多大企业往往通过相应的制度确保推销员履行这项职责，这不仅可以为企业制定正确的营销策略提供可靠的依据，也有助于提高推销员的业务能力。

通常企业要求推销员收集的信息主要包括：顾客对产品的具体意见和要求；消费者特征、结构方面的情况；市场供求关系的现状及变化趋势；顾客需求的现状及变化趋势；同类产品的竞争状况；顾客对企业销售政策、售后服务等的反映。

4. 沟通关系

沟通关系指企业运用各种管理手段和人际交往手段建立、维持和发展与主要潜在顾客、老顾客之间的人际关系和业务关系，以便获得更多的销售机会，扩大企业产品的市场份额。推销员应改变那种"买卖做完即分手"式的做法，与顾客建立长期、稳固的关系。不论是对老顾客还是对尚未购买产品的潜在顾客，都应保持这种联系。这种联系不仅包括业务方面的内容，还应包括人际关系。

5. 提供服务

做好推销前、推销过程中以及销售后的服务，也是推销员应承担的职责。因为在激烈竞争的市场上，服务往往成为能否达成销售的关键因素。

（1）推销前的服务通常包括帮助顾客确认需求或要解决的问题、为顾客提供尽可能多的选择、为顾客的购买决策提供必要的咨询等，这些工作为成交奠定了基础。

（2）推销过程中的服务主要包括为顾客提供运输、保管、装卸以及融资、保险、办理各种手续方面的帮助，这些能为顾客带来额外利益的服务项目常常成为决定成交的主要因素，尤其是在产品本身的特征和价格差别不大的情况下，顾客总是选择那些能提供额外服务的厂家。

（3）销售后的服务一般包括产品的安装、维修、调试、保养、人员培训、技术咨询、零配件的供应以及各种保证和许诺的兑现等，这些服务不仅能消除顾客的抱怨、增强顾客的满足感，而且有助于树立良好的企业形象，巩固与顾客的关系。

4.2　推销人员的品德与能力

4.2.1　推销人员的品德

美国推销协会于1977年通过的推销人员道德准则指出:"推销人员在为本企业或委托人的利益服务的同时,必须致力于一个更远大的目标,就是促进社会种种集团、机构和个人之间的交流与合作,以真实、准确、公正、负责的态度为顾客服务。"依据欧美国家惯例,推销人员在实际工作中应当遵守下列职业道德规范:对于自己所服务的企业及顾客的企业必须一视同仁,平等对待;坚持真实和准确的原则,恪守普遍认可的社会公德;不得从事腐蚀政府机构和顾客代表的活动;不得有意破坏竞争对手和其他推销人员的声誉;不得有意传播虚假的或容易使人误解的信息。这些对于我国各项推销活动和广大推销人员不无参考借鉴价值。

微课:推销人员的基本素质与能力

4.2.2　推销人员的能力

1. 表达能力

良好的语言表达能力,是胜任推销工作的基本条件。语言表达能力是指推销员运用有声语言及行为语言准确传达信息的能力。语言艺术是推销员用来说服顾客的主要手段,每次推销过程都要使用陈述、提问、倾听及行为语言等多种语言技巧。没有语言艺术就没有推销。

表达能力包括口头表达能力和文字表达能力两种。从事推销工作的专业人员不但要勤于动嘴,更要勤于动笔。在日常推销活动中撰写企业的产品介绍,草拟用户说明书,编辑企业宣传刊物,拟写演讲稿,编撰企业志等,都是推销人员所必须承担的工作。这些都要求推销员具有基本的写作常识和熟练的文字技巧。

2. 洞察能力

敏锐的洞察能力是推销员深入了解顾客的心理活动和准确判断顾客特征的必要前提。没有敏锐的观察能力,就不可能判断和使用有效的推销技巧。顾客为了从交易过程获得尽可能多的利益,往往掩盖自己的某些真实意图。顾客的每一个行动背后总有其特定的动机和目的,在交易过程中会或多或少地使用各种购买技巧。具备敏锐的洞察能力,才能透过表象看到问题的实质。

由于不同的人在天资、能力、个性、生活阅历、社会经验等方面存在着差异,因而对一件事情就可能产生不同的看法,仁者见仁,智者见智。又由于各人所处的地位、担负的工作及生活习惯不同,从不同的角度去观察问题时,也会得出不同的结论,正所谓"横看成岭侧成峰,远近高低各不同"。在日常工作和生活中可以发现,有些人擅长于察言观色,而有些人对别人的态度变化反应迟钝,这说明人的敏感性和洞察力是有一定差别的。如果某人具有敏锐的观察能力和行为上相应的灵活性,从这个角度看,该人就比较适合从事推销工作。

案例 4-1

与麦当劳健康意识截然相反的客户洞察

麦当劳曾经通过问卷调查询问消费者"你想要什么样的产品?"你能想到结果吗?根据调查结果,麦当劳收到很多"低热量""健康""有机"的要求和建议,麦当劳因此推出了"沙拉通心粉",但销量并没有增加多少。而之后销售的"巨无霸"和"四分之一磅"等堆满肉的新菜单却大受欢迎。

这意味着"客户说的(表面需求)和实际消费行为(客户洞察)是完全不同的"。客户表面上的需求是"健康",实际上这样回答的消费者也很多,但从实际结果和销售额来看,实际需求是"想吃更多的肉(即使对身体不好的东西也想吃)!"

(资料来源:https://baijiahao.baidu.com/s?id=1750906225381656399&wfr=spider&for=pc)

3. 交际能力

在社交场合,常常可以看到一些人一旦与他人相识,便能很快找到彼此共同感兴趣的话题,很善于与交往对象打交道,双方经过交谈加深了了解,彼此留下良好的印象,关系也可以进一步改善。但有一些人,见了别人后只会平淡地寒暄几句客套话,然后就不知所措了。这两种人的差别在于社交能力的强弱,缺乏社交能力的人,往往会人为地画地为牢,在自己与他人、与周围环境之间形成一道心理屏障。一个从事推销工作的人必须具备较强的社会交往能力,在任何场合都能应付自如、相机行事。社交能力是衡量一个推销员能否适应现代开放社会和做好本职工作的一条重要标准。推销人员要善于与各界人士建立亲密的交往关系,在与顾客洽谈过程中,往往有些问题在正式谈判场合不能得到解决,在社交场合却能得到圆满解决。

4. 应变能力

推销活动的多样性、多变性要求推销员具备高超的应变能力。由于推销员接触的顾客是多种多样的,推销方法必须随顾客的改变而改变,没有一种方法对顾客绝对有效;随着企业的发展经营范围不断扩大,推销品也不是一成不变的;此外,每次推销活动也会受多种因素影响:顾客态度和要求的变化、竞争者的加入、企业销售政策的更改、对方谈判人员及方式的更换等,往往会使推销进程出现意料不到的曲折,推销员对此必须采取灵活的应变措施,才能确保达成预定目标。每次推销活动总会受各种因素的影响:顾客态度和要求的变化、竞争者的加入、企业销售政策的更改、对方谈判人员及方式的更换,往往会使推销进程出现意料不到的曲折,推销员对此必须采取灵活的应变措施,才能确保达成预定的目标。

5. 自控能力

较强的自我控制能力是推销员应该具备的一项重要能力。大部分推销员是在企业之外独立从事推销活动,在多数时间处于一种无人直接管理的状态,如果缺乏自我管理、自我激励,就无法完成推销任务;推销员有很多机会接触资金和产品,加之社会环境的影响,很容易受物欲的诱惑,如不加强自我约束、自我监督,就可能做出违纪违法的事情;此外,推销工作也是与人打交道的工作,遭受冷遇和拒绝是难免的,推销员必须能够承受各种压力,不为失败所左右,始终控制自己的意志和行为。

 课程思政: 从中国精神中汲取力量　成为优秀推销人

视频:中国精神|4分钟回顾那些给予我们力量的瞬间

素材: 中国精神:4分钟回顾那些给予我们力量的瞬间

人无精神则不立,国无精神则不强。中国精神包括民族精神和时代精神,具体有:井冈山精神、长征精神、南泥湾精神、延安精神、抗战精神、西柏坡精神、北大荒精神、红旗渠精神、大庆精神、雷锋精神、"两弹一星"精神、抗洪精神、抗震救灾精神、特区精神、奥运精神、载人航天精神等。舍生忘死、艰苦奋斗、独立自主、实事求是、敢为人先、忠诚为民、严守纪律、自力更生……这些宝贵的精神财富跨越时空,历久弥新。

讨论: 观看视频,从视频中体会中国精神,并结合推销人员职责和素质,从中国精神中你可以汲取到什么?

4.3　推销人员的礼仪

4.3.1　仪表礼仪

作为推销人员,留给客户的第一印象十分重要。如果没有留下良好的第一印象,再花上几倍的努力都很难扭转。这就要求推销人员必须确保给客户一个积极、可信任的第一印象。"质于内而形于外",文化修养高、气质好的人都懂得如何修饰自己的形象。

微课:推销人员的礼仪

1. 服装礼仪

服饰是指人的服装、饰品,是仪表的重要部分。人际交往中服饰是重要的视觉对象。俗话说:"人靠衣服马靠鞍。"一个人的穿着打扮能反映出他的修养。作为推销人员,穿着不仅体现个人的素质和修养,更能反映出公司或团队的氛围。服饰规范的推销团队给客户以规范、严谨、积极、干练的感觉。

服饰要根据所处时间、地点、场合的变化进行选择。时间既可以指每年的春、夏、秋、冬或每天的早、中、晚,也可以指不同的年龄段。一般春、夏服饰以清爽、简洁为主,冬天以保暖、轻便为主;工作时间,应根据工作场合,以便于工作、庄重大方为主;晚宴、舞会、音乐会等晚间正式娱乐活动以晚礼服为主。只有在正式的工作场合才适合穿正装。纪念日、开业庆典等喜庆场合,服饰的颜色可鲜艳明快。

1) 男士着装规范

(1) 西服着装规范。在推销工作中,对男性推销员来说,西装是最被认可的。在选择西服时,主要考虑款式、面料和颜色。西服款式主要分单排一粒扣、两粒扣、三粒扣和双排扣。

正式场合的西服一般采用黑色、深蓝、深灰等颜色的纯毛面料。要注意西服穿着的三色原则,即整个套装的颜色搭配不要超过三个色系。另外,男性推销员正常情况至少要有两套西服。

西服的穿着很有讲究。西服衣袖合适的长度是在手臂向前伸直时,使衬衫的袖子露出二三厘米。衣领的高度以使衬衫领口外漏2厘米左右为宜。如果穿的是单排两颗纽扣西服,只扣上边一颗;单排三颗扣的西服,可以只系中间一颗扣子或全扣。西方人认为穿西服扣上的扣子数目应该保持单数。如果是双排扣西服,要把所有的扣子都扣上。如果单排扣西服内穿有背心或羊毛衫,可以不系扣。就座时,上衣的扣子是可以解开的。为防止西服在外观上走样,口袋里要少放东西,甚至不放。穿着西服不能将袖子和裤脚挽起,否则是粗鲁、失礼的表现。

(2) 衬衫的选择。在工作场合,和西服配穿的衬衫主要以纯棉、纯毛为主的单色正装衬衫。白色衬衫搭配深色西服是最安全、最普遍的,浅蓝和浅粉也可以,但不要选择淡紫色、桃色等。在工作场合以外的地方也可以有多种搭配形式:花衬衫配单色西装,单色衬衫配条纹西服,搭配效果都很好。需要注意的是,条纹衬衫和方格西服或方格衬衫和条纹西服是不能搭配在一起的。

穿着衬衫的时候,所有的扣子都要扣上,只有在不打领带的时候才可以解开领扣。衬衫的下摆要均匀的收到裤腰里。衬衣不要过旧,领头一定要硬挺,外露部分一定要干净,领子不要翻在西服外。现在立领衬衫很受欢迎,但是不适合搭配西服穿。

(3) 领带的选择。领带虽然小,是细节,但是对佩戴者的身份、品位的影响非常大。领带的面料一般以真丝为优,颜色尽可能不选择太浅的颜色,黑色领带几乎可以和除了宝蓝色以外任何颜色的西服搭配。深色西服可以搭配比较华丽的领带,浅色西服搭配的领带相应也要浅一些。领带的花纹也很多,以斜条图案最为常见。高个子适合大款、雅致的领带;矮个子适合斜条纹的;长者应该选择暗色、花型简洁的;年轻人可以适当选色彩鲜艳、对比强烈的款式。

在比较正式的场合,穿西服应打领带。现在出现的"一拉得"领带不适合推销人员在正式场合使用。打领带的方式分为四合一式、温莎式和半温莎式。打领带的时候要将领结打得端正,在外观上呈倒三角形,领结下方要压出一个窝儿。打出的领结大小要与衬衫的衣领大小成正比。领带的长度要适中,打好后领带下端一碰到腰带为宜。如果穿毛衣或西服背心,应将领带下半部放在毛衣内。如果系领带,衬衫的领扣一定要扣好。

(4) 鞋袜搭配规范。脚是人立于世上之根本,所以有"脚上无鞋穷半身"的说法。男推销员在正式场合只能穿深色、单色的皮鞋搭配西服,其中尤以黑色最佳。面料方面,翻毛皮、磨砂皮都不适合。要选择无图案、无装饰的款式,系带的皮鞋是最规范的。皮鞋无论新旧,都应该擦亮。如遇雨雪天气,不要弄上泥水。如果条件允许,可以随身携带鞋刷和鞋油。

袜子衔接裤子与鞋。袜子的选择要注意长度、颜色和质地。袜子的长度以坐下时不露腿为宜。颜色一般为深色、单色,黑色最正规,不要穿白色袜子、彩色袜子、花袜子或发亮有装饰的袜子。袜子的质地为纯棉最好,不要太厚也不要太薄。

2) 女士着装规范

穿着得体大方的女推销员,通常能给人以成熟、干练、亲切、稳重的感觉。女推销员的职业装以西服套裙最为标准,最能体现女性的体态美。西服套裙上身为女式西服,下身是一条半截裙子。还有一种三件套的套裙:衬衫、背心和半截裙。

(1) 西服套裙的穿着规范。西服套裙的面料为半毛制品或亚麻制品,亚麻质地需要加入人造纤维,否则很容易出现褶皱。套裙的大小要合体,上衣最短齐腰,裙子最长可达到小腿中部。高大丰满的女士可选择长度过腰的上衣、长度过膝的裙子,矮个子女士可以选择齐腰上衣和短一些的裙子,并且上下颜色要一致。套裙要搭配透气、吸汗、柔软的衬裙,尤其是穿着面料薄或颜色浅的套装时。衬裙的裙腰不要高于套裙的裙腰,衬裙的下摆也不要露在套裙外面。衬衫下摆要放在衬裙和套裙之间。

(2) 鞋袜的搭配规范。西服套裙应该搭配皮鞋穿,半高跟黑色牛皮鞋最佳,和套裙颜色一致的皮鞋也可以选择。不能穿运动鞋、布鞋、凉鞋、靴子、系带皮鞋,不可以露脚指头、脚后跟,鞋跟不要过高。

女士穿裙子应当搭配长筒丝袜或连裤袜,不可以光腿、光脚。袜子颜色以肉色最为常用,修长的腿可以选择透明丝袜,腿过细可选择浅色丝袜,腿较粗可选择深一点颜色的袜子,但不可深过套裙和鞋的颜色。袜子最好没有图案和装饰,一些有网眼、链扣、珠饰或印有时尚图案的袜子都不能穿。袜子的大小要合体,太松会往下掉,也不要把袜口露在外面形成三节腿。跳丝、破损的袜子不能穿,所以最好多备一两双袜子,以备袜子被钩破时使用。

2. 化妆礼仪

仪容主要是人的容貌,包括头发、眼睛、鼻子、嘴巴、耳朵、脸型和手等部位。容貌是先天的,但可以通过后天修饰得以完善。正式的、得体的仪容会使客户更容易接受,有助于增强推销人员的自信心,体现个人积极进取、乐观向上的精神面貌。

1) 女性推销人员的仪容规范

(1) 头发。工作场合,头发一般不长过肩,不遮挡眼睛。女性推销人员不应染过于显眼、花哨的颜色,最好也不要烫发,烫发极易损伤发质。长发要盘起来、束起来,显得端庄、干练。头发要保持清洁,为了保持健康的头发,要选择合适的洗护用品,不要在洗发后用电吹风吹干,而应自然晾干。

(2) 牙齿。干净、洁白的牙齿是良好仪表的重要部分。牙齿不洁是人际交往中的大忌。首先,为了保证牙齿的清洁,每天需要刷牙三次:早晨,口腔中的细菌最多,饭前一定要刷牙,饭后要漱口;午饭后也要刷牙,如果条件不允许,至少要漱口,保证口腔内没有异物;晚上,睡眠时口腔停止活动,细菌易于繁殖,损伤口腔、牙齿,所以晚饭后一定要刷牙。正确有效的刷牙方法是顺着牙缝上下竖着刷,许多人刷牙时采用横刷的方法是不正确的。其次,少抽烟,不喝浓茶,避免在牙齿上出现"烟渍""茶锈"而变黄、变黑。最后,工作前不要吃葱、蒜等有刺激性气味的食物。平时多漱口,必要时可以吃口香糖来保持口气清新。但不要在人前吃口香糖,尤其是与人交谈时。

(3) 皮肤。良好的仪容离不开好的皮肤,没有好皮肤很难化好妆,所以日常生活中一定注意皮肤的保养。保养皮肤的基础是做好清洁。女性推销员一般都要化妆,所以在洗脸前应先卸妆。唇部和眼部皮肤比较敏感,需要使用专门的卸妆用品。卸妆后开始洗脸,洗脸水温不要太高,否则容易使皮肤变薄。在使用洁面乳前用温水使毛孔充分张开,洁面后用凉水冲洗,这样既可以促进面部血液循环,又可以保持皮肤弹性。另外,各种品牌的洁面乳针对不同的肤质设计了不同的产品,一定要选择适合自己肤质的洁肤产品。

除了使用护肤品外,规律、充足的睡眠,多喝水都是对皮肤有好处的。在睡眠状态下,身体器官能够得到充分休整,加速细胞更新,皮肤可以获得更多的氧。多喝水,增加皮肤的含水量,可以使皮肤更有光泽、更有弹性。每天保证2000毫升的饮水量,滋润皮肤。

(4) 面部妆容。职业女性在工作时间需要化淡妆,既能美化个人,提升企业形象,又能表达对客户的尊重。化妆前要做好基础皮肤护理,化妆后一段时间,尤其是出汗、就餐之后妆容会出现残缺,需要补妆。补妆需要在无人的角落或在洗手间进行。

案例 4-2

香水的使用

香水的常用方法有喷雾法和七点法两种。喷雾法:在穿衣服前,让喷雾器距离身体10~20厘米喷出雾状香水,喷出的范围越大,香味越淡。然后在雾状香水中站立一会儿,使香水均匀落在身上。七点法:先将香水喷于左、右手腕的静脉处,然后用双手中指及无名指轻触手腕静脉处,再轻触双耳后、后颈部并轻拢头发,双手手腕轻触相对的手肘内侧;再将香水喷于腰部两侧,分别用双手中指和无名指轻触喷香水的部位,然后轻触大腿内侧,左右膝盖内侧、脚踝内侧。注意任何轻触动作都不要摩擦,否则香水中有机成分发生化学反应,有可能破坏香水原有的味道。女性推销员使用香水要注意以下问题。

① 尽可能选用清淡、中性的香水,并且不要使用过量。

② 香水与化妆品的味道相协调。洗发水、洗面奶等洗护用品以及化妆品都添加一定的香精,使用香水时要注意与它们的协调。如果选用无香的洗护用品和化妆品,就更能保证香水香味的纯正。

③ 出门前20分钟使用。香水和肌肤融合后会形成独特的味道,所以,同一款香水用在不同的人身上味道是不一样的。鉴于香水的这种特性,建议出门前20分钟使用。

④ 避免阳光直射。阳光直射会使香水发生化学反应。为了避免皮肤不适,香水一般都喷涂在阳光不能直接照射的部位。

⑤ 香水不要与金银饰物直接接触。直接接触会使金银饰品褪色,所以要先喷香水,过一会儿后再佩戴饰品。

营销启示:仪容在人的仪表美中占有重要的地位。女性推销员在推销过程中一定要"雅",展示女性特征的同时不能"过分"。在使用香水时,更应该注意,始终保持"清新""自然"。

(5) 手的修饰。握手是中国人使用频率最高的礼节,所以手部的修饰不能忽视。首先,手要保持清洁,随时洗手。洗手时要使用香皂或洗手液,不要忘记连手腕一起清洗,因为握手时手臂前伸会露出一部分手腕。其次,常修剪指甲。推销人员不要蓄长指甲,以掌心向上,看不到指甲的长度为宜。另外,不要咬指甲。最后,为了防止手部皮肤干裂,可以在洗手后涂护手霜,注意,面霜不能代替护手霜使用。

2) 男性推销人员的仪容规范

(1) 头发的要求。男士的头发比较容易出油,所以要经常洗头,保持头发的清洁。男士西装以深色居多,所以也要注意头皮屑的问题。男性推销人员的头发不可以太长,大家比较认可的长度是前不及眼、左右不及耳、后不及衣领。不要染、烫或者蓄奇特的发型。在工作过程中,不要在别人面前梳理头发,也不要抓、揪自己的头发。

（2）面部美化。男士大多数没有化妆的习惯，但是基本的清洁和护肤还是必需的。男性皮肤比较容易出油，清洁的时候要选择男士专用的洁肤用品。如果没有特殊的民族信仰，需要每天剃须。剃须后可以涂抹须后水，须后水可以代替男士香水，同时有润肤的作用，使皮肤更清爽舒适。另外，男士鼻孔、耳孔要清洁干净，尤其是鼻毛要经常修剪，不要伸到鼻子外面。

（3）手部美化。男士的手部美化与女士大致相同，尤其要注重指甲。指甲是最容易藏污纳垢的地方，要经常修剪，清洗时要十分认真，必要时可以用小刷子刷。不要有啃咬指甲的不卫生习惯，啃咬指甲还会给人留下不成熟的印象。

4.3.2 仪态礼仪

1. 面部礼仪

1）眼神

眼睛是面部最能有效传情达意的感觉器官，俗语说"眼睛是人类心灵的窗户"，从一个人的眼睛中可以看到一个人的整个内心世界。在交谈过程中如何真诚、智慧的"看"，将在本章后文"注视"内容部分详细阐述，这里不加重复。除了眼睛以外，面部还有两个能非常好配合眼睛传递信息的器官——眉毛和嘴。

眉毛离眼睛最近，关系也最为密切。虽然表达丰富程度不及眼睛，但也可以流露出多种内心情感。比如，眉头紧皱，表示不满、厌恶、为难、思考；双眉平展，表示心情舒畅平和；眉梢轻挑，表示询问和怀疑；眉梢耷拉，表示无奈、遗憾或毫无兴致等。为了体现良好的修养，眉毛一般都保持自然平直的状态，不要随意改变眉毛的位置，更不要随意夸张地挑眉、皱眉。

嘴表达情感的能力仅次于眼睛，不同的嘴部动作也会传递不同的含义：嘴唇紧闭，表示在严肃思考问题；稍稍噘起嘴唇，表示轻微的不高兴；撇嘴表示轻蔑或讨厌；咂嘴表示赞叹或惋惜等。在交谈中，双唇自然开合，不要轻易撇嘴。不说话时，嘴唇自然微闭，不要露出牙齿，保持微笑的状态。

2）微笑

自信而真诚的微笑，能使自己保持良好的心态又能表达对别人的热情、尊重和理解。中国有句俗语"伸手不打笑脸人"，微笑可以感染别人，使交谈处于一种轻松愉悦的气氛中。做到真诚的微笑，前提是对人有友爱之心、尊重之意、发自肺腑、无任何做作之态。微笑基本做法是不发声、不露齿，嘴角两端向上略微提起，面含笑意。一般在练习微笑时，为使双颊肌肉向上抬，可念普通话里"一"字音。同时要注意眼睛的结合，练习时候用纸遮住眼睛以下的部位，对着镜子想最开心的事情。这时的笑是最自然的，双颊肌肉向上抬，这就是"眼形笑"。这样的笑才显得亲切自然，能够大大提升亲和力。

2. 动作礼仪

站、坐、行、蹲以及各种手势是肢体语言的重要组成部分，可以体现一个人的气质和修养。古人形容"站如松、坐如钟、行如风、睡如弓"是对姿态形象的总结。

1) 站姿

良好的站姿能给人一种挺拔舒展、积极进取、充满自信的感觉。规范的站姿是：脖颈挺直，头顶上拔，下颌微收，双眼平视前方；两肩平齐，双臂自然下垂于体侧，手掌虎口向前，手指自然弯曲；腹肌和臀大肌微收并向上挺，后背挺直，胸向前上方挺起；两脚跟相靠，脚尖开 45°～60°，身体中心落于两腿正中。

男士在站立时可以两脚跟相靠，也可将双腿分开，两脚平行，但不能超出肩宽。手可以自然下垂于体侧，也可双手在身后交叉，右手搭在左手上贴在臀部。女士站立时也可以在以一条腿为重心的前提下，支撑脚脚尖向前，另一只脚的脚跟贴着支撑脚的 1/2 处，双手叠放在小腹前。推销人员不同于酒店服务人员，站姿不必过于拘谨，可以适宜地调整姿态。

在推销过程中，无论男性推销员还是女性推销员，在站立时一定要正面对客户。双手平端或抱在胸前，或者把手插进衣袋或手夹香烟都是对客户不尊重的表现，一定要加以克服。

2) 坐姿

推销人员工作中大部分时间是和客户座谈，所以良好的坐姿是推销员塑造形象不可欠缺的环节。

(1) 入座、离座规范。推销人员和客户同时入座时，请客户先入座。先侧身走近座椅，背对座椅站好，右腿后退一步确认座椅位置，然后轻轻坐下，将双脚并排自然摆放。如果是女士穿裙装，入座时应将裙摆稍微拢一下，不要等坐下后整理。

离座时要注意的事项有：离开座位前，应用语言或动作向客户示意；与客户同时离座时，应在客户之后离开；起身时动作轻缓，不要弄响座椅或将椅垫、椅罩弄掉地上；同入座一样，从座椅的左侧离座。

(2) 坐姿规范。坐稳后，头部保持平稳端正，双眼平视，下颌微收，腰腹挺起。手的摆放有几种方式：双手可以相握或相叠后放在双膝上或一侧膝盖上，可以放在身前的桌子上也可以分别放在两侧的扶手上；如果是侧身坐，也可将双手相握或相叠后放于一侧扶手上；若女士穿短裙，也可将手包或文件放在膝盖上，然后双手相握或相叠于手包或文件夹上。

脚的摆放也有几种方式，一般通用的方式是上身、大腿、小腿和地面分别成直角，双膝、双脚都要完全并拢（男士允许适当分开双膝，分开幅度不得超过肩宽）。也可以双膝并拢，两小腿稍许分开向内侧收回，双脚脚掌撑地，或者双脚内收或斜放并交叉于踝部，注意不要远远地直伸出去。如果女性推销人员穿裙装，可以双腿并拢或一上一下交叠，双脚向左或向右斜放，腿与地面呈 45°夹角。

案例 4-3

坐姿的注意事项

(1) 双腿不要分开过宽，尤其是着裙装的女性推销人员。

(2) 不要抖腿。反复抖腿或摇晃腿部，会让客户心烦意乱，而且给人以极其不安稳、轻佻的感觉。

(3) 不要架腿。把一条腿搁在另一条腿上，俗称"二郎腿"，这显得对他人不够尊重。

(4) 不要把双腿直挺挺地伸向前方。这看起来十分不雅观，甚至可能妨碍别人。

(5) 不要将手夹在双腿之间。有些推销人员落座后,不经意地把双手放在双腿之间,这个动作会被客户看作胆怯、害羞、不自信的表现。

(6) 不要双手抱腿或趴伏在桌椅上。私下休息的时候可以这么做,但是在客户面前这样做就过于随便了。

营销启示:俗话说得好,"站有站相,坐有坐相",良好的仪态是推销员的名片。在具体的推销过程中,推销洽谈活动往往是交易双方座谈完成的。推销员应该注意自己的坐姿规范,有利于推销员在顾客心目中留下好的印象,增强推销的效果。

3) 走姿

走姿是站姿的延续动作,良好的走姿能充分展现推销人员的风度、活力以及积极向上的精神面貌。

(1) 基本走姿。起步时,身体略微前倾。行走时,上身基本保持站立时的标准姿势:双肩平稳,目光平视,下颌微收,腰背挺直。双臂以肩关节为轴前后自然摆动,前臂摆幅约为30°,后臂摆幅约为15°,掌心向内,手指自然弯曲。步幅一般是前脚后跟与后脚脚尖相距一只脚的长度,重心落于前脚掌,行走在一条直线上,步频一般男士为每秒108~110步,女士为每秒118~120步。

(2) 变向走姿。在行走中,需要改变方向时,身体先转,头稍后转,同时向客户告别、提醒等。比如与人告别时,不能扭头便走,应先向后退三步再转体、转头。注意后退的三步步幅不要太大。

(3) 引导走姿。在引导客户时,应走在客户的左前方,身体半转向客户,左肩稍前右肩稍后保持一米左右的距离。经过拐弯或光线不好的地方时应提前提醒客户留意。另外,引导行走时要照顾到客户的速度、方位等,处处以客户为中心。

上楼梯时走在客户左后方的位置,下楼梯的时候走在客户左前方的位置。

乘坐电梯要先进后出,以方便控制电梯。如果有人驾驶电梯,要后进后出。遇到同乘的陌生人也要谦让,请对方先进先出。

进入房门前要先敲门,得到许可后请客户先进。在为客户开门后要使自己处于门后或门边,不要挡住客户。开关房门时最好是正手开门、反手关门。

4) 蹲姿

蹲姿的应用频率不高,但作为礼仪细节仍应得到重视。蹲姿有两种基本形式,高低式和交叉式。

高低式蹲姿:下蹲时,左脚在前,全脚掌着地,右脚在后,脚跟提起,前脚掌着地。大腿靠紧,左膝高于右膝,上身稍向前倾,臀部向下蹲。

交叉式蹲姿:下蹲时,右脚在前,左脚在后。右小腿垂直于地面,全脚掌着地,左腿在后与右小腿交叉,左膝由后伸向右膝右侧,同时左脚跟抬起,前脚掌着地。两脚前后靠紧支撑身体。

5) 常用手势礼仪

手势是人们交往时不可缺少的动作,与其他肢体动作协调起来使用会使我们的肢体语言更加丰富、更具有表现力。

(1) 握手。握手是中国人在见面、告别、祝贺时最常用的动作。握手时,与对方相距约一步,上身前倾,右手四指并齐,拇指张开与对方相握,上下摆动两三次然后松开手。握手对象不同,握手力度也不同:跟上司或前辈握手时,伸手擎住,不要过于用力;跟下属或晚辈握手,用力不要太轻,时间也不要太短,要体现出热情;与异性握手,一般只是象征性地轻轻一握。

握手时伸手需要讲究次序。异性之间,女士先伸出手后男士握手,如果女士不想握手,没有伸出手来,男士可点头致意;宾主之间,主人先伸手,此时男主人可以向女来宾先伸手表示欢迎;上下属之间,上司先伸手后下属立即回应。

握手的时候,男士要脱下帽子和手套,如果有特殊情况要致歉。与异性握手的时间不要太长,不要越过他人正在相握的手与另外的人握手。握手时要精力集中,不要左顾右盼。

(2) 指引手势。首先要注意的问题是:用手掌,而不用手指。指引过程中站在被指示的物品或道路一侧,面对着指引对象,以右肘为轴伸出手臂,右掌的掌心向上,五指并拢,手掌与水平面呈45°角,指尖朝向所指向被指示物的方向。一般在引导客户或向客户展示大型商品时往往用到这个手势,此时推销人员与客户之间保持一臂左右的距离。

6) 接递物品

接递物品时应起立。如果离客户比较远,推销人员要主动上前。接递物品要用双手,以示对客户的尊重。如果恰巧不方便用双手接递,也一定要用右手。接过客户递给的物品后要立即表示谢意。递给客户物品时,要给客户留出接物品的空间,不要让客户无从下手。所递物品有刺、尖或刃时,刺、尖或刃不要对着客户,同时提醒客户小心,等客户拿稳后再放手。

手势的运用要适宜。谈话时指手画脚、手势使用频率过高会给人留下装腔作势、缺乏涵养的印象。手势的幅度也要适宜,不要动作过大,手势的活动范围一般在客户右前方、不超出客户视线。手部动作要温柔、自然亲切,可以有效拉近与客户的心理距离。另外,不要把手插在口袋里,不要摆弄自己的手指头,不要用关节捻响,否则会让人觉得你工作心不在焉,不求上进。避免抓头发、挖鼻子、摆弄饰物、拉客户的袖子以引起注意,这些会显得推销人员非常没有修养。

4.3.3 送访礼仪

从推销人员与客户正式接触开始,各种送访活动就反复发生,成为给客户留下良好整体印象的重要环节。送访礼仪大致可以分为三个组成部分:拜访礼仪、迎送礼仪和赠送礼仪。

1. 拜访礼仪

根据拜访的性质可将拜访划分为商务性拜访和礼仪性拜访两种。在推销过程中,推销人员常常使用这两种访问形式与客户沟通,交换信息、增进了解、加深感情。

1) 拜访前的准备

(1) 预约。拜访客户,一定要在双方都方便的时间和地点,所以事前一定与被访者取得联系以便双方都能够控制好时间。一般预约的方式主要有当面向对方提出、电话向对方提出和用信件形式提出等。在预约时应告知对方拜访的人数,拜访人数应根据拜访的时间、地点以及拜访目的和拜访对象的不同来决定。另外,如果因为某些特殊原因无法事前预约而直接拜访,在见面时一定要向客户讲明原因并诚恳道歉,取得客户理解。尤其要注意的是一旦与被访者约定好了时间,就一定要守时,不要随便更改,更不要迟到或早退。

(2) 材料准备。首先拜访前要对客户的情况有一定的了解,如拜访对象的个人基本信息、公司的产品、销售情况等,防止在拜访交谈过程中出现冷场;其次要根据被访者的情况为被访者或其家人准备合适的礼品。

(3) 仪表准备。为了给被访者留下良好的第一印象以及表达对被访者的尊重,要特别注意自己的仪表服饰。服饰要根据被访者的身份、双方关系以及拜访的场所来进行选择。穿着要端庄、整洁、规范。另外,作为推销人员必不可少的配备,一定要提前准备好名片。男士的名片可放在西装的口袋中,也可放在名片夹中;女士则可将名片放在提包中容易掏出的地方。

2) 正式拜访

按约定好的时间来到约见地点后,应向接待人员主动告知自己公司的名称、自己的姓名、职务以及拜访对象的姓名、职务及工作部门,并说明事先有预约。经接待人员通报进入拜访者办公室后,应向接待人员表达谢意。就座时注意座次顺序,不要忘记向对方致意,感谢以往的关照惠顾,介绍同行人员后双方寒暄并互赠名片。

如果约见地点为对方居所,无人通报时,应先敲门或按门铃。开门后主动向主人打招呼,经允许入室后无须过分谦让,但要注意细节:进入前应在门垫上擦干鞋底,换上主人指定的拖鞋或鞋套;进入客厅后外套、帽子、手包等不要随意乱放,应交给主人代为存放;主人递上茶水或水果等东西时,起身双手接过并致谢。

拜访的时间长短应根具体情况而定,拜访目的完成后不宜过久逗留。辞行时感谢主人的盛情款待,并适时提出回访邀请。

2. 迎送礼仪

在与客户的业务往来中,迎送是最频繁发生的活动。在接待拜访者过程中,要注意相关迎送礼仪的运用。做好接待工作,能够表示出对来宾的尊敬、友好与重视,给来宾留下良好印象,从而为下一步深入接触打下基础。

1) 接待程序

接待工作非常烦琐,要按照一定的程序进行,如果出现疏漏,会为整个推销活动带来不便。接待的程序分为准备阶段和正式接待两大部分。

(1) 准备阶段。首先,掌握来宾基本情况。在接待客户前,要确定约见时间、地点、来访人数以及来访目的,准确掌握客户的姓名、性别、年龄、籍贯、民族、公司名称、职务、偏好等基本情况。如果可能,最好还能掌握客户的婚姻状况、宗教信仰等。

其次,制订具体接待计划。为了避免出现接待疏漏,应该制订具体的接待计划。确定接待人员、迎送方式,安排食宿和日程,准备合适的礼物并进行经费支出预算。

最后,确定客户到达时间、迎接地点。为了避免客户来访前因为身体状况、日程安排、天气变化、交通状况而临时改变到访时间,接待人员应该在启程迎接前再次进行确认。如果接待方因为突发状况不能按时前往迎接,应该安排职位相当的人或副手负责迎接,并向来访者说明情况。

(2) 正式接待。首先,接待人员按时到达约定地点迎接客户。迎接的常规地点有:来宾临时住所,接待人员办公地点门外,交通工具停靠站,如机场、码头、火车站等。

其次,待客户稍事休息后,与其敲定活动安排。

再次,根据日程安排精心组织好洽谈、参观、娱乐等活动。

最后,根据客户要求,为其安排返程。送走客户,与其道别。

2) 注意事项

(1) 安排迎送人员时要注意,迎送人员与来宾的身份要相当,最好与来宾专业对口。

(2) 无论选择什么样的迎接地点,都应提前出发,比客户先到。给客户留下守时、守信的第一印象。

(3) 迎接客户前,要了解客户的外貌特征及当天穿着。如果在交通工具停靠站迎接,应准备标示牌"欢迎××先生(××女士)",字迹工整、清晰,便于客户识别。

(4) 接到客户后,应首先向对方的到来表示欢迎。随后进行自我介绍,并将迎接人员按职位顺序介绍给客户。

(5) 送别时要与客户道别。在客户临上飞机、轮船、火车或汽车之前,送行人员应按一定顺序同客户一一握手话别。飞机起飞或轮船、火车、汽车开动之后,送行人员应向客户挥手致意。直至飞机、轮船、火车或汽车在视野里消失,送行人员方可离去。

3. 赠送礼仪

馈赠即赠送礼品,是交往过程中表达情意的重要形式。在推销活动中,馈赠是与客户保持联络感情、加深印象、沟通信息的重要方式。

1) 礼品的选择

礼品是馈赠活动的媒介,是感情和敬意的物化,所以礼品的选择一定要慎重,过于昂贵或太便宜、品位很差都不适合作为礼物,可能使客户为难或恼怒。礼品的选择一定以客户的喜好以及礼品的意义为出发点,尽可能小(易送易存)、巧(立意新颖)、少(少而精)、轻(价格适中)。此外还要注意客户的禁忌:禁忌可以是因为客户的个人原因造成的,如疾病、家庭生活习惯、文化背景等;也可以是因为风俗、宗教信仰、职业道德等形成的公共禁忌。比如,在我国一般不送钟,朋友之间不送伞,不向穆斯林朋友送有关猪的礼品,以及特殊职业有禁止收礼的规定等。

2) 时机的选择

赠送礼品不仅要慎重选择礼品,更需要考虑送礼的时机。没有缘由的礼物一般人不会收,所以找不准赠送的时机,容易导致对方误会甚至拒绝。一般的送礼时机有:结婚、晋级、乔迁、生日、传统节日等道贺之时;谈判开始、交易达成、受他人关心、帮助之后表示谢意之时;参观拜访、临行话别、纪念之时等。当然把握好时机还包括注意选择合适的赠送场合。

3) 方式的选择

法国大文学家高乃依说过"赠送礼品的方式比礼品本身更重要"。赠送礼品的方式很有讲究,如果方式选择不当,不仅有损礼品的价值,达不到预期的目标,甚至会影响原有的感情。

赠送礼品有三种方式,亲自赠送、邮寄赠送和委托他人赠送。亲自赠送的方式最为常见,可根据对方反映情况控制赠送进程,有助于充分体现礼品价值;邮寄赠送和委托他人赠送都需要附有署名信件,说明赠送礼品的缘由及祝福。两者都可以避免当面赠送可能产生的尴尬,相比较而言,委托第三方人员赠送显得比较重视对方。

为了表示对对方的尊重,一般要对礼物进行认真的包装。注意包装之前一定要去掉礼品上的标签。包装时要认真选择包装材料,既要考究又要量力而行,可以用礼品纸也可以用特制的盒子、瓶子,同时要注意对方是否有特殊的禁忌。送礼时要双手递,如果同时为在场的几个人送礼物,一定要先送给职位最高的人;若礼物只有一件,也要送给职位最高的,并在赠送时表示感谢。

4.3.4 交谈礼仪

交谈作为信息沟通的基本方式,不仅仅是语言本身的组织运用,更是增进感情交流、赢得好感、信任和支持的重要方式,所以交谈礼仪一直倍受推销人员的重视。俗话说"到什么山唱什么歌",由于交谈对象的个体差异、交谈场合和语境的不同,交谈语言的选择很重要。

1. 使用敬语

在交谈中适当的使用敬语,充分体现了对客户的尊重,给人留下彬彬有礼、很有教养的印象,有利于营造融洽的交谈氛围。

1) 称呼方面的敬语

(1) 亲属性称呼:中国人特别重视亲情,亲属性称呼让人倍感亲切,如大爷、大妈、叔叔、阿姨、大姐等。使用亲属性称呼能有效拉近与客户的距离,但是受西方文化的影响,有些人不喜欢陌生人这么称呼自己,在遇到比较西化的年轻客户和外国客户时建议不要使用亲属性称呼。

(2) 职业性称呼:可以直接称呼其职业或者在姓氏后面加上职业,比如张老师、王警官、李医生等。

(3) 职务性称呼:比如李教授、王局长等。对有官衔或高级职务的人以职务称呼显得特别尊重。在我国有这样的惯例,称呼副职的时候不加"副",比如称呼姓张的副处长时直接说"张处长",当副职和正职同时在场的时候,为了有所区别要加上"副"字。

(4) 一般性称呼:比如同志、女士、小姐、先生等。使用的时候一般在前面加上姓氏,如李女士、王先生等。需要注意的是,同志一般用于称呼年龄较长的对象,女士与小姐的区别在于是否结婚,但在某些地区,"小姐"这个称呼不能随便使用。

(5) 姓名称呼:在一般称呼前加上客户的姓名比如××小朋友,××小姐,××同志。记住对方的姓名,体现了对方的重要性,是对对方的尊重。但要注意的是,如果不确定的情况下,采取其他方式的称呼,也不要把对方的名字弄错,否则是非常不利的。

案例 4-4

百家姓里的生僻姓氏

姓氏里有一些字比较少用,有一些还是多音字。所以知道这些形式的标准读音,在和客户交往过程中,更能显示出营销人员的从容,避免产生读错的尴尬。

贲 bēn　卜 bǔ　鄢 fēng　查 zhā　谌 chén　仇 qiú　厍 shè　逯 lù　芈 mǐ　宓 mì

覃 qín　忻 xīn　恽 yùn　邰 xī　殳 shū　妫 guī　邝 qióng　缑 gōu　禚 zhuó　迮 zé

逄 páng　蒯 kuǎi　褰 jiǎn　阚 kàn　鞠 qū　邝 kuàng　隗 wěi　夔 kuí　郇 huán　昝 zǎn

营销启示：中国是有上下五千年悠久历史的文明古国，其历史是与汉字的发展分不开的，姓氏中也常见一些生僻字。推销员在推销过程中很有可能遇到这样特殊姓氏的顾客，为了避免念错对方姓名的事情发生，建议推销员对于不认识的字，事先要有所准备；如果是临时遇到，就要谦虚请教。

2）日常使用的敬语

初次见面说"久仰"、有客来访说"欢迎光临"、请人提意见说"指教"、表示感谢说"谢谢"、表示歉意说"实在对不起、不好意思"。此外，"请慢用""请稍候""请进""请就位"等"请"字开头的敬语更为常见。敬语的使用不仅仅体现在语言上，为了能充分表达情感，语气的使用也十分重要。诚恳、热情、适度的谦恭是交谈的基本态度。比如，说"请稍等"时一定要表达出马上就回来的感觉，否则客户可能觉得你在拖延时间；说"欢迎光临"时要表达出感谢来到我们公司，我们一定会让您满意的热情；说"对不起"时态度诚恳，表达出责任确实在我们，我们一定会尽力解决使您满意的诚意。正确使用敬语，才能充分表达出这些敬语的真实情感。

2．注视

与人交谈过程中目光注视对方，表示对谈话内容感兴趣，是关注、尊重对方的体现，有利于营造良好的交谈氛围。但是注视眼神的运用应符合一定的规范礼仪，否则会被认为是无礼的表现。

1）注视的时间和范围

交谈时注视对方的时间要把握好，注视的时间一般占交谈时间的30％～60％。注视时间过长表示对对方的兴趣大于交谈的兴趣，时间过短表示对谈话内容不感兴趣。连续注视的时间也不要过长，一般在3秒左右，否则，会让对方觉得不安。注视不能一直盯着对方的眼睛看，"看"是有范围的，高不过对方头顶，低不过对方衬衣的第二粒纽扣，左右以两肩为准的方框。目光有一定的引导作用，适当的注视后将目光移向所介绍的物品，那么对方的注意力就会自然地转到介绍的物品上。

2）注视的注意事项

（1）不要回避客户的目光。回避客户的目光，会显得心不在焉、心虚，使客户认为你在隐瞒、撒谎，容易失去客户的信任。

（2）不要打量客户。审视的眼光打量客户是最不礼貌的行为，会使客户觉得尴尬、难堪，认为这是一个以貌取人、势利的推销员。

（3）不要尾随客户。客户走到哪儿，推销员就尾随到哪儿，会使客户有种被监视、不被信任的感觉，影响客户参观、挑选、消费的心情。

（4）不要盯着客户的某一部位看。如果有需要去观察顾客身体的某一部位，比如推销帽子需要去观察客户的头部，卖鞋子需要去观察顾客的脚，可以用余光和自然的移动来观察。切记，除非客户提出要求，否则不要盯着观察客户的某一部位，这会使客户觉得推销员在丈量、比较他。如果恰巧客户这一部位的物品有所破损，会损伤其自尊心，非常的尴尬。

（5）当客户说错话时，不要马上转移视线。客户说错话会显得很害羞、不自然，如果马上转移视线，会被客户误认为在嘲笑他。此时，应用和蔼、理解的目光注视对方。

3) 学会观察

在交谈过程中要留意观察,比如观察客户的性别、穿着、面部表情、说话语言、肢体语言等获取尽可能多的信息,比如客户的年龄、职业、性格、消费水平、消费习惯等,对客户进行分类,进而判断客户的需求。在对客户的消费心理及消费能力的判断上一定要准确,如果导购得当,会给客户留下非常好的印象;如果为消费档次高的客户介绍便宜的低档商品,会让客户觉得你瞧不起他,而为低收入客户介绍很高档的商品,会使客户的自尊心受到伤害。此外,如果客户不是单独一个人,还需要判断他们之间的关系,初步分析谁有购买决策权、谁更容易沟通、便于接近。

3. 聆听

很多人认为,合格的推销员一定能言善辩。但事实证明,真正优秀的推销员都懂得如何聆听客户的谈话,获得许多靠多"说"所无法获得的好处,获取更多有关客户的有用信息。《圣经》中说:上帝赐予我们两个耳朵、一张嘴巴,就是要我们少说多听。

1) 聆听的作用

(1) 聆听可以使客户感到被尊重。卡耐基曾说过,专心地听别人讲话,是我们所能给予别人最大的赞美。人们总是更关注自己的话题,聆听能让客户觉得推销员非常关心他所谈到的事情,有种被重视的感觉。

(2) 聆听可以减低客户的抵触情绪。心理学研究证明,倾诉可以减缓心理压力。说得越多,越感到舒适和放松。在推销洽谈过程中,客户会因担心做出错误的决定而产生紧张和抵触的情绪,如果推销员能够尽可能地让客户多说,这种抵触情绪就会降低,因决定购买而产生的压力也会减小。

(3) 倾听可以增加沟通、建立客户信任。人们都有表现欲,喜欢让别人听自己表达观点,客户也是如此。推销员的聆听会使客户产生一种被认同、肯定的感觉,觉得推销员和自己的观点立场是一致的,有利于营造融洽的推销氛围。

2) 聆听的技巧

(1) 聆听要集中精力,表现出积极诚恳的态度。研究表明,听者的思维速度是讲话速度的4~6倍,因此要强迫自己集中注意力,不要在客户说话的时候思想开小差。同时配合微笑、身体前倾,表明对客户的谈话很感兴趣,在认真思考客户所说的内容。

(2) 聆听一定要有耐心,不要随意打断客户的话题。许多客户谈话时条理不清,甚至表达零散混乱,需要推销人员耐心地听。客户谈得越多就越放松、越感到愉快,即使听到不能接受的观点,也要耐心听完之后再做反驳,不要打断客户。在客户讲完时,要等两三秒看看客户是否还要继续说下去,同时利用这个间隙思考一下自己所要说的是否合适。

(3) 适时澄清谈话内容,给予鼓励。有些客户在说话时有些含混不清,可以在其说完后验证:"如果我没理解错的话,您刚才的意思是……"或者干脆请求其重复一遍:"对不起,我刚才没太听清您的话……请您再说一遍好吗?"在客户谈话过程中可以适时用简单的语言对其谈话内容加以肯定和鼓励:"确实如此""是""对的""这很有趣,您接着说"。

(4) 开始聆听的时候不要假设已经明白客户的问题。如果在一开始就以为自己知道了顾客的真正需求,就不会认真听顾客的诉求。客户对产品的认识是有区别的,很有可能推销员先入为主的理解并不是客户真正要表达的,很容易产生误会,使问题得不到根本的解决。

4．拒绝

拒绝是对他人行为和意愿的间接否定。在推销过程中，推销人员要面对客户提出的各种各样的要求，由于客观条件的限制，推销人员不可能满足客户的所有要求，这就需要推销人员适时、适当地表达出拒绝的意思。如果客观上不能满足客户，但是出于种种原因答应了客户的要求，最后的结果只能是无法兑现承诺，为客户、为公司带来无法挽回的后果。推销人员要正确认识拒绝，敢于向客户说不。拒绝客户的要求是有针对性的，并不是全面的拒绝，在拒绝这项要求的同时，可能在其他方面做出了让步。所以，拒绝并不意味交易失败。

当然，当客户的要求遭到拒绝，可能会心灰意冷、产生抵触情绪，甚至导致交易中断。为了将这种消极影响降到最低，在拒绝客户的时候要讲究一些技巧。巧妙拒绝客户的办法大致有以下四种。

1) 直接拒绝法

在不能满足客户提出的要求时，直接表达拒绝的态度，这容易对推销氛围产生不良影响。在使用过程中要注意以下几个问题。

(1) 态度和蔼。任何人都不可能愉快地接受别人对自己的要求说"不"，所以在拒绝的时候不要轻易地、直截了当地说"不"，一副完全不妥协的态度，这样显得很没有继续谈下去的诚意，容易破坏推销气氛、伤了双方和气。

(2) 尊重对方。在拒绝客户的时候，不要因为客户提出了无法满足的要求就态度冷淡、藐视对方，甚至在客户还没有讲完的时候就给予拒绝。要尊重客户的心理感受，认真听客户把话说完，站在对方的立场上，对其提出这样的要求表示理解。只有维护了客户的自尊心，让客户感受到了尊重，才能使其有耐心考虑拒绝的原因，接受推销人员给予的建议。

(3) 开诚布公。拒绝客户，一定是有这样做的原因，而这些原因可能是客户不知情的。推销人员可以直陈拒绝的原因，充分表达诚意，争取客户的理解。

(4) 留有余地。拒绝是手段而不是目的，拒绝的目的是为了获利或避免损失。所以，在拒绝后，及时向客户提出一些补偿性的建议，使客户获得一定的心理平衡。一定要让客户明白，虽然这个建议遭到拒绝，但是我们还可以就其他方案达成交易。

案例 4-5

补偿性建议的拒绝法

某大型机器设备生产企业的推销员，在与客户洽谈时，客户提出 85 万元的购买价格。而这套设备的最低价格底线为 100 万元。推销人员在认真听完对方的意见后说："现在总体经济形势不容乐观，所有企业都在开源节流、降低成本、缩减开支，100 万元确实已经是最低价格了。这样，如果您能购买我们设备，我们将为贵公司提供免费的操作培训服务，并且可以采取分期付款的形式，您看怎么样？"客户会接受这位推销员的提议吗？

营销启示：客户应该会接受这个推销员的建议。在推销过程中，遇到不能满足客户提出的要求时，考虑到本公司的利益，推销员应该及时提出"拒绝"。但是这种拒绝不能破坏整个推销交易，应该讲究一定的策略和方法。这个推销员就在拒绝后及时向客户提出一些补偿性的建议，使客户获得一定的心理平衡。

2）委婉拒绝法

推销人员并不用语言直接明示对方，而是用委婉的语言使客户明白拒绝的本意。与直接拒绝相比较，委婉拒绝法比较容易被接受，因此也是使用最普遍的。但是，在使用过程中要避免因表述不清或理解差异而产生误会。幽默法、提问法等都是常见的、非常有效的委婉拒绝法。

案例 4-6

幽默法委婉拒绝

苏联与挪威曾经就购买挪威鲱鱼进行了长时间的谈判。在谈判中，深知贸易谈判诀窍的挪威人，开价高得出奇。苏联的谈判代表与挪威人进行了艰苦的讨价还价，挪威人就是坚持不让步。谈判进行了一轮又一轮，代表换了一个又一个，还是没有结果。

为了解决这一贸易难题，苏联政府派柯伦泰为全权贸易代表。柯伦泰面对挪威人报出的高价，针锋相对地还了一个极低的价格，谈判像以往一样陷入僵局。挪威人并不在乎僵局，因为不管怎样，苏联人要吃鲱鱼，就得找他们买，是"姜太公钓鱼，愿者上钩"。而柯伦泰是拖不起也让不起，而且非成功不可。情急之余，柯伦泰使用了幽默法来拒绝挪威人。

她对挪威人说："好吧！我同意你们提出的价格。如果我的政府不同意这个价格，我愿意用自己的工资来支付差额。但是，这自然要分期付款。"堂堂的绅士能把女士逼到这种地步吗？所以，在忍不住一笑之余，就一致同意将鲱鱼的价格降到一定标准。柯伦泰用幽默法完成了她的前任们历尽千辛万苦也未能完成的工作。

（资料来源：唐麒.世界五千年智谋总集(外国卷)[M].广州：广州出版社,1996）

营销启示：这是一个非常经典的案例，尽管不是推销人员对客户的拒绝，但是我们仍旧能够从中感受到幽默法委婉拒绝的魅力。当对方非常坚持自己的要求或标准时，不但不拒绝，反而接受。然后根据对方的要求或标准推出一些明显不切实际的结论，达到非常幽默的效果，并且使对方在幽默中感受到要求或标准的不合理性，进而放弃对原来要求或标准的坚持。

3）沉默拒绝法

沉默拒绝是推销人员在遇到难以回答的问题时，暂停谈话，一言不发，比较适用于客户提出挑衅甚至侮辱性的问题。在遇到这样棘手的要求时，可以暂停谈话、保持沉默，虽未说"不"，但却准确地传达出无可奉告的信息，是制止对方在这个问题上继续纠缠下去的比较有效的方式。这种方式如果用在一般性问题上，非常容易引起客户的不满。所以，在遇到难以答复的要求时，最好采取回避的方式。

4）回避拒绝法

回避拒绝法就是对客户提出的要求不给予正面答复，不同意也不反对，避实就虚，将客户的注意力转移到其他问题上。

课程思政：文化自信

素材：筷子的文化含义

筷子古称"箸"，是由汉族发明的非常具有民族特色的餐具。民间关于筷子的传说不少，一说姜子牙受神鸟启示发明丝竹筷，另一说妲己为讨纣王欢心而发明用玉簪作筷，还有大禹治水为节约时间以树枝捞取热食而发明筷子的传说。当今社会，筷子的称呼已习以为常，一日三餐我们也与筷子为伴，甚至老外因不懂筷子的文化含义而发出一些嘲讽的声音，那么筷子到底有什么文化含义呢？

视频：筷子的文化含义

讨论：小小的一双筷子蕴含着中华民族的智慧，观看视频，体会筷子的文化含义，用心感悟中华文化处处体现的智慧。

4.4 推销计划的制订

凡事预则立不预则废，很多推销业务并非一次就谈成的，也很难初次见客户就直奔主题要求对方成交，尤其是一些大的生意需要经过周密的计划，制定良好的策略才能最终成交，因此如何制订一个好的推销计划是推销员必备的能力，也是成功推销需要做好的准备之一。

微课：推销计划的制订

4.4.1 推销计划的含义

推销计划是实现推销目标的具体实施方案，是企业整体计划的重要组成部分，它是指导推销活动的依据，也是销售管理的重要内容。制订推销计划对推销工作具有重要意义，就像一个企业必须要有新产品开发计划、生产计划、采购计划、资金使用计划一样，每个推销人员在推销前必须制订自己的推销计划。很多人认为，推销是艺术，用不着计划。其实，这是对推销的极大误解。推销前就详细地做好计划，对成功推销起着重要的作用，漫无目的的推销活动极少能取得成功。

4.4.2 推销计划的内容

推销计划制订得合理与否，关系到企业推销活动的进程和实际效果。因此，作为推销人员，应该懂得如何制订推销计划。一般来说，一份完整的推销计划包括以下内容。

1. 推销目标

推销洽谈是个复杂的过程，这一过程的最终目标是成功推销，达成交易。但这一目标往往需要经过若干次推销访问才能实现。每一次推销访问都应有明确的目标，各次访问的目标应是递进的。

2. 拜访顾客的路线

推销人员可对拟拜访的顾客进行适当的分类,如重点拜访的顾客和一般拜访的顾客,某一地区的顾客和某一行业的顾客,还可按顾客对产品的反应分为反应热烈的顾客、反应温和的顾客和反应冷淡的顾客。在此基础上,推销人员可根据短期推销目标,采取重点拜访的方式,专门与反应热烈的顾客进行商谈。如果考虑长远的推销目标,则可采用平均拜访的方式,建立和发展与所有潜在顾客的关系。如果考虑与某个行业或地区保持比较良好的关系,就可以进行有针对性的拜访和推销。然后,结合以上目标,再根据顾客的地址和方位设计出最有效的推销行动日程表及顾客拜访路线,争取以最少的时间、最高的效率实现推销目标。

3. 推销洽谈要点

确定推销洽谈要点的作用就是说服顾客、引导顾客、刺激顾客完成购买。如果推销人员能把推销洽谈要点与顾客的实际需求和利益结合起来,推销成功的可能性会大大增加。

4. 推销策略和技巧

在推销洽谈过程中,顾客可能会提出各种问题,推销人员应事先估计洽谈中顾客可能会提出哪些问题,应如何应对和解决这些问题。推销人员应从实际出发,巧妙地解决这些问题。

5. 推销访问日程安排

根据洽谈双方的时间安排,拟订洽谈日程,掌握洽谈进度,也是取得推销成功的必要条件之一。

4.4.3 制订推销计划

1. 制订推销计划的原则

(1) 具体化原则。推销人员在前一天晚上就应该把第二天要做的事逐项详细写出,这样推销时可以做到心中有数,而且便于在赴约之前迅速地复习一遍各项要点。

(2) 务实性原则。推销人员应以团队计划为中心,然后根据个人的实际情况来制订计划,计划不能订得太高或太低。计划订得太高,无法达成将会打击推销人员的信心和自尊心;计划订得太低,推销人员又不能体现自我价值。若计划不明确,推销人员将会失去提升的指标。一位推销大师指出:"没有计划,就意味着没有胜利。计划适情而订,才能有效地提升销售业绩。"可见,唯有务实的计划,才能有效地引导实践。

(3) 动态性原则。由于推销环境不断变化,推销人员应经常对推销计划进行改进,使推销计划始终与推销环境相适应。

(4) 顺序性原则。重要的事项和亟待处理的事项要优先列入计划。此外,还要考虑把类似的事情放在一起,以便提高工作效率。

2. 日计划的制订

推销计划可以分为年计划、月计划和日计划。一般来说,公司管理部门要求推销人员汇报年计划或月计划,并对计划的制订提出指导思想和修改意见,而日计划则由推销人员自己制订。日计划是年计划、月计划制订的基础,是完成年计划、月计划的保证,所以制订日计划至关重要。有效的推销日计划包括拜访顾客前和拜访顾客后两方面的内容。

(1) 拜访顾客前。①弄清楚顾客基本情况,包括顾客姓名、性别、职务、性格、爱好和固有观念,顾客的家庭情况(成员、工作单位、生日),顾客的权限。②掌握顾客的购买行为特征,包括对推销人员的态度,推销过程中可能会遇到的阻力,顾客可能会有的反对意见,顾客主要的购买动机是什么,顾客的购买决策等。③能为顾客提供的内容,包括产品和其他服务。④洽谈要点,包括如何进行推销,如何吸引顾客注意力,如何引起顾客的购买兴趣,如何刺激顾客的购买欲望,如何实现购买行为,顾客有哪些特殊之处可能影响(有利于或不利于)推销。⑤此次拜访的目的,包括了解顾客需求,影响顾客的购买行为,向顾客介绍有关情况,促使顾客做出购买决定。

(2) 拜访顾客后。首先,总结取得的成绩,包括洽谈结果,所获得的有益的启示。其次,安排下一步行动,包括再次拜访的时间、方式、途径,再次拜访的内容。

3. 计划表的制订

计划表可以使计划变得更加清晰。因此,推销人员最好学会用表格帮助自己做出推销计划。计划表主要有以下三种形式。

(1) 为了向个人及家庭推销零售产品而设计的计划表。表格内容包括父母、子女的姓名,父母、子女的职业及职位,经济来源及总收入,推销品能给他们带来什么好处等。

(2) 在拜访各种组织机构的决策者时使用的计划表。表格内容包括公司名称、决策者姓名、公司类型、公司产品、预估总销售额、向该公司推销的最大困难及推销品能给他们带来什么好处等。

(3) 推销步骤计划表。表格内容包括为安排约见而准备的理由,为判断顾客的购买条件而准备的问题,产品介绍和演示计划,预计会遇到哪些来自顾客的障碍,过去类似推销的情况如何,推销品能给顾客带来什么好处等。

以向家庭推销为例,表格栏目的目的是清楚的:顾客现在拥有什么?他们拥有这种产品多久了?推销人员从中可以了解到顾客处于购买欲望周期的哪一阶段,他们上次选购时的大致情况。当推销人员列出一个家庭的成员名单时,一定要在可能是决策者的那个名字上做个记号,要说服并与之成交的正是此人。

案例 4-7

一个家具推销员的推销计划

正美家具的推销员小王计划向某连锁旅店推销酒店防水家具,以下是他制订的推销计划。

1. 推销目标

最优期望目标：该连锁旅店更换的全部家具都在本公司采购，并且能与之建立长期的合作伙伴关系。

可接受目标：在本公司采购部分家具。

最低限度目标：我的拜访能引起李经理对我们公司家具的兴趣。

2. 开场白设计

李经理，您好，我是正美家具的小张，我曾经入住过您的旅店，觉得非常舒适温馨，有家一般的感觉。听说您的旅店正在进行装修，您愿意抽出时间听一下我的感想吗？

3. 洽谈要点

(1) 正美家具防水防潮性能好。解决了在酒店及公寓中，普通饰面板家具因季节性气候湿度变化、茶水倾倒、卫生间湿气及洗浴桑拿水蒸气弥漫、洗浴湿毛巾的接触等，造成封边暴露和脱落、板面变形膨胀、饰面裂纹、起泡、霉变等，影响家具外观形象和酒店入住率降低的问题。

(2) 耐磨耐用。板面能抵抗螺钉、钥匙等金属及硬物的正常使用磨划，不留划痕。

(3) 防火性能让您的旅店更安全。正美家具板面经防火处理，不惧点燃的香烟，$3cm^2$火机明火 10 秒烧烤无损伤。

(4) 性价比高。正美家具价格实惠，性能价格比远高于常规饰面板家具和实木家具。

4. 推销策略

(1) 可以携带正美家具的板材现场做防水、防火试验，以吸引顾客注意力并相信产品。

(2) 可以带李经理去已经购买了正美家具的酒店和旅馆进行实地考察。

(3) 详细了解竞争对手，并与之产品作比较，以突出正美家具的优势。

5. 顾客可能提出的异议处理

正美防水家具一次投入比普通饰面板家具价格要高。

说服点：一次装修经营过程中，要保证家具不影响客人入住率，普通饰面板家具 2~3 年要更新一次。由于正美家具防水、防潮性能，其耐用性大大优于其他家具，正常使用达 6 年以上，不需要重复投资也能长久保持良好的外观质量。正美家具一次投入虽比普通饰面板家具价格高 15%，但要保证在酒店公寓一次装修经营过程中家具不影响客人入住率，普通板式家具 6 年累计的投资费用是正美防水家具投资的 1.74~2.61 倍。

若是在反复说服的情况下，李经理仍然觉得正美家具价格稍贵，可以建议李经理实行以旧换新的方式，就是用旅店原有的旧家具折换新的家具，以达到回收利用、环保的效果。

6. 访问路线安排

(1) 初次拜访。创造愉快的氛围，了解旅店的真正需求，稍微介绍正美家具的特点，引起李经理的兴趣，并约好下次见面的时间。

(2) 再次拜访。详细介绍正美家具的功能特点及好处，让李经理相信我们的产品与服务。

(3) 继续拜访。尽力说服李经理做出购买决策。若是暂时说服不了，可以在不引起李经理反感的情况下，多拜访几次，直到说服为止。

(4) 达成交易以后也要经常性拜访。

7. 日程安排

第一阶段：拜访前准备，详细了解旅店情况及李经理的基本信息。

第二阶段：拜访阶段(时间假设为 10 天)如表 4-1 所示。

表 4-1 拜访阶段

时间	内容
1月10日	第一次拜访,赢得李经理的好感。约定第二天拜访时间
1月11日	第二次拜访,详细介绍正美家具,做防水、防火试验,引起李经理的兴趣
1月12日	与竞争对手的家具作比较,充分突出我们产品的优势
1月14日	让李经理充分相信我们的产品,带他进行实地考察
1月15—18日	给李经理留有选择和考虑的时间,在不引起李经理反感的情况下继续约见李经理
1月19日	答应购买
1月20日	签订合同

第三阶段：合作伙伴阶段,保持良好的关系。

本章小结

在复杂的推销环境中,推销人员想取得推销成功,需要做好充足的准备,既要清楚地知道自己肩负的推销职责,同时要有良好的品德和职业道德。此外还要掌握全面的礼仪规范,给客户留下好印象。不仅如此,还要学会制订推销计划,为成功推销奠定良好基础。本章讲述了推销人员要取得成功推销的自我准备,包括认识推销职责,训练自己具备良好的素质和能力,学习仪表礼仪、仪态礼仪、送访礼仪、交谈礼仪;学会制订推销计划,包括推销计划的内容、原则,日计划的制订和计划表的制订等。

巩固与应用

1. 主要概念

推销员的类型　推销员的职责　推销礼仪　推销计划

2. 复习思考题

(1) 推销员的职责有哪些？
(2) 优秀的推销员需要具备哪些素质？
(3) 拜访前应做哪些准备？
(4) 礼品赠送方式有哪些？
(5) 描述两种正确蹲姿。
(6) 仪态礼仪由哪些内容组成？
(7) 简述男士西装穿着要求。
(8) 简述推销计划的内容。

3. 课堂实训

实训背景：为民制药有限公司是一家中型制药企业，其产品主要在国内销售。最近该公司生产了一种治疗某疾病的胶囊，准备推向市场。目前市场上同类药有十几种，有中成药，也有西药，价格相当，疗效也差不多，治愈时间一般在一年左右，治疗费用约需 5000 元。本产品与这些同类产品相比，其特点如下：①纯中药制剂，无明显毒副作用；②治愈时间 15 天左右；③日服量价格比同类药高 30%。

实训内容：

(1) 选准自己的目标顾客，并说明理由。

(2) 针对某一顾客，设计完整的推销计划，包括开场白、洽谈要点、推销策略、日程安排等内容。

实训活动：

(1) 5~6 人一组，根据资料设计一份推销计划，对设计好的推销计划进行讨论、修改，并提交。

(2) 组织一次课堂交流讨论与情景表演。

(3) 以小组为单位，对各成员在讨论与表演中的表现进行评估打分。

4. 课外实训

任务：以学期初建立的销售公司为单位进行礼仪训练，要求自设人物和情景进行模拟训练，内容包括：男士西服、领带、皮鞋、袜子、头发等，女士套装、妆容、头发、配饰等，站姿、坐姿、走姿、蹲姿、握手、接递名片等仪态礼仪，接送礼仪，餐桌礼仪，交谈礼仪等。

目的：熟练掌握推销人员的仪表礼仪、仪态礼仪、接待礼仪、送访礼仪、交谈礼仪等。

要求：每个小组创设一个模拟推销场景，分饰不同角色，各项礼仪融会其中，熟练展示，录制视频上交。

考核点：推销人员各项礼仪规范掌握情况。

第5章 推销接近技术

学习目标

知识目标
1. 了解推销接近的相关概念和其在商业实践中的必要性。
2. 掌握寻找、约见和接近客户的主要内容和方式方法。

能力目标
1. 能够灵活运用各种方式方法发现潜在客户群体,并筛选优质客户。
2. 能够灵活运用各种方式方法约见客户。
3. 能够灵活运用各种方式方法接近客户。

德育目标
1. 树立正确销售价值观,建立销售信心,拒绝商业贿赂等在销售中的不正当竞争行为。
2. 培养积极面对问题的心态及随机应变解决问题的能力。

案例导入

刘伟如何寻找潜在顾客

刘伟是淮海大学管理学院三年级学生,刚刚接受了一份阳光岛度假村俱乐部的暑期工作。刘伟第一次参加销售会议,经理谭园在讲述她对销售人员的希望。

谭园:"我知道当你们被聘时就已经知道需要做什么。但是,我还想再次就有关事情做进一步说明。现在你们的第一项工作是销售阳光岛会员卡。每一张会员价值2000元。你们有什么问题,可以直接提问。"

刘伟:"每笔销售我们可以提取多少佣金?"

谭园:"每销售一张会员卡,你们可以拿到会员卡价值的10%,也就是200元。会员卡赋予会员很多权利,包括每年可以到太阳岛度假村免费入住2天,届时可以享受度假村的桑拿浴与健身,可以获得两份免费早餐。若会员平时到度假村度假,住宿、餐饮、娱乐、健身等都可以享受50%的优惠折扣。你们可以从会员的所有费用中提取5%报酬。"

刘伟:"不错,我们可以获得双份的报酬了。"

谭园:"是的。销售得越多,提取的佣金就越高。"

刘伟:"我到哪里去寻找太阳岛度假村的会员呢?"

谭园:"你完全可以自己决定如何做。但是,寻找潜在顾客是你成功的关键。根据以往的经验,发现每10个你找到的潜在顾客中,将会与3个顾客面谈,最后与1个顾客成交。还有问题吗……可以从你的亲朋好友开始。"

(资料来源:张迎燕,陶铭芳,胡洁娇.客户关系管理[M].南京:南京大学出版社,2021)

思考:刘伟应如何寻找愿意加入阳光岛度假村俱乐部的潜在会员呢?

推销接近技术是销售人员的必要技能之一,是整个销售活动的基础。如何为已有的产品和服务寻找并锁定合适的目标客户,是推销活动的第一步。随后推销员就需要采用适当的方式方法、寻找合适的机会来约见和接近客户,并最终通过多种推销策略来实现成交。在现代商业活动中,推销员一般不会仅销售单项产品或服务,而是需要根据客户需求进行不同产品或服务的推荐。同时,推销员还需要不断地发现和开发新的客户,以达成更理想的销售成果。所以"推销接近"的过程可以视为一个"将不同的产品或服务与潜在客户进行适配,并与客户进行初步沟通"的过程。本章将详细介绍寻找客户、约见客户和接近客户的相关内容与需要掌握的技术。

5.1 寻找客户

推销产品或服务的首要任务是为其寻找到有相应需求的客户。分析和明确不同产品和服务的目标客户,并有效地寻找和触达到潜在客户,是成功接近客户的前提,这需要一定的策略和技巧。在现代商业活动中,推销员一般会拥有自己的潜在客户群体,然而当潜在客户对于某项产品或服务的需求不高时,推销员也需要通过寻找客户来扩大自己的潜在客户群体,再通过细致的分析来找到优质客户,从而有效地进行推销活动。

微课:寻找客户

寻找客户主要包含四部分内容:寻找客户的基础工作,寻找客户的方法,客户资格审查,以及建立客户档案。

5.1.1 寻找客户的基础工作

寻找客户,或是常说的客户开发,其基础工作是指寻找潜在客户。潜在客户是指对推销人员的产品或服务确实存在需求并具有购买能力的个人或组织。在现代商业活动中,几乎不存在挨家挨户上门推销产品或服务的情况。为提高推销效率,推销员首先应根据自己所推销的产品或服务的特征,进行市场细分,圈定可能的客户范围,再通过各种可能的线索和渠道,收集相关信息,根据客户需求的优先级拟列出一份潜在客户的名单,准备客户的触达或拜访。

1. 确定客户范围

为更有效、有针对性地寻找潜在客户,推销员应当根据所推销的产品或服务的特点进行市场细分,确定准客户的范围。例如推销产品为高尔夫球具时,潜在客户可以圈定在企业家、大型企业高管这类高收入人群中。

2. 选择合适的寻找途径

随着商业市场的发展，寻找潜在客户的途径已经非常丰富。这就要求推销员根据所推销的产品或服务的特点，以及潜在客户的类型和特点，选择合适的途径。仍以高尔夫球具举例，该商品的潜在客户不宜使用发放宣传单的形式寻找，而更应通过飞机头等舱的媒体屏幕进行广告。这样可以保证在一定范围内的潜在客户能够相对集中，从而提高寻找潜在客户的效率。

3. 根据优先级拟列准客户名单

根据优先级拟列潜在客户名单，是指在收集和评估潜在客户背景资料及相关信息之后，综合拟出一份排序名单。后续推销员可以按照客户的优先级，选择更经济的途径进行相应的客户开发，例如优先级高的客户可以选择面对面约见拜访，优先级低的客户可以先采用电子邮件、宣传册邮寄等方式进行潜在客户触达。

这里可以参考 MAN 原则，根据客户购买能力的高低，客户购买决定权的高低，以及客户对产品或服务需求等级的高低，进行排序，具体见表 5-1。

表 5-1　MAN 原则

M：MONEY，代表"金钱"。所选择的对象必须有一定的购买能力	A：AUTHORITY，代表购买"决定权"。该对象对购买行为有决定、建议或反对的权力	N：NEED，代表"需求"。该客户有这方面（产品、服务）的需求
M（有购买能力）	A（有购买决定权）	N（有需求）
m（无购买能力）	z（无购买决定权）	n（无需求）

理想的潜在客户应该具备 M＋A＋N 的特征，在推销实践中，潜在客户欠缺了某一条件的情况下，推销员往往会继续开发，并应用适当的策略，使其最终成为客户。具体对策参考如下。

M＋A＋N：是有望客户，理想的推销对象。

M＋A＋n：可以接触，配上熟练的销售技术，有成功的希望。

M＋a＋N：可以接触，并设法找到具有决定权（A）的人，例如其公司上级。

m＋A＋N：可以接触，需调查其业务状况、信用条件等给予融资。

m＋a＋N：可以接触，应长期观察、培养，使之具备另一条件。

m＋A＋n：可以接触，应长期观察、培养，使之具备另一条件。

M＋a＋n：可以接触，应长期观察、培养，使之具备另一条件。

m＋a＋n：非客户，停止接触。

4. 推销员的心理准备

销售是企业商业活动的头等大事，在当今市场竞争分外激烈的环境下，销售人员肩负重任。要想在商业竞争中为本企业开发更多的顾客，需要有以下思想准备。

（1）树立正确的推销工作观念，克服畏难情绪。被拒绝是推销实践的常态，在寻找客户的过程中，推销员经常会遇到不顺利的情况。如果没有良好的心态和正确的推销工作观念，不仅会影响推销员的工作热情，还有可能给客户方造成不良影响，损坏企业形象，进而导致未来的推销困难,造成恶性循环。所以销售人员首先要调整好推销心态,其次,要仔细研究顾客的拒绝方式,找出应对的解决方法。

(2) 培养随时搜寻潜在客户的意识,养成随时挖掘潜在客户的习惯。寻找顾客是一项长期的工作,推销员要养成随时随地寻找潜在客户的意识,用手机及时记录潜在的客户信息,并使之逐渐成为习惯。销售人员应具备一定的职业敏感性,能够快速发现可能的销售线索,积累的大量客户资料,应能在关键时刻派上用场,以帮助推销员抓住可能的销售机会。

(3) 应用"细胞裂变"式方法寻找客户。口碑相传、"老带新"式的寻找客户和销售方法省时、省力,且成功率高。职业销售人员要善于从一位老客户身上引申出一位甚至多位新客户,这就要求推销员能够取得老客户的信任和好感。不论最终是否成交,只要老客户愿意介绍其他新客户与自己沟通,推销员就能迅速形成自己的潜在顾客群,从而提升推销效率和销售业绩。

(4) 培养提升个人兴趣与知识面,这是对销售人员更高层次的要求。寻找客户的过程涉及面非常广,推销员可能在各种场合寻找到合适的客户,尤其对高价产品或服务的销售人员来说,潜在客户往往存在于各种高端场合。例如海外房产的销售人员,其潜在客户可能多存在于马术俱乐部、品酒会、高尔夫球场等场所。所以对推销人员来说,培养广泛的兴趣,拥有广阔的知识面,有利于寻找并接触潜在的客户。

案例 5-1

两块钱的"敲门砖"

一位刚毕业的女大学生到一家公司应聘,面试时即遭到拒绝,因为她太年轻,公司需要的是有丰富工作经验的资深人员。女大学生没有气馁,一再坚持。她对主考官说:"请再给我一次机会,让我参加完笔试。"主考官拗不过她,答应了她的请求。结果,她通过了笔试,由人事经理亲自复试。

人事经理对这位女大学生颇有好感,因她的笔试成绩最好。不过,女孩的话让经理有些失望,她说自己没工作过,但公司不愿找一个完全没有工作经验的人。人事经理只好敷衍道:"今天就到这里,有消息我会打电话通知你。"

女孩从座位上站起来,向人事经理点点头,从口袋里掏出两块钱双手递给人事经理:"不管是否录用,请都给我打个电话。"

人事经理从未见过这种情况,竟一下子呆住了。不过他很快回过神来,问:"你怎么知道我不给没有录用的人打电话?"

"您刚才说有消息就打,那言下之意就是没录取就不打了。"

人事经理对这个年轻女孩产生了浓厚的兴趣,问:"如果你没被录用,我打电话,你想知道些什么呢?"

"请告诉我,在什么地方不能达到你们的要求,我在哪方面不够好,我好改进。"女孩微笑着解释道:"给没有被录用的人打电话不属于公司的正常开支,所以由我付电话费,请您一定打。"

人事经理马上微笑着说:"请你把这两块钱收回。我不会打电话了,我现在就正式通知你,你被录用了。"

(资料来源:马田.两块钱的"敲门砖". https://www.docin.com/p-728712186.html)

营销启示:推销员在接近客户前,最容易出现的问题就是信心不足,害怕打搅被访者的生活,害怕客户拒绝推销访问,害怕客户对所推销的产品或服务没有兴趣……这种无形的恐惧让推销员难以迈出第一步。想要克服畏难情绪和逃避心理,就要敢于正视顾客的拒绝,时刻保持一种积极乐观的心态,努力尝试解决推销时遇到的各种困难。

5.1.2 寻找客户的方法

客户开发在很大程度上决定了推销员后续工作的成败。一名合格的推销员需要具备发现和识别潜在客户的能力,并能够通过自己的工作,不断总结经验教训,结合自己的主观情况,找到一套适合自己的寻找客户的方法,提高寻找客户的成效,建立自己的客户群体。

案例 5-2

两张白纸的秘密

世界一流推销大师金克拉在推销时,总是会随身携带两张白纸。一张纸满满地写着许多人的名字和别的内容;另一张纸是一张完全的白纸。他拿这两张纸有什么用呢?原来那张有字的纸是顾客的推荐词或推荐信,当推销遇到拒绝时,他会说:"××先生/女士,您认识杰克先生吧?他是我的顾客,他用了我们的产品很满意,他希望他的朋友也享有到这份满意。您不会认为这些人购买我们的产品是件错误的事情,是吧?"有了这个推荐词,金克拉一般会取得戏剧性的效果。

那么,另一张白纸是作什么用的呢?当成功销售一套产品之后,金克拉会拿出这张白纸,然后说:"××先生/女士,在您的朋友当中,还有哪几位可能需要我的产品?请介绍几位您的朋友让我认识,以使他们也享受到与您一样的优质服务。"85%的情况下,顾客会为金克拉推荐2~3位新顾客。金克拉就是这样运用顾客推荐系统建立自己的储存顾客群。

(资料来源:孙文广.世界上最伟大的推销大师实战秘诀[M].北京:华夏出版社,2010)

寻找客户是销售活动的起点,销售人员不能大海捞针般地寻找客户,而应该掌握并正确运用寻找客户的基本方法。推销员一般要采取多种途径和方法寻找潜在客户,以便使寻找准客户的有效性达到最大。常见的寻找客户方法如下。

1. 普遍寻找法

普遍寻找法也称逐户寻找法,或者地毯式寻找法。普遍寻找法要求推销员在特定业务范围或市场区域范围内,针对特定的群体,使用上门拜访、电话沟通、发送电子邮件等方式对该范围内的组织、家庭或者个人无遗漏地进行寻找与确认的方法。

普遍寻找法遵循的是"平均法则",即认为在被寻访的所有对象中,必定有销售人员所要的客户,而且分布均匀,其客户的数量与访问对象的数量成正比,想要获得更多的准客户,就需要走访更多的人。理想状态下,地毯式的寻找不会遗漏任何有价值的顾客,且能够在创造一定量的销售的同时为所推销的产品或服务进行宣传,适合在进入新的销售区域时使用,但因实际操作中所耗费的人力、物力和时间成本高,在现代销售活动中较少应用该方法。

2. 链式引荐法

如同金克拉的"另一张白纸",所谓链式引荐法就是推销人员在服务好现有顾客的基础上,请求现有顾客为其推荐可能购买同种产品或服务的准客户,从而建立起一条无限扩展的客户链。这种方法非常适合无形产品和服务的推销。

使用链式引荐法寻找客户,必须能够让现有顾客愿意去联系潜在客户,并能够依次递进,不断延伸,使推销员所掌握的准客户源能够持续发展和扩张。因此,链式引荐法的关键在于推销员是否能够取信于第一个顾客,并成功请求引荐。同时,推销员也需保证好下一位客户的服务质量,否则,因为客户与客户之间存在着紧密联系,推销员很有可能损失不止一位顾客。

3. 中心开花法

中心开花法是指通过推销员的努力,挖掘某一特定的推销范围内具有影响力的核心人物(或名人)成为"中心",利用核心人物的广泛影响,扩散式"开花",发展准客户的方法。中心开花法利用了光环效应法则,即核心人物的购买与消费行为,可能会在他的崇拜者心目中形成示范作用与先导效应,从而引发崇拜者的购买与消费行为。在现代销售实践中,中心人物可以是推销员的顾客,也可以是在相关领域有号召力的名人,只要核心人物愿意进行合作,就可以利用他/她的影响力协助推销员培养和发展潜在客户。推销员要想取得"核心人物"的信任和支持,先必须让对方了解自己的产品或服务,使对方相信推销员的推销工作人格,并能使他们得到其感兴趣的利益,例如现在常见的 KOL、KOC 试用带货。

4. 关系拓展法

关系拓展法是推销员利用自己的社会网络来寻找客户。社会网络代表着推销员的各种社会关系,包括朋友关系、同学关系、生意伙伴关系、种族信仰关系等。推销员可以通过亲友、熟人等社会关系,也可以通过企业的合作伙伴、顾客等来认识新的客户。在有"中间人"的保证下,推销成功的可能性非常大。关系拓展法主要用于寻找日用消费品的潜在客户。

5. 个人观察法

个人观察法,又称直观法、自我寻找法,是指推销员根据自身对周围环境的直接观察、判断、研究和分析,寻找潜在客户的方法。利用推销员个人寻找客户,关键在于培养推销员个人的职业敏感性和洞察力。推销员应具备良好的观察能力与分析能力,善于从实际生活中精准发现客户,同时注重日常生活中的知识和素养积累,能够在识别客户的同时,使客户愿意与自己沟通和接触。

6. 广告探查法

广告探查法,又称广告开拓法,是指利用各种媒体平台来寻找客户的推销方法。它是利用广告媒体发布产品信息,对产品进行宣传,再由销售人员对被广告吸引来的顾客进行推销的一种被动寻找客户的方法。

广告探查法的优点在于广告的传播速度快、范围广，能够节约人力和物力，尤其在当前社交广告的浪潮之下，广告可以被社交平台较为精准地推送给潜在的目标客户群体，一定程度上节省了推销的财务成本。当然，一些产品并不宜进行媒体平台的广告投放，例如医疗专业器械，或有的产品并不能够进行广告投放，例如香烟。

7. 委托寻找法

委托寻找法，又称委托助手法，是推销员委托有关人员寻找潜在客户的一种方法。推销员可能雇用一些临时性推销员（助手）寻找客户，或委托新销售人员充当推销助手，帮助做一些基础的、类似电话销售的推销工作，自己则集中精力从事实质性的推销活动。这种方法在国外比较常见，行业内把这种推销助手称为推销"猎犬"。

除了委托人员，也存在委托专业信息公司的情况。例如一些专业建筑信息公司能提供详细的在建工程信息，包括工程类别、建筑成本、工程时间表和发展商、项目经理、建筑师联系方式等，且信息每天更新。这为建材生产企业的销售人员节约了大量时间，虽然要向信息公司付一些费用，但总体成本还是比较合算的。

8. 文案调查法

文案调查法是指通过收集整理现有文献资料寻找潜在客户的方法。这实际上是一种市场调查法，它着重于现有资料（二手信息资料）的收集、整理和分析，以确定准客户。二手信息资料依据其资料来源可分为内部资料与外部资料两部分。内部资料是指企业内部报告系统所提供的反映企业内部情况方面的资料；外部资料是指由企业外部有关机构所保存的年鉴、报纸、杂志、电话簿，以及信息中心、行业协会、调研机构的资料等。在现代商业实践中，绝大部分企业会建立客户数据库和客户信息登记系统，实时更新内部资料，以供包括推销员在内的企业内部人员进行客户信息查询与分析，协助推销员高效地寻找准客户。

除了上述寻找客户的方法，推销员还可以通过网络搜索、行业展览、企业各类活动、行业协会咨询等方法寻找新的客户，甚至可以寻找竞争对手的客户，尝试打破其与竞品公司的关系壁垒，从而获得新的商机。

5.1.3 客户资格审查

并非每一位客户都有可能成为销售人员的目标客户，如上文所述，销售人员对于所圈定潜在客户范围内的准客户应有优先级的排序，区分短期目标客户与长期目标客户，并对不同的客户灵活选用不同的接近途径和方法。这就需要推销员尽可能地收集客户资料，并对客户进行资格审查，通过调查、分析、了解，决定其是否具备成为目标客户的一定资格或条件，判别目标客户的优先级，建立顾客资料卡，以便高效地对成交可能性较高的目标客户进行拜访。

因此，销售人员要想避免无用功，且事半功倍地开展推销工作，在开始推销约见和洽谈前，必须对客户进行资格审查。对客户进行资格审查常用的 MAN 原则主要包括客户购买需求的审查、客户支付能力的审查、客户购买决策权的审查。前文已经说明了 MAN 原则的基本内容，这里对 MAN 原则的每一项做进一步说明。

1. 客户购买需求的审查

客户需求审查,是对潜在客户是否存在对推销产品的真实需求(包括现实需求和潜在需求)以及需求量大小进行审查,并作出结论的过程。

1)客户需求可能性评审

按实现程度不同,客户的消费需求可分为现实消费需求和潜在消费需求。

现实消费需求是指目前具有明确消费意识和足够支付能力的需求。按需求的实现程度不同,现实消费需求又可分为已实现的消费需求和未满足的现实消费需求两种。未满足的现实消费需求是指由于市场上缺少购买者所需要的消费特性的产品或服务,而未得到满足的那部分实际存在的有支付能力的需求。对销售人员来说,审查客户是否有未满足的现实消费需求是非常重要的,如果发现客户有该种需求,推销员应该将其作为立即开展推销活动的对象。

潜在消费需求是指消费者由于种种原因还没有明确的显示出来的需求。客户现在未使用某种产品或服务,或者自认为不需要,并不意味着他真的不需要或永远不可能成为目标顾客。客户潜在需求是十分重要的,在消费者的购买行为中,大部分需求是由消费者的潜在需求引起的。因此,推销员应捕捉客户的潜在需求,如果能够为客户"创造"需求或者为客户"点明"需求,采取行之有效的开发措施,就能够在激烈的市场竞争中收获客户。

案例 5-3

"天才"售货员的一天

在一家大型综合商场里,商场经理问售货员:"你今天有几个顾客,卖了多少钱?"售货员答:"一个,卖了 30 万元。"经理大为惊奇,要他详细解释。售货员说:"我先卖给他一枚钓钩,接着卖给他钓竿和钓线。我再问他打算去哪里钓鱼,他说要去南方海岸。我说该有艘小船才方便,于是他买了一艘 6 米长的快艇。当他说他的轿车可能无法带去他的快艇时,我又带他到机动车部卖给他一辆福田小卡车。"

营销启示:很多时候,客户自己都不知道自己对某产品具有潜在需求。作为推销人员,应当设身处地为客户着想,才能帮助客户发现他的需求,同时及时给予适当的提醒与帮助,则能够抓住机会达成销售。

2)客户需求量评审

对所推销的产品或服务需求量大,并有长期稳定的需求的客户,必然是推销员首选的理想客户。然而在推销实践中,理想客户的存在数量有限,有些客户虽然对推销品的需求可能性较大,但需求数量很少或只是一次性购买,前去推销获客成本高,甚至可能不能给公司带来利润,这就要求推销员进行客户需求量的评审。参考 ABC 管理法,销售人员一是应该关注现实需求量比较大的顾客,以便提升推销业绩;二是关注目前需求量虽然不大,但是具有长期购买倾向性的顾客,因为他们是企业或者推销产品的未来基本市场;三是关注其购买行为对销售人员推销产品具有重要作用的顾客,因为他们可能是"购买明星",可以利用他们的影响力来扩大企业和产品的知名度。

2. 客户支付能力的审查

客户有购买的需求后,是否有能力进行相应产品或服务的费用支付,是销售最终是否能够成交的另一个重要因素。因此,在对潜在顾客购买需求进行审查的同时,也需对其支付能力进行审核,以避免在推销时人力、物力的浪费或造成企业的损失。

当然,一味强调现有支付能力,并不利于销售成交,尤其是所推销的产品或服务价位较高时,掌握顾客的潜在支付能力,可以为推销提供更为广阔的市场。此时需要对准客户的潜在支付能力和筹措资金的能力进行审核,当其值得信任并具备相应支付能力时,推销员可以协助客户利用分期支付、银行贷款等其他信用方式购买产品或服务。

3. 客户购买决策权的审查

潜在的客户或许对推销的产品具有一定的需求,也有相应的支付能力,但只有拥有购买决策权的客户才能最终决定产品的购买与否。在推销过程中,找到具有购买决策权的人或决策的核心人物,有时反而会事半功倍。例如在推销儿童玩具时,孩子虽不具备任何支付能力,但却拥有极高的购买决策权,推销员如果能够引发孩子对于玩具的兴趣(需求),那么父母就会进行购买。所以,仅从内部决策权的影响因素来看,找准具有购买决策权的那个人无疑能节省销售人员的时间,提高推销的效率和推销成交的可能性。

需要说明的是,在当今市场活动中,还存在外部因素影响客户购买决策权的情况,即客户购买资格。对推销产品具有购买需求和支付能力的客户如果不具备购买资格,也不是合格的目标客户。例如在购买房产时,当地政府政策往往会对购买者的资格进行限定。因此,推销人员也需要对潜在客户的购买资格进行审查,审查其是否具有作为市场经营主体的行为能力以及对推销产品的购买是否有某些限制。

综上所述,进行客户资格审查有利于提高访问成功率,潜在客户要成为真正的目标客户还需要具备一定的条件,不加以区分就对所有的潜在顾客进行访问,必然会降低推销效率和成功率。首先,通过客户资格审查,把不符合资格的潜在顾客从目录中剔除可以避免徒劳无功的推销活动以及推销过程中的费用开支,能够为推销员节省人力、物力成本。其次,了解购买能力及购买决策者,可直接明确访问对象,不必在接近过程中再去摸索,可以避免对无购买能力的潜在客户费口舌,从而使推销员的平均访问时间缩短,提高推销效率。最后,如果推销员能够加强对客户的需求、购买能力及购买决策能力的分析,并制订相应的推销计划,就能有的放矢地实施推销策略,使推销更具有目的性和针对性。

案例 5-4

保险经纪的顾客审查

某保险公司业务员李慧慧与她的老顾客,一个鱼老板正在谈续保的事儿,眼看顾客就要拒绝她了,忽然一位高贵的家庭主妇出现,问老板说:"今天有没有给我留条大点的鱼呀?"老板连忙招呼道:"当然有呀,你看这条3斤重,又新鲜。"主妇马上笑逐颜开,点头答应。老板转头和李慧慧介绍:"王太太人很好的,每次来都买很多鱼,不好的她都不要,要是我多几个这样的客人,我就可以和你续保了。"主妇笑着说:"一家人吃饭最重要的是开心,吃得好,贵一点也无所谓。"李慧慧打量着身边这位高贵的王太太,衣着靓丽,打扮时尚,加上刚才说的话,一看就是自己的潜在顾客。随后,她便与王太太搭讪着一路聊到了她家门口。她看到王太太的家是一栋豪华的别墅,便对王太太说:"王太太,您家房子真大,而且背山面海风景真是好极了!但这里这么大,一个月的开销肯定也不少,您计算过有多少吗?"王太太想了一下,说:"这倒是没有。""不计算怎么行,中国古话说得好,未雨绸缪,每个人都想幸福快乐,但在退休以后怎么才能保证衣食无忧呢?这就得想清楚了。"李慧慧说着,就从包里拿出自己的名片递给王太太,接着说:"王太太,在这方面或许我能帮助到您。这是我的名片。"王太太接过名片看了看,说:"原来你是做保险的呀?但……我想我现在暂时不需要买保险。"边说边放下了名片。但李慧慧又再一次拿起刚放下的名片递过去,说:"现在人口老龄化非常快,您真的要考虑清楚呀!"正说着,家门被推开了,王太太的儿子回来了。李慧慧看到王太太在读大学的儿子之后,又接着说:"您的儿子真优秀,应该快本科毕业了吧。之后您有想过供他读硕士、博士吗?"王太太终于有了笑意,自豪地说:"能读当然好,我们也会继续供的。""那也是,每个母亲都望子成龙。但学历越高,学费就越贵,是时候做好储蓄计划了。但是现在银行利息很低,我们公司就不一样了,可以为您做一个很好的投资储蓄方案,到时候您儿子想读什么课程都没问题。"李慧慧笑着说,边说还边拿出笔记本登记着王太太的基本资料,包括她的姓名、联系电话、家庭成员等。王太太忽然想起什么,说:"其实这个事情我还得问我丈夫才能决定买不买的。"李慧慧迟疑了一下,回答道:"那倒是,夫妻之间凡事都应该商量的。这样吧,您现在就给您丈夫打个电话问问他,趁我在这里,若有问题也可以马上解答呀。"说着就把手机递给王太太,王太太配合地拨打了电话,然而并没拨通。这下李慧慧也没辙了,只好识趣地说:"这样也没办法了,那我不打扰您了,等您和丈夫商量过后,再联系我吧。"说完就离开了。

(资料来源:江帆,谭字均.现代销售技术[M].北京:机械工业出版社,2022)

5.1.4 建立客户档案

客户档案是企业在与客户交往过程中所形成的客户资料、企业自行制作的客户信用分析报告,全面反映企业客户资信状况的综合性档案材料。建立合格的客户档案是企业和推销员进行客户管理的第一步。经过对潜在客户资格的审查,推销员应当可以确定一份具有优先级的准客户名单,对有价值的客户信息要及时建立客户资料档案。建立客户档案应遵循集中、动态和分类管理的原则,进行科学的分级建档,以便于对客户进行分级管理,从而使推销员在正式产品或服务的推销时能够有顺序、有计划地使用客户资料并拜访客户。

按照分级标准建立客户档案是科学推销的一项重要基础工作,也是一项非常细致的工作,必须踏实认真地去做。需要注意的是,推销员应根据实际推销活动的特定需要来制定分级标准,且该标准应随着市场推销环境和客户购买行为进行调整。在现代推销实践中,为提高管理效率,绝大部分企业采用 CRM(customer relationship management,客户关系管理)系统进行客户档案的新建和后续销售情况及销售活动的记录。推销员需要在 CRM 系统上实时记录和更新推销活动,以便客户资料查阅和未来进一步的销售分析。当客户的信息数据累积到一定量级之后,推销人员可以将客户进行分类分析,衡量和评估推销业务的投入与产出,尝试从中分析和总结推销业务的情况,更新客户分级,并寻找新的推销机会。

5.2 约见客户

当推销员寻找、审查并确定合格的潜在客户后,推销的准备活动就可以进入第二阶段,即约见客户。约见客户是推销接近的先导部分,能够成功地约见客户是顺利开展推销活动决定性的一步。

在了解推销约见的概念和意义的基础上,本节将详细介绍约见客户前的准备,约见的工作内容,以及约见客户的方法。

微课:约见客户

5.2.1 推销约见的概念和意义

约见客户是整个推销过程中的一个环节,在实际推销工作中,推销人员需要经常约见和拜访客户。推销人员如果忽视了约见这一必要环节,将给客户留下不专业的职业印象,进而对整个销售工作产生消极影响,导致推销活动不能顺利进行,甚至失败。

1. 推销约见的概念

约见客户,是商业约会的一种,推销约见是指推销员在拜访前事先征得目标客户同意后再行见面的过程。约见作为推销过程的一个环节,既是接近准备的延续,也是接近过程的开始,对整个推销活动有着承上启下的重要作用。

2. 推销约见的意义

(1) 约见有助于提高拜访的成功率。不打搅顾客的正常工作和生活,是推销的基本礼仪,且不做任何预约便上门拜访,很可能因为客户对陌生人的警惕和不信任而导致造访的失败。因此,拜访顾客一定要事先预约。

(2) 约见有助于提高时间效率。在当前快节奏的工作和生活环境下,客户对时间的安排通常都比较严格。为了不浪费客户与推销员双方的时间和精力,少吃"闭门羹",最合适的做法就是事先与客户约定拜访时间。这样做有助于合理安排推销员的工作时间,提高推销效率。

(3) 约见有助于提升推销人员的业绩。采用预约的方式事先征得顾客的同意,既表示了对客户的尊重,又有利于取得顾客的信任,容易形成融洽的沟通气氛。且确定拜访时间便于客户和推销员双方做好对该次沟通的准备工作,在双方都有准备的情况下,会谈可以快速切入正题,并让双方在有限时间内进行深入沟通,这无疑能够增加推销员销售产品或服务的可能性,对推销人员提高业绩有一定的帮助。

(4) 约见有助于推销活动的整体规划。推销员事先约见客户,有助于制订合时宜的洽谈计划,从而进行推销预测,制订可靠的行动方案,推动洽谈的顺利进行,为洽谈成功和整个推销活动的成功奠定基础。

在推销过程中,推销员所要拜见的客户情况非常复杂。有的客户对推销员的造访并不反感,还表示欢迎。但也有不少客户,尤其是一些身为主管或官员的客户,由于本身工作繁忙,害怕受打扰,对推销员非常反感,甚至拒之门外。在拜访顾客时,推销员吃"闭门羹"的现象屡见不鲜。因此,为了成功接近客户,顺利地开展推销活动,提高推销工作效率,推销员必须重视约见这一环节。

5.2.2 约见客户前的准备

案例 5-5

小李的推销准备

小李具有丰富的产品知识,对客户的需要很了解。在拜访客户之前,小李总是要掌握客户的一些基本资料。小李常以打电话的方式先和客户约定拜访时间。

今天是星期四,下午四点刚过,小李精神抖擞地走进办公室。小李今年35岁,身高1.8米,深蓝色的西装上看不到一丝皱褶,浑身上下充满朝气。

从上午七点开始,小李便开始了一天的工作。小李除了吃饭的时间,始终没有闲过。小李下午五点半有一个约会,为了利用四点至五点半这段时间,他便打电话给客户约定拜访时间,以便为下星期的推销拜访做安排。

打完电话,小李拿出数十张卡片,卡片上的客户都是居住在市内商业区内,卡片上记载着客户的姓名、职业、地址、电话号码以及资料的来源。小李选择客户的标准有年收入、职业、年龄、生活方式和嗜好。小李的客户来源有三种:一是现有的顾客提供的新客户的资料;二是从报刊上的人物报道中收集的资料;三是从职业分类上寻找客户。

在拜访客户以前,小李一定要先弄清楚客户的姓名。例如,想拜访某公司的执行副总裁,但不知道他的姓名,小李会打电话到该公司,向总机人员或公关人员请教副总裁的姓名。知道姓名以后,小李才进行下一步的推销活动。

小李拜访客户是有计划的。他把一天当中所要拜访的客户都选定在某一区域之内,这样可以减少来回奔波的时间。根据小李的经验,利用45分钟的时间做拜访前的电话联系,即可在某一区域内选定足够的客户供一天拜访之用。

(资料来源:陈守则.现代推销学教程[M].2版.北京:机械工业出版社,2018)

销售人员在拜访客户前,最基本的约见准备工作,是对自己的职业仪表和工作心态进行相关准备。仪表上的准备就是根据职业礼仪,进行服装、配饰、妆容等方面的选择和整理,穿着正式或适合约见地点的服装,保持干净、整洁的仪容仪表。心态的准备就是指推销人员在面见客户之前,需要保持自信、积极的心态,相信自己可以取得一定的推销工作进展。面见客户时,自信乐观的言谈举止不仅可以让推销人员保持良好的职业形象,更是感染客户,说服客户的"潜规则"。

有的销售人员在拜访客户时,显得很盲目,约见客户后除了讲解所推销的产品和服务,不知道还能做什么。所以约见拜访的准备工作还需涉及推销拜访的各要点准备,推销工具、样品的准备,客户可能的问题的应对准备等。这要求推销员还需要做到以下几方面工作。

(1) 根据已经了解到的有关顾客的初步情况,做深入分析,做到知己知彼。一般来说,要了解客户行业状况、客户使用状况、竞争状况、所经营区域的市场潜力(市场饱和度、区域内客户规模的大小及数量、区域内的竞争者强弱及市场份额的比例、区域内适合销售该产品的行业多少,如学校、银行、事务所、机电生产厂等)。只有充分了解前述的几个因素,才能决定推销策略(如决定客户的拜访优先顺序和拜访频率,对不同行业客户的接触方法,对竞争产品的应对策略等)并制订销售计划,以便对区域内的潜在客户作有效的拜访。

(2) 在拜访前要注意所要拜访的客户对所推荐产品需要的程度和成交后的要求。满足顾客需求是推销工作的宗旨,在推销访问前推销员应站在对方的角度向自己多问问与销售相关的问题,设身处地地为顾客着想,自然就成为拜访前准备工作的重点。

(3) 找出共同点。安排洽谈时间、拟订推销要点、制订业务洽谈计划,都要以买卖双方的共同点为前提,否则将一事无成。

(4) 对洽谈所要达到的目的进行分析,要求具有层次性,既要有主要目标,也要有次要目标。目标要切实可行,既要考虑目标的科学性,又要使目标具有一定的弹性,留有余地。首先要尽力实现主要目标,当主要目标不能被顾客接受时,切莫形成僵局,而是要当机立断,做出某些妥协和让步,并推出次要目标。当然,这个次要目标不能过低,要保证不能低于公司的底线,其目的就是使洽谈不至完全落空、双方又都能达成一致的目标。这就防止推销员在一旦达不到主要目标的情况下措手不及,或是得不偿失,或是前功尽弃,一无所获,导致整个交易失败,白白浪费时间。

(5) 对潜在顾客进行再识别。根据购买欲望和购买能力,可将顾客分为三种,即有购买欲望者、有购买能力者、既有购买欲望又有购买能力者。第一种,虽有购买欲望,但无支付能力,购买是一句空话;第二种,虽有支付能力,但无购买欲望,推销员无论采取何种攻势,达成交易的可能性都很小;唯有第三种,是购买欲望和购买力同时具备的人,推销员只有对第三种人,即潜在顾客发动攻势,才能收到预期的理想效果。

(6) 争取与中断了购销关系的顾客建立联系,重新开展交易。在推销中,有许多以前曾有往来而现在却没有交易关系的顾客。有条件的话,可通过顾客档案和以往的销售记录,将这些顾客的有关资料调出来,加以熟悉后,可直接拜访,目的在于寻求与其再度交易的可能性和可行性。当然,对这些顾客的分析,应主要侧重于中止交易的原因,这可从主观和客观两方面入手。主观方面,推销员是否与顾客的关系不融洽;客观方面,是否已被竞争对手捷足先登,是否因销售地区发生纠纷而停止往来,是否因顾客家庭住址、工作单位变更而中断交易等。当调查出交易中断的问题后,可逐步谋求改善,重新开展交易,这也是一种重要的开拓客户的方法。

5.2.3 约见的工作内容

约见的基本内容就是要确定推销拜访的对象、目的、时间和地点,也就是要明确"四何",即何人、何事、何时、何地。

1. 确定拜访对象

进行推销拜访,要先确定具体的拜访对象。确定约见对象,就是要求销售人员弄清约见的究竟是谁,同时必须分清真正的客户和名义的客户。当然,快速找到有购买决策权的目标客户确实不是一件容易的事,推销员常常发现自己无法确定拜访对象对购买决策的影响程度。虽然推销员应该尽量设法直接约见购买决策人及其对购买决策具有重大影响的人,避免在无关或无权人员身上浪费时间,但在实际推销活动中,许多具有决策权的人往往把约见、拜访这类日常性工作全权委托给秘书、下属或其他有关接待人员负责处理。在这种情况下,推销员应该尊重有关接待人员,尽可能取得他们对销售工作的支持与合作。有些推销员在约见过程中还会给司机、保姆及其他有关人员赠送礼品,事成之后,推销员还会给予合作人员一定的酬谢。

需要补充的是,在对企业、组织这类大客户的销售中,决定成交的往往不是一个人,而是一群人,决策者、影响者、信息控制者、采购者、使用者等都是决定最终成交与否的关键人物。此时,推销员应尽力将他们"一网打尽"。

2. 明确拜访事由

推销员的使命不仅仅是推销产品,还肩负着进行市场调查研究,收集、整理、传递并反馈信息,以及服务顾客和建立顾客关系等多项重任。可见,现代推销员不仅要推销产品,而且要推销新技术、新观念、新的生活方式等。推销员要约见拜访顾客,应该具备一定的拜访事由。约见拜访顾客的目的和事由都是不尽相同的。一般来说,约见顾客的目的和事由主要有下列八种。

(1) 以认识客户为由。以给对方留下一个好印象为目的,并约定下次会谈的时间。

(2) 以进行正式推销为由。在约见客户时,推销员应该设法引起对方的注意和重视,向顾客说明拜访来意。若客户确实需要推销品,就会欢迎推销员的来访,并给予必要的合作。如果推销员坚信自己的推销品有利于某一特定的准客户,而该准客户又拒不接见时,推销员则可以适当运用一些推销技巧变换手法,换一种说法再约见客户。尤其是在人们对推销员抱有某种成见时,推销员更有必要讲究拜访技巧会见客户。

(3) 以从事市场调查为由。市场调查是现代推销员肩负的重要使命之一。推销员既要为直接推销进行准备,也要为企业经营活动提供决策的情报依据。换句话说,现代推销员既是企业的"喉舌",又是企业的"耳目";既是"外交官",又是"侦察员"。他们奔走在市场第一线,整天与消费者打交道,可以直接观察市场活动的动向,听取用户的意见。推销员以市场调查为由约见顾客,也比较容易为对方所接受,这既利于收集有关资料和情报,为进一步做好推销做准备,又可以避免强行推销,甚至还可能由市场调查转变为正式推销,甚至当面推销。

(4) 以提供服务为由。服务客户是现代推销员的又一项重要使命。在现代推销活动中,服务成为推销的保证,服务质量和产品质量一样重要,甚至比产品质量更为重要。服务最能打动客户,服务就是竞争力。正因为服务质量在现代市场竞争中起着越来越重要的作用,所以各工商企业和推销员都普遍重视为客户提供各种服务,包括售前、售中、售后服务。从理论上讲,推销本身就是一种服务,推销员就是服务人员。现代推销活动已经与各种销售服务不可分割地联系在一起。没有服务或服务不佳,推销便无从谈起。在推销中,利用提供服务作为拜访事由来约见客户,往往比较受客户的欢迎。这既可以完成推销任务,又可以建立推销员的商业信誉,扩大影响,为今后的推销工作开辟道路。

(5) 以签订交易合同为由。推销中,有时当面成交、当面订约、当面交货、当面付款;有时则需要进行多次推销洽谈才能达成交易。经谈判达成初步协议之后,一般还要签订正式的供销合同。推销员可以利用签订合同为拜访事由,当面约定下次会面的时间。

（6）以收取货款为由。推销是一种商品交换活动,货币作为交易的媒介在推销活动中具有特别重要的意义。今天,现代交易方式的中间环节越来越多,货款的支付方式也越来越多,如现金支付、转账支付、当面支付、延期支付、信用证支付、电子支付等。一方面,推销方式越来越复杂,内销、外销、包销、代销、回销、定销、试销、赊销、经销、展销、联销、直销、传销、换销、诱销、大型连锁等灵活的推销方式增加了推销员的工作负担,打破了过去那种"一手交钱,一手交货"的局面,更多的则是"先交货,后交钱"。另一方面,现代银行和商业银行业的发展,信用卡和记账贸易制度普遍盛行,分期付款长达几年甚至数十年,也使现代推销方式更加复杂。新的方式给推销员带来了新的任务,即如何收回货款。没有收回货款的推销是失败的推销。在推销活动中,推销员要注意调查推销对象的购买信用,加强售后服务,并且要把握适当收款时机约见顾客。利用收款作为拜访事由约见顾客,对方不好推托,但是推销员也应该体谅顾客的困难,既要防止出现呆账,又不要过于逼账。只要顾客不是轻言寡信,推销员就不应该强人所难。中国著名的饮料企业娃哈哈为避免应收账款风险,实行了"联销体"制度,如经销商要经销娃哈哈的产品,必须先支付一定数量的定金,款到发货。不过,实施这样做法的前提是具有良好的品牌基础,不是每一个企业都可以效仿的。

（7）以走访用户为由。在市场竞争日趋激烈的推销环境中,推销员甚至公司经理常常亲自走访已购买用户,征求意见,进行市场调查,密切主顾关系,实施客户固定化策略。利用走访用户的理由有计划地在固定周期约见客户,容易使用户产生好感,有利于维护长期的客户关系。选择适当时机走访用户,还可能使走访转变为二次销售,增加复购可能。

（8）以节日问候、礼品赠送等为由。具有远见卓识的推销员,应该认识到维护客户是推销之本。从长远观点来看,与客户搭建情感联络,保持与客户的熟悉,让客户能够想起你、记得你,有利于促进销售。推销员可以选择在一些特定的时间点,如特定节日,对客户进行快速拜访,同时可以选择性地赠送较好接收的礼品。例如在重阳节向65岁以上的客户送上果篮,并进行简短的寒暄,由此加深客户对自己的印象,联络感情。

案例 5-6

玉兰花带来的成功

推销员小石计划向目标企业客户陈总推销自己公司的产品。多次登门拜访,秘书都告知他陈总正在忙别的事情,没有时间见他。

小石没有气馁,仍坚持每周拜访。一次偶然的机会,小石发现陈总很喜欢玉兰花。于是之后的每次拜访,小石都会带一支玉兰花,虽然还是被拒绝见面,小石会麻烦秘书将玉兰花转交给陈总。

终于有一天,小石还未张口便发现秘书迎了上来,说"小石你好,老板正等着你呢!"

3. 约定拜访时间

约定拜访时间的主要目的之一就是要节省推销员和客户双方的时间。当然,对于一些特定行业的销售人员,存在直接上门拜访的情况(例如医药代表一般是直接走入医院和诊所进行药品的推销),但通常来说,建议推销人员先与客户确定合适的拜访时间。

拜访时间的选择是否妥当,直接关系到能否接近客户甚至整个推销活动的成效。一般情况下,以方便客户的主要态度为前提,在约定拜访时间时,最好是由客户主动选择约会时间。

一般来说,除了遵守约见的基本规则之外,推销员在约定拜访时间时还应该注意以下六个方面的问题。

(1) 根据拜访对象的特点选择时间。虑拜访对象的作息时间和活动规律,尽可能避开对方工作忙碌或休息的时间;考虑拜访对象的心境和情绪状态,尽可能避开在对方心境不好或心情不佳时登门造访。推销员应努力成为客户的朋友和知心人,帮助客户消除烦恼和忧虑。例如,当客户身体不适、家庭不和、事业不成、工作不顺的时候,推销员就不宜拜访。当然,推销员可以改变客户的心理状态,帮助客户解决各种问题,而不应知难而退。患难之中见真情,推销员应该急客户之所急,排客户之所难,解客户之所忧,这才是现代推销精神的真谛。有些客户心境不佳之际,正是推销员用武之时。例如,当某位客户因亲人去世而十分伤感时,就会有一位人寿保险代理前来表示安慰,送去推销员的一片真情。总之,推销员应该充分考虑拜访对象的个性和行动规律,设身处地地为客户着想,尊重对方的意愿,共同商定约会时间。

(2) 根据拜访的目的和要求选择时间。要尽量使拜访时间有利于达到访问目的,这是约定拜访时间的一条基本准则。不同的拜访对象,应该约定不同的拜访时间。即使是拜访同一个对象,拜访的目的不同,拜访的时间也应该有所不同。如果拜访的直接目的是正式推销,就应该选择有利于达成交易的时间进行约见,紧紧抓住每一个推销机会;如果拜访的直接目的是市场调查,则应该选择市场行情变化较大或其他有利时机进行约见,及时反馈信息,广泛搜集资料,制定新的推销策略,迅速做出灵活反应;如果拜访的直接目的是为用户提供服务,就应该选择用户需要服务的时候进行约见,做到雪中送炭;如果拜访的直接目的是签订正式合同,则应该把握成交的信号,及时约见客户,不可拖延,以免错过机会;如果拜访的直接目的是收取货款,就应该了解顾客的资金周转情况,选择对方银行账户中有余额的时候约见客户。

(3) 根据地点和路线选择拜访时间。在约见客户时,应做到拜访时间、地点和拜访路线相一致。一般来说,如果约在家里见面,就应选择对方工作以外的时间;如果约在办公室,就应在对方上班工作的时间;如果约在公园、电影院、游泳池、餐厅、球场或其他有关场所碰面,也要选择相应的适当时间。可以按照不同的推销范围和推销区域对推销对象进行划分,以便统筹安排推销计划。推销区域和范围的大小直接决定拜访地点和线路的安排,也影响拜访时间的选择。随着商品经济国际化的进一步发展,周游世界的推销员越来越多,而且随着交通运输和通信手段日益改善,推销区域不断扩大。因此,推销员必须改变旧的推销时间观念,适应新的推销节奏,在约定拜访时间时,要充分考虑拜访地点、路线及交通工具等因素的影响,保证拜见时间准确可靠,双方满意。

(4) 尊重拜访对象的意愿,留有充分余地。在约定拜访时间时,推销员应该尊重客户的意见,并要留有余地。推销员要把困难留给自己,把方便让给客户,宁肯自己等一小时,不让客户等一分钟。推销中,绝大多数的客户都乐于接受推销员在约定时间进行拜访,甚至专门腾出时间与推销员交谈。有时,推销员很难与那些整天忙个不停的人约定一个准确的时间,推销员在约定时间上要留有一定的余地。同时,由于各种偶然因素的存在,加上每次拜访过程本身的持续时间也难以预料,所以,除非有十足的把握和周密的安排,推销员不应该连续约定几个不同的拜访对象,以免一旦前面的会谈延长使后面的约会落空。

(5)讲究推销信用,准时赴约。拜访时间一经约定,推销员就应该严格守约,准时赴会。万一出现意外情况,如由于塞车、生病等各种难以预料的意外事件,造成无法在约定时间进行拜访时,推销员一定要设法通知客户,或者推辞约会,或者改日再会,或者另行再约,并做好向客户解释的工作,真诚地向客户道歉。如果一时无法及时通知客户,则应该在事后说明失约的原因,表示歉意。守约赴会是推销信用的一个方面,是推销道德的具体表现和文明推销的客观要求。严格守约可以提高推销信誉,给客户一个良好的"第一印象",顺利地由接近客户转入正式洽谈,造成有利的推销气氛,促成交易。

(6)合理利用拜访时间,提高推销访问的效用。客户导向的推销理念要求推销员把方便、时间让给客户,把困难、等待留给自己。现实中,不管双方约见的时间如何明确,总难免有个先来后到,发生令人焦急不安的等待现象。但是,作为推销员,主观上应该认真进行准备,拟订周密的访问计划,尽量避免不必要的等待及其他时间上的浪费。推销员一旦遇到等待时刻,要注意合理利用等待时间,可以先和客户打个招呼,然后开始忙自己的工作。

不同行业客户的沟通和拜访时间见表 5-2。

表 5-2　不同行业客户的沟通和拜访时间

所属行业	拜访时间
会计师	最好月中去拜访,月初和月末是他们最忙的时候
医生	上午 11:00—下午 2:00,最好是在雨天
行政人员	上午 10:00—下午 3:00
供销人员	上午 10:00 前或下午 4:00 后,雨天会更好
股票行业从业人员	避免在开市后,最好在收市后
银行工作人员	上午 9:00 前或下午 5:00 后
政府工作人员	工作时间内,切勿在午餐时间或下班前拜访
艺术家	中午前
药房工作者	下午 1:00—3:00,避开天气有变化的日子
饮食业	最好在下午 3:00—4:00,避开用餐时间
建筑业	大清早或收工后
教师	下午 5:00 后或放学后
主妇	上午 10:00—11:00
报馆或印刷业	下午 3:00 以后

(资料来源:刘俊,王曙光.业务员岗位培训手册[M].广州:广东经济出版社,2011)

4. 选择拜访地点

拜访地点的选择既要视具体情况而定,又要与拜访的对象、目的、时间和方式相适应。选择拜访地点的基本原则是方便客户,有利于推销。在选择拜访地点时,推销员应该遵循现代推销的基本原则,研究推销区域的推销环境及其变化趋势,综合分析,全面考虑,做出科学的决策。一般来说,下述五种场所可供推销员选择。

(1) 工作地点。对于工业消费品推销员,或对于推销对象为法人组织的推销员来说,最佳的拜访地点一般是推销对象的工作场所。因此,在拜访之前,推销员必须全面做好拜访准备,彻底调查和了解客户所在的工作场所和工作环境。

(2) 居住地点。对推销对象为个体客户的推销员来说,最佳的拜访地点一般是推销对象的居住地点。在这种情况下,推销员应该彻底调查了解客户的居住地点、居住环境和居住条件等,做到有备无患。

(3) 社交场所。随着生活水平的提高和生活方式的变化,现代社会的社交活动越来越多,这为推销员选择拜访地点创造了更多的选择机会。利用舞会、酒会、宴会等社交场合与顾客进行交流,能够获得意想不到的推销效果。以社交活动为媒介,和客户交朋友,要做客户的知心人,达到沟通思想、促进销售的目的。

(4) 公共场所。一般来说,公共场所不是理想的推销谈判场所,只有客户执意要在公共场所见面时推销员才选择公共场所作为会见的地点。

(5) 其他场所。主要指能休闲、放松的场所。对于那些整天忙碌,难得休息的客户,在征得对方同意后可选择旅游景点、度假胜地这样的场所作为会见地点。

5.2.4 约见客户的方法

销售人员想要最终成功约见客户,不仅要考虑约见的对象、时间和地点,还需要正确选择约见客户的方式方法。一般情况下,销售人员会选择面约、函约、电约、托约、广约、网约中的一种或几种方法进行客户约见,达成约见拜访的目的。

1. 面约拜访

面约拜访是指推销员与推销对象当面约定下次拜访事宜的一种约见方式。推销员可以利用与客户会面的各种机会进行面约。例如,在外不期而遇时,可以跟客户约定近期拜访;在客户对产品组合及报价有进一步沟通需求时,可以与客户约定有解决方案时进行再次拜访;在拜访结束起身告辞时,推销员也应该借机面约。

1) 面约拜访的优点

(1) 面约有利于发展双方关系。当面约见,天然有一种亲近感,且能及时得到客户的反馈,无形之中拉近了推销员与客户之间的距离,帮助推销员与客户建立起信任、亲密的关系。

(2) 面约信息传递准确、可靠,有时约见内容比较复杂,通过邮件、电话等方式难以表达清楚。

(3) 面约可以防止走漏风声,切实保守商业机密。

(4) 面约方式简便易行,节约信息传递时间和费用。

2) 面约拜访的局限性

(1) 面约的前提是推销员已经与客户见过面,有过初步沟通。对还未拜访过,或某些无法拜访或接近的客户来说,面约方式并无用武之地。

(2) 面约有一定的地理局限性,远距离的客户往往很难面约。

(3) 面约受时机的限制,有时很难碰巧遇到所要面约的客户。

(4) 效率不高。即使推销员完全可以及时约每一位客户,作为一种古老的约见方式,其效率也不高。

（5）面约一旦被客户拒绝，会使推销员当面难堪，容易造成被动的销售拜访局面，反而不利于下一次的接近和拜访。

2. 函约拜访

信函通常包括个人书信、会议通知、社交柬帖、广告函件等，函约拜访是指推销员通过各种信函约见客户的一种方式。随着互联网技术和现代邮政、快递的兴起和发展，信函往来变得既快捷又方便，尤其是电子邮件（E-mail）以其快捷的优势在商业活动中得到青睐和重视，以电子邮件进行沟通和交流已成为21世纪企业和个人寻找商机和推销商品的重要手段。

一般而言，推销约见信的写作和设计原则是简明扼要、重点突出、内容准确。语气应中肯可信、文笔流畅。措辞委婉恳切。

因信函发出后需要一定时间才能够获得信息反馈，对于发送给重要客户或沟通重要事项的传统信函可进行电话追踪，邮件可要求阅读回执。

3. 电约拜访

电约拜访是指推销员利用各种电信手段约见客户，主要是电话形式为主。电信推销的最大优势就是方便快捷，现代电信事业的发展给推销员提供了快速约见的通信工具，让推销员可以在短时间内接触更多的潜在顾客。但由于推销员未与客户直接见面，容易遭到客户的推脱和拒绝。这就要求推销员掌握一定的电话沟通技巧。开场白要简单明了，事由要充分，态度要诚恳，语气平缓、亲切；打电话时注意四周要保持安静；通电话时，随手记录好对方告知的重要信息。电话沟通步骤可以参考以下流程：①问候客户；②介绍自己和公司；③感谢顾客倾听；④道明约见事由和目的；⑤确定约见时间和地点；⑥再一次致谢。如被客户拒绝，也应对客户的接听表达感谢。

4. 托约拜访

托约拜访是指推销员委托第三者约见客户，从理论上讲，所有借助他人或他物约见客户的方法，都可以称作托约。托约包括留约、传约、转约、再转约等。所谓托约人，是指与推销对象本人有一定社会联系和社会交往的人士，包括对客户本人有一定社会影响的有关人员，如助理、秘书、朋友等。托约拜访的优点在于可以通过第三者与目标客户的特殊关系对其施加影响，从而克服约见障碍，顺利达成会面约定，节省时间，提高约见效率；也有利于反馈相关信息，改进推销工作。但能否找到合适的托约人，是推销员需要考虑的问题之一。

5. 广约拜访

广约拜访是指推销员利用各种广告媒介约见客户的一种方式，变上门推销为顾客登门求购，使推销人员处于积极主动的有利地位。这里所谓的广告媒介，主要指各种报纸、杂志、广播、电视、张贴或散发的印刷广告等。几乎所有的广告媒介都可以用来约见客户，当在约见客户较多或约见对象不太具体、明确，或者约见对象姓名、地址不详，在短期内无法找到的情况下，利用各种大众传播工具进行广泛约见或无特定对象约见，成效较好。

广约的优点：①约见对象覆盖面大、数量大；②能够吸引客户主动上门约见，节省推销时间,提高约见效率;③可以扩大推销员的影响,树立企业形象。广约的缺点:①广告针对性较差;②费用高;③客户每天接收各种各样的广告,可能较难引起目标客户的注意。

6. 网约拜访

网约拜访顾名思义是通过移动互联网进行约见,随着新媒体平台的发展,网约拜访逐渐兴起。推销员可以通过各种网上媒体平台搜索和浏览相关内容,并寻找潜在客户尝试约见。例如看到求购信息,推销员可以留言邀约拜访。使用这种方式拜访的优点在于快捷、便利、费用低、范围广,且不同的新媒体平台在一定程度上帮助推销员已经圈定了潜在顾客范围,例如,二手车销售可以使用"懂车帝""优信二手车"等 App 寻找客户并进行约见。同时,网约不仅可以非常容易地约见国内顾客,还为约见国外顾客提供了非常有效的途径。当然网约拜访的使用也有一些基本限制,例如,目标企业要有企业官网,目标个人要有相关求购意向或相关需求的透露。

在具体运用上述方法时还应注意以下两点:首先,需要根据具体情况确定具体的约见方式。离开了约见拜访的具体内容和具体的推销环境,就谈不上最佳的约见方法。其次,推销员应灵活运用各种约见方法,可以视实际情况单独使用一种,也可以交替使用或同时并用多种方式约见客户,确保万无一失。

5.3 接近客户

经过约见成功这一环节后,推销员礼节性拜访客户就进入正式接近阶段。与顾客的第一次接触是决定性的门槛,也是推销员最容易被拒绝的时刻。很多销售人员都知道这样一句名言:"接触顾客的前 30 秒决定销售成败。"如果闯过这一关,与客户建立了一定的联结,后面的销售工作就比较容易展开。接近客户在专业销售技巧上被定义为"由接触潜在客户,到切入主题的阶段。"接近的最初目的是引发客户对所推销产品或服务的兴趣,接近的最终目的是与客户进行洽谈并达成交易。

微课:接近客户

5.3.1 接近前的准备

推销接近是推销人员为进行推销洽谈而与目标客户进行的初步接触,接近前的准备就是为能与客户顺利完成"初步接触"奠定基础的必要工作。《礼记·中庸》有言"凡事豫则立,不豫则废。言前定则不跲,事前定则不困,行前定则不疚,道前定则不穷。"对推销来说也是一样,推销接近前的准备工作要求推销员能够事先做好必要的准备和周密的计划,能做到胸有成竹、循序渐进地接近客户,才有可能最终达成好的销售结果。

1. 推销接近准备的概念和意义

所谓推销接近准备,是指推销人员在接近某一特定准客户之前,进一步了解该客户的情况,并据此拟订推销方案的过程。能否成功接近客户,直接关系到整个推销工作的成败,要成功地完成接近阶段的任务需要精心策划和准备。接近准备工作的主要目的是搜集更多的准客户的资料，为推销拜访和洽谈做好准备。一定程度上，可以把接近准备看成顾客资格审查的延续。接近准备的重要性表现在以下几个方面。

(1) 接近准备是取得接近成功的基础工作。同约见客户一样，想要成功地接近客户也需要推销员做一定的准备工作，从而提高接近成功的概率。

(2) 接近准备有利于制定目标客户的接近策略。不同的客户，喜欢不同的接近方式。推销人员通过接近准备可以事先对客户的喜好、特点有一定程度的了解，选择客户乐于接受的接近方式，以不同的方式接近不同的客户。

(3) 接近准备有利于拟订推销洽谈计划。不同的客户对所推销产品或服务的具体需求可能不同，这就要求推销员能够针对不同客户关注的不同焦点进行推销活动。推销人员可以通过接近准备，更全面地了解准客户的有关情况，掌握最有效的说服方法，制订更合适、可靠的面谈计划。

(4) 接近准备有助于增强推销人员的信心。通过认真、充分的接近准备，推销员能够建立起销售自信，在推销活动的开展中就能够更加主动。如果推销员没有经过充分的准备就拜访客户，一般就会表现得比较胆怯，客户感觉到推销员的不自信后，也就难以和推销员建立起信任关系。

(5) 接近准备有助于推销人员避免推销工作中的失误。在工作中产生失误可能在所难免，但是对推销员来说，接近客户时的工作失误而导致的接近失败，在绝大部分情况下是无法弥补的，所以推销员应当有充分的准备。同时，推销员所面对的客户有不同的个性，而推销员只能加以适应。因此，推销员可以通过接近准备对客户的个性加以了解，避免在推销工作中触及客户敏感问题，减少推销工作中出现的各种失误。

(6) 接近准备有助于进一步认定准客户的资格。最后，接近准备工作需要收集更多的准客户信息，所以这实际上也是一个进一步审核客户资格的过程。

2. 推销接近准备的内容

推销工作涉及多方面的人际关系和各种复杂的情况，其准备工作的内容比较广泛，主要包括寻找可靠的接近准备信息来源、接近个体准客户的准备、接近组织准客户的准备、必要物品的准备、接近中可能出现的问题的准备以及其他必要的准备。

(1) 接近准备的信息来源。接近准备需要的信息主要来源有客户数据库中的客户信息，其他客户，其他推销员，阅读报纸、杂志，企业官方网站，一些专、兼职信息人员，可查询的机构(如工商局、统计局、行业协会和商会等)等。

(2) 个体准客户的接近准备。个体顾客作为单个的准客户，应收集的资料有姓名(一定要能够写好、读准)、年龄、家庭情况、职业，以及目标客户的文化水平、兴趣爱好、居住地点、购买能力等，这些都是推销员应当尽量去收集的信息。

(3) 团体准客户的接近准备。团体客户，例如各种企事业单位及其他社会团体组织，其最大特点是购买人的复杂性。团体客户的接近准备应包括组织名称、组织性质、组织人事、组织所在地点、经营状况等，推销员必须对其有所了解。同时，推销员也应当尽量了解目标组织的采购程序和财务程序的相关信息。在实际业务中，很多企业的采购是由业务部门决定的，但是公司采购部门会再次对销售方、采购价格等进行审核，财务部门也会对支付的方式、账期等有相关的规定。推销员应避免这类冲突,以免与业务部门达成销售意向后又前功尽弃。

(4) 必要物品的准备。一是推销员接近客户时,应随身携带如名片、笔记本、签字笔等个人工作必需品;二是所推销的产品或服务宣传册、说明书、价格表等销售用物料,有条件可选择使用平板电脑或笔记本电脑储存、携带和进行展示;三是销售中常用的各种票据、洽谈中常用的签字合同、推销中常用的订货单等销售书面文件,以便达成交易时尽快履行有关手续,不贻误时机。

(5) 接近中可能出现的问题的准备。推销员应做好解决接近过程中会遇到新问题的心理准备。不论推销员获得的信息多么准确,对推销接近规划得多么周密,在与客户的实际沟通中,还是不可避免地会遇到一些困难和问题。推销员应该对这些可能出现的问题做好应对的心理准备,并最好能够有灵活应变的措施。

(6) 其他必要的准备。其主要有销售礼仪准备,一般包括容貌、服饰的外表整理,以及礼貌的姿态和举止;心理准备,克服羞怯感,对自我、对推销的产品或服务充满自信,表现出销售热情。

5.3.2 接近客户的方法

为成功接近客户,提高客户接近效率,推销人员在正式接近客户时必须掌握一定的接近方法和技巧。常见的接近方法有以下三类。

1. 陈述式接近

陈述式接近是指推销员直接进行相关说明或进行相关表达,以引起客户注意和兴趣,进而转入洽谈的接近技术。陈述式接近主要有以下四种方法。

(1) 介绍接近法。介绍接近法是指推销人员通过自我介绍或他人介绍接近推销对象的一种方法,主要包括口头介绍和书面介绍两种形式。在推销中,因接近的对象不同,介绍的方式也有所区别。自我介绍法是指推销员自我口头表述,然后用名片、工作证等来辅佐证明以达到与客户相识的目的。他人介绍法是指推销员利用与顾客熟悉的第三者,通过电话、信函或当面介绍的方式接近客户。

(2) 赞美接近法。赞美接近法是指推销员利用客户求荣、求美的心理来引起客户的注意和兴趣,进而转入正式洽谈的接近方法。从心理角度讲,赞美接近符合一般人求荣、求美的心理。面对客户,推销员只要不抱有成见,总能找到一些可以赞美的地方。面对个人客户可以赞美他的长相、衣着品味、风度气质、才华成就等;面对组织客户,可以赞美企业规模、声誉、经营业绩等。值得注意的是,赞美一定要找准"点",要真诚,不可胡乱赞美他人,把缺点说成优点反而会适得其反。一般来说,对于个性严肃的客户,赞美应自然朴实,点到为止;对于对比较虚荣的客户,赞美可以适当夸张,略带恭维;对于年老的客户,应比较委婉地表达赞美;而对于年轻客户,赞美可以直接地表达。

案例 5-7

一个乳制品厂的推销员说:"王经理,我多次去过你们的超市,那里的客流比其他超市多很多,虽然是一个超市,但你们货柜摆放很有艺术性,产品的品位也很高,有很多省内外著名品牌的产品,一进商店就有购物的激情,还有服务员的服务也很到位,一切都井井有条,看得出来,王经理为此花费了不少心血吧,可敬可佩!"

听了推销员这一席恭维话语,王经理不由得连声说:"做得还不够,请多包涵,请多包涵!"嘴里这样说,心里却是美滋滋的。这位推销员用这种赞美对方的方式开始推销洽谈,很容易获得顾客的好感,推销成功的希望也大为增加。

(资料来源:陈守则.现代推销学教程[M].2版.北京:机械工业出版社,2018)

(3) 利益接近法。利益接近法,又称实惠接近法,是指推销员抓住客户的求利心理,通过说明所推销的产品或服务能够给客户带来的利益和好处,从而引起顾客的注意和兴趣,进而转入面谈的接近方法。在使用利益接近法时,推销员应注意两个问题:一是利益必须符合实际,不可夸张夸大;二是利益必须可以验证,才能取信于顾客。利益接近法是一种较为切实可行的接近方法。

(4) 馈赠接近法。馈赠接近法是指推销人员通过附送赠品来引起客户的注意和兴趣,进而转入正式洽谈的接近方法。一般来说,人们总希望无偿地获取一些东西,所以馈赠接近法符合一些客户求小利的心理。在推销中,推销员可以投其所好,向客户馈赠一些价值极小的物品,作为接近客户的见面礼。但小礼品应仅是接近客户的见面礼或媒介;礼品尽量与所服务的项目和所推销的产品有某种联系。很多公司会定制带有企业Logo的小礼品赠送客户,这有助于客户形成联想,加深对企业的印象;礼品的内容与价值必须符合有关规定,不可将馈赠变为贿赂。

课程思政:反不正当竞争意识

素材:了解商业贿赂行为,拒绝市场不正当竞争

视频:葛兰素史克(中国)涉嫌商业贿赂案

商业贿赂行为是指经营者采用财物或者其他手段进行贿赂,以销售商品或者购买商品,提供服务或者接受服务的不正当竞争行为。常见的表现形式主要有:给予回扣的行为,假借广告费、宣传费、促销费、咨询费、赞助费等名义给付或收受各种经济利益,以报销各种费用、提供旅游、娱乐等方式,违规附赠现金、物品行为等。为保障社会主义市场经济健康发展,鼓励和保护公平竞争,制止不正当竞争行为,保护经营者和消费者的合法权益,我国自1993年12月1日起施行《中华人民共和国反不正当竞争法》。2022年11月22日,国家市场监督管理总局公布《中华人民共和国反不正当竞争法(修订草案征求意见稿)》,向社会公开征求意见,意见反馈截止日期为2022年12月22日。

讨论:观看视频,讨论推销员在实际销售活动中为成功接近目标客户可以做什么,不可以做什么。

2. 演示式接近

按客户参与的方式不同,演示式接近可以分为产品接近法和表演接近法两种。

(1) 产品接近法。产品接近法是指推销员直接展示所推销的产品,引起顾客的注意和兴趣,从而顺利进入推销面谈的接近方法。这是一种凭借推销品独一无二或明显改观的特点,让产品"为自己代言"的方式。从心理角度讲,产品接近法符合客户认识和购买产品的心

理过程,给客户提供了亲自感受和操作产品的机会,调动客户了解产品的积极性。当然,想要使用这种方法,产品本身必须是有形的实物产品,且具有一定的吸引力;同时也要能够便于推销员携带展示,也经得起顾客反复接触和使用。

(2) 表演接近法。表演接近法是指推销人员利用各种戏剧性的表演活动引起客户的注意和兴趣,进而转入面谈的客户接近方法。在使用这一方法时,应注意四个问题:一是表演必须具有一定的戏剧效果,能够吸引客户;二是表演必须自然合理,能够打动客户;三是应尽量使客户能够沉浸剧中,成为重要角色;四是剧中所使用的道具最好是推销品及其他与推销活动有关的物品,以利于推销工作的后续进行,有效地促成交易。

案例 5-8

一位消防用品推销员见到顾客后尚未开口,就先从提包里拿出一件防火衣,然后将它放进一个大纸袋子里,用打火机点燃纸袋,当纸袋烧完后露出了仍然完好无损的防火衣。这一戏剧性的表演,使推销员不费口舌就拿到了订单。

3. 提问式接近

通过提问来接近客户是推销员经常使用的技术,因为提问能使销售人员更好地确定客户的需求。抓住客户的好奇心发问,或针对客户感兴趣的主要利益发问,不但能够引发客户的兴趣和注意,还能让客户积极参与到后续的推销活动中。提问式接近主要包含以下几种方法。

(1) 问题接近法。问题接近法是指推销员直接向客户提出有关问题,通过提问的形式激发顾客的注意和兴趣,进而转入洽谈的接近方法。提出的问题应突出所推销产品或服务的特点,或者能够解决客户什么样的问题,扣人心弦。例如,"您知道因为我们商家服务好,老客户续费率高达 80% 吗?""您想让产品的生产时间减少一半吗?"

(2) 好奇接近法。好奇接近法是指推销员利用客户的好奇心理接近客户的方法。好奇心是一种消费者的原始性动机,人们在日常生活中的各种行为有时多受好奇心的驱使。在推销中,推销员可以首先唤起客户的好奇心,引起客户的注意和兴趣,其次介绍推销产品的利益,最后迅速转入推销洽谈。使用好奇接近法时应该注意三种情况:①无论推销员利用语言、动作还是其他方式引起客户的好奇心理,都应该与推销活动有关;②无论利用何种手段去引起客户的好奇心理,都要在认真研究顾客心理特征的基础上,真正做到出奇制胜;③无论利用何种手段去吸引客户的好奇心理,都应合情合理,不能凭空捏造。

(3) 求教接近法。求教接近法是指推销人员虚心向客户进行讨教,利用向客户请教问题的机会,以达到接近客户目的的一种方法。求教的问题可以是推销品经营方面的问题,也可以是人品修养、个人情趣等方面的问题。但不论请教什么方面的内容,推销人员都应本着谦虚诚恳的思想,并遵循赞美在前,求教在后;求教在前,推销在后的原则。

(4) 震惊接近法。震惊接近法是指推销员设计或利用某种令人吃惊或震撼人心的事物来引起客户的注意和兴趣,进而转入洽谈的接近方法。例如,家庭防盗报警系统推销人员可这样推销接近:"您知道家庭被盗问题吗?根据公安机关公布的数据,今年家庭被盗比率比去年上升 15 个百分点。"在使用震惊接近法时,首先应注意无论推销员是以现有的客观事实、统计分析资料,还是其他手段来震惊客户,都应该与推销目的有关。其次应精心设计,确保能够取得一鸣惊人的效果,但不让客户感到害怕或惊恐。最后无论推销员利用何种手段去震惊客户,都必须讲究科学,尊重客观事实。

除了上述接近客户的方法,推销员还会使用到的接近方法包括但不限于:调查接近法——利用调查机会接近客户;问候接近法——利用各种机会主动跟客户搭腔,进而接近客户;聊天接近法——利用聊天机会接近客户;连续接近法——利用第一次或上一次接近时所掌握的有关情况,实施第二次或下一次的接近客户;服务接近法——通过为客户提供有价值的服务来获得顾客的好感和关注,从而接近客户。

5.3.3 正式接近

1. 接近客户的基本原则

(1) 因人制宜,文明接近。推销员要根据不同的客户对购买动机、购买价格、购买方式和购买行为的不同态度,甚至个人性格,使用不同的方式去接近客户。但在实际推销活动中,尤其是面向企业组织的推销,会有伴随着"买路财"的情况。有的销售人员会选择以大额礼品、礼金赠送或者宴请的形式贿赂客户(一般是企业采购的决策者),或承诺交易达成后给予客户一定的私人回扣或酬金,作为一名合格的销售人员,要坚守自己的职业操守,坚决反对商业贿赂行为,文明接近客户。

(2) 守时守约,讲究礼仪。守时守约,是作为一名推销员最基本的职业操守之一。客户愿意给予推销员沟通机会,一定要牢牢把握。如果确实有紧急情况发生导致推销员无法在约定的时间地点面见客户,应第一时间向客户说明情况,真诚致歉,如有可能,可以选择让其他销售同事代替赴约。同时,讲究职业礼仪、行为举止文明一直是衡量一个人道德素质高低的标准。推销员在推销过程中代表的不仅是个人,更是代表企业的形象和服务理念。不文明的接近客户的行为一定会受到客户的反感,导致接近失败,甚至影响到与其他客户的业务。

(3) 增强信心,真诚待客。推销员在与各种类型的客户接触的过程中,要保持推销自信。在遇到困难的时候,要敢于正视和克服困难,保持销售热情。真诚、用心地对待每一位客户,设身处地地为客户着想,认真解答客户的问题和疑虑。

(4) 把握客户心理,力戒强行推销。在接近客户过程中,必须坚持以客户为导向的推销理念,决不能强行推销。可以努力保持话语的幽默简洁,争取客户好感,从而促成购买;也可以多用肯定的说法让客户接纳自己及产品,不断寻求客户的认同感,从而达成销售。

(5) 控制时间,转入洽谈。接近客户只是推销过程中的一步,其目的不仅在于引起客户的注意和兴趣,更重要的是要转入下一步的推销洽谈。推销员必须善于控制接近时间,不失时机地展开正式推销。

2. 接近客户的步骤

初次接近客户可以参考以下步骤。

(1) 自信微笑。直视客户并微笑也可以视为销售技能之一。通过微笑,让客户感受到推销员的友善、亲切和对推销的热情与自信。

(2) 问候客户。以亲切的音调向客户打招呼,与客户握手的同时,正确称呼客户的姓名并致以问候。对客户的接见表示感谢。

(3) 自我介绍。不卑不亢地介绍自己的姓名和职务并双手递上名片,而后向客户说明来意,取得客户的初步信任。可以选择性地简介公司的行业和名称。

(4) 寒暄与赞美。可以选择客户感兴趣或熟悉的话题与其进行简单寒暄,拉近彼此间的距离。寒暄时可以灵活地对客户进行赞美,缓和客户对陌生人来访的紧张情绪。

(5) 巧妙沟通。建议通过由宽到窄的提问方式来探询客户的真正需求。如有合适的时机,也可以试探客户的购买意愿、心理价位、购买决策权等。

(6) 结束拜访。结束初次拜访,向客户陈述下次拜访的目的,并约定下次拜访的时间、地点。

也可以尝试遵循 A-I-D-M-A-S 模式接近客户。

(1) A(attention)引起客户注意。销售人员可以通过接近技巧,让客户对所推销的产品或服务产生好奇,对销售人员有良好的第一印象,这样就可以引起客户的高度注意。

(2) I(interesting)使客户产生兴趣。销售人员不仅要引起客户对产品或服务的注意,还要使客户觉得与推销员沟通是很投缘、很有意思的事情。

(3) D(desire)激发客户欲望。推销员在向客户推销时,要重点把握产品或服务的特点与客户需求或潜在需求的适配,放大和强调客户对产品或服务的兴趣与需求,激发客户的购买欲。

(4) M(memory)加深客户印象。当推销员引发了客户的购买欲,但客户没有立即采取购买行动,也应努力让客户对推销员个人有深刻的印象。

(5) A(action)促成行动。给客户留下深刻的印象后,最终还要促成他的购买。

(6) S(satisfaction)感到满意。销售人员应该让顾客感觉到,购买该产品或服务是一次非常愉快的购物体验。

 课程思政:学习雷锋精神,将雷锋精神融入客户服务之中

素材:中复三尺柜台绽放雷锋精神

视频:让雷锋精神在新时代绽放更加璀璨的光芒

"我们是中复学雷锋志愿者,我们愿意把一颗向善的心融入社会,让我们成为雷锋精神的传承者、实践者,把爱国、诚信、敬业、友善的精神传递给每一位顾客,把服务大众的热忱倾洒在岗位上,把爱的力量奉献在为顾客全心全意服务中。我奉献,我快乐!"这是北京中复集团"学雷锋志愿者"的学雷锋誓词。在中复人看来,每一天都是学雷锋日,正是凭着"诚信为本,为商必诚,服务至上"的企业宗旨,中复赢得了社会各界的认可。自 2008 年中复第一个学雷锋志愿岗在其工体店成立以来,公司广大员工便将学雷锋活动融入为顾客服务的时时刻刻,分分秒秒。

2013 年 5 月 7 日,中复大兴商场营业员巩伟正要下班,店内急匆匆地来了一位女士,想买一部性价比高的智能手机,巩伟耐心地为她服务。在交流中,巩伟得知她的手机在公交车上不慎丢失,现在要买一部手机,马上去补办电话卡,因为卡上的信息很重要。巩伟看到客人非常着急,于是就决定想办法尝试帮她找手机。其实作为门店销售营业员,以盈利为主,卖给顾客手机才是目的。但巩伟想:"虽然我们做销售为赚钱,但对社会而言,更重要的是

我们是服务人民的,作为公司学雷锋志愿岗的志愿者,我应该为顾客做得更多。"巩伟想到了"12580"生活服务热线,在他们帮助下找到了公交848路总台的电话,把这位女士手机丢失情况做了具体说明,请他们帮忙查找,并给公交站留下了这位女士家人的电话、她丢失本机的号码和巩伟的联系方式。这事过去没几天,那位女士拎了两大袋水果,来到大兴商场当面答谢巩伟。得知她手机找到了,巩伟感到很高兴,帮她把手机里的资料做了网络备份。那位女士说,一般商场的员工都是向顾客积极推销商品多挣钱增加收入,而中复的员工却是把顾客的利益放在第一位,设身处地为顾客着想,临走时她对巩伟说:"中复的员工真好,谢谢您,小伙子!"

(资料来源:首都文明网,http://xxgk.bjwmb.gov.cn/xcjy/t20140504_571454.htm)

讨论:观看视频,讨论销售人员在接近客户、服务客户时践行雷锋精神的好处和必要性。

本章小结

接近客户是推销过程中的一个重要环节,它是推销人员为进行推销活动而与目标客户进行的初步接触。能否成功地接近顾客,直接关系到整个推销工作的成败。

寻找客户、约见客户、接近客户是推销接近的三个重要步骤,是为正式的推销洽谈奠定基础。在寻找客户时要确定潜在客户范围,过程中要做好客户资格审查,并根据不同的推销目的采用不同的推销方法,根据客户优先级有的放矢地进行准备和约见;在约见客户前要做好约见准备,在约见过程中,要根据推销目的选择客户,再根据客户的特点选择不同的约见时间、地点和约见方法;在正式接近客户的过程中,要进一步做好接近的准备工作,接近客户时要遵守接近客户的基本原则,针对不同的客户选择恰当的接近方法。

巩固与应用

1. 主要概念

寻找客户的基本概念　准客户的概念及判定标准　"MAN"法则　客户资格审查　寻找客户的方法　约见客户的基本概念　约见客户的准备　约见拜访的工作内容　约见拜访的方法　接近客户的基本概念　接近客户的基本原则　接近客户的步骤　接近客户的方法

2. 复习思考题

(1) 什么是准客户?准客户的评定标准是什么?
(2) 客户资格评审包括哪些内容?如何确定客户的优先级?
(3) 约见客户的基本原则和内容是什么?
(4) 接近客户的基本原则和步骤是什么?

3. 课堂实训

实训背景:假设你是本章节引入案例中的刘伟,销售会议已经结束,要开始着手推销工作了。

实训目的与要求：掌握寻找客户、约见客户、接近客户的相关技能,并运用。

实训活动：

(1) 采用一定的寻找客户的方法,从班级中寻找至少二名潜在客户,并进行客户资格审查。

(2) 选用一种约见客户的方法,并成功约见一位目标客户。

(3) 接近客户并推销会员卡。

成果体现与检测：分享自己在实训中寻找客户、约见客户、接近客户的方式方法和任务体验,其他同学为他提出建议。

4．课外实训

任务：选择一样自己不再需要的产品,进行实际的"寻找客户、约见客户、接近客户"的二手物品推销实践。

目的：掌握寻找客户、约见客户、接近客户的相关技能,并运用。

要求：记录寻找客户、约见客户、接近客户的推销过程,与同学交流经验,写下本次推销实践的反思。

考核点：寻找客户的范围、约见客户的时间地点、接近客户的方法。

5．案例分析

为了这次美容讲座,我请了一个美容师做我的助手。我先讲了皮肤的肌理,护肤的常识,美容化妆的技巧,服装色彩的搭配。然后有人提问有关皮肤的一些问题,好在平时我注意翻看医学书刊,医学知识加上美容知识使我能圆满回答这些问题。最后又把大家分为两组,我和美容师分别给每个人做全套护肤美容和化妆,边做边讲解,并针对每个人的肤质特点提出建议。全部工作完成后,各位女士你看看我,我看看你,惊喜地发现化妆后的同事比平时漂亮多了,大家互相赞美着,气氛达到了高潮。我趁机宣传×芳化妆品是世界上知名品牌,它质量可靠,色彩时尚,款式品种繁多,无论何种肤质都能找到合适的一款等。当场就有一半人登记购买产品。

当天晚上,我来到工会主席家表示感谢,她客气地说："我还要谢谢你呢,你替我组织了一次很好的工会活动,说实话,我们工会的活动总是搞得有声有色,这在局里都是有名的。"我忙接上去说："是啊,有您这样一位开明领导,那是职工的福气啊。王主席,听说你们局挺大的,都有哪些单位啊?"她兴致勃勃地数出了一大串单位。我看着她若有所思地说："那些单位的工会主席肯定不如您年轻。""何以见得?"我肯定地说："只有心理年轻的人才会对美容化妆感兴趣。不管您岁数是不是比她们小,您心理年轻,人看上去就年轻。"她高兴地笑了。我又趁机说："王主席,您能不能帮我个忙,给我介绍一下那些工会主席呀?只要告诉我名字就行了。"我取出随身携带的小本子,记下她告诉我的名字、单位。我一边写一边故意自言自语道："焦化厂、炼钢厂,听说过,都在什么地方呀?王主席,如果我知道电话就好了。"她看了我一眼,说："帮人帮到底吧。"于是起身去找电话本,我忙拿出事先准备好的一瓶香水放到桌子上,说："您那么肯帮忙,我一定有所表示,我觉得这瓶香水气味最适合您,松木味,淡淡的,请您试试。"她高兴地收下香水,给了我一串电话号码。

我抄完号码后，又大胆地说："王主席，您能给他们打电话帮我约个见面的时间吗？"我心里清楚，这有些强人所难，她一定不会帮我这个忙的，不过没关系，我正等着她拒绝呢。果然，她犹豫了一下，拒绝了我的请求。我故意表现得非常失望，嘴上却说："没关系，我自己去找他们吧。王主席，我找他们时提到您的名字，您不会反对吧？"她似乎松了一口气，说："可以。"我大功告成，又与她闲聊了一会儿，告辞出来。

第二天，我按照名单上的号码开始打电话。"炼钢厂吗？您是工会张主席吧？您好，有色金属公司工会的王主席请我给您打电话,我是×芳化妆品公司的王小丽,最近我帮助他们单位搞了一次工会活动,效果非常好,王主席让我给您介绍一下,您能不能抽出时间咱们见个面呢？"

通过这种方法，我发展了几个公司的大量顾客，她们之中有人买全套化妆品，有的人只买单件，不论怎样，我对她们一视同仁，不厌其烦，周到服务，大家对我也非常满意。因此我的顾客像滚雪球般越来越多，销售量直线上升，收入也有了极大的提高。

（资料来源：陈守则.现代推销学教程[M].2版.北京：机械工业出版社，2018）

思考：本案例中，在寻找顾客、接近顾客的过程中，推销人员都用了哪些方法？推销员具备哪些素质和能力？

第6章 推销洽谈技巧

学习目标

知识目标
1. 明确推销洽谈的基本概念、内容和任务。
2. 熟悉推销洽谈的原则和程序。
3. 掌握推销洽谈的策略和技巧。

能力目标
1. 能做好推销洽谈的各项准备工作。
2. 能根据不同的目标客户制定相应的洽谈策略。
3. 能熟练应用推销洽谈方法。

德育目标
1. 自信心的养成及对国家民族的自信。
2. 养成具有互利双赢的思维。

案例导入

善于倾听的推销人员

小路是小商品城某知名文具店的推销员。他在小商品城入口处做了一个小型的产品说明会,以提升自己当月的销售业绩。

小路开场说道:"我想向你们介绍一下我们的环保纸张,这是一种新产品,不知道你们是否感兴趣。"接着,小路就开始滔滔不绝地介绍这种环保纸张的原理和特性,以及它对使用者健康的守护功能。说完,他就准备作示范,向客户证明环保纸的质量。其间,有几位客户试图发言提问,可小路并没有给他们机会,只顾着"一厢情愿"地向客户"灌输"这款环保纸张。

结果可想而知,小路还没来得及作示范,一些客户就已经走掉了;还有一些客户出于礼貌继续"听着"。毫无意外,最终小路的推销以失败告终。

营销启示:推销过程并不仅仅是讲解和示范,应该遵循推销对客户心理影响的基本程序,过程中时刻关注客户的反应,给客户表达想法或者提问的机会,倾听就是一种很好的洽谈技巧,合理地应用,才能产生好的推销效果。

推销洽谈是指推销人员运用各种方式、方法和手段，向客户传递推销信息，并设法说服客户购买产品和服务的协商过程。推销洽谈既是整个推销活动的中心环节，也是推销员最重要的工作之一，是实现成交的过程和手段。在现代推销环境中，推销洽谈的方式和方法在不断变化，现代推销洽谈可以利用人类所能利用的一切信息沟通工具，除面对面的直接洽谈外，还有电话、书信、电子邮件、新媒体工具等推销洽谈方式，学习推销洽谈技术，有助于帮助推销员有效地促进交易。

6.1 推销洽谈概述

6.1.1 推销洽谈的原则与任务

微课：推销洽谈概述

1. 推销洽谈的原则

推销洽谈的原则是指导推销员具体洽谈的准则。为了达到推销目的，实现洽谈的目标，推销员可采用灵活多样的方法和技巧说服顾客。但推销员无论采用何种手段、何种技巧，都得把握一个度，因此，都必须遵循以下原则。

1）针对性原则

针对性原则，是指推销员的推销洽谈必须体现推销目的，具有明确的针对性。这就要求推销员在进行推销洽谈时做到：第一，针对推销环境展开洽谈，不同的推销环境对推销活动的影响是不同的，也是极其复杂的。推销员就应该根据当时的推销环境，随机应变地进行推销活动。第二，针对顾客的购买目的和购买动机展开洽谈。顾客购买推销品的目的是不一样的，有的看重推销品的使用价值，有的在意推销品的售后服务，有的关注推销品的精美包装，有的则注重推销品的品牌能够彰显使用者的身份和社会地位等。推销员就应该根据不同顾客的购买目的和购买动机推销产品的某些特性和价值。第三，针对顾客的个性心理展开。不同的顾客，由于其性格、能力、兴趣、受教育程度、职业、经济条件以及人生观、价值观的不同，形成不同的需求，购物的个性心理也不尽相同。推销员应根据顾客不同的购物个性心理采取不同的洽谈策略，才能够无往不利，推销成功。第四，针对推销品的特点展开洽谈。卖什么吆喝什么，推销员在洽谈中应根据推销品的特点设计洽谈方案，恰到好处地宣传、说服，以引起顾客的关注，灵活地运用各种推销方式、方法进行有的放矢的产品推销，取得洽谈的好成绩。

2）诚实性原则

古代杰出的思想家、纵横家，孔子的得意门生子贡，在潜心经商之术之后成为中华儒商鼻祖。在《论语》中，有多处记载子贡与孔子探讨"信"的问题，子贡知"信"乃立足之本，没有"信"一切就荡然无存，他坚持"言必信，行必果"，最终达到"忆则屡中""义利双赢"的最高经商境界。可见，在推销洽谈过程中，诚实是推销员最基本的行为准则。

诚实性原则，是指推销员在推销洽谈过程中切实对顾客负责，真心诚意与顾客进行推销洽谈。一个推销员在顾客面前应表现出诚实、热情、善意、友好等，就如推销大师吉拉德所说的："诚实的人品是推销之本。"推销员在推销中失去诚实，就意味着失去顾客，甚至会永远地失去顾客。诚实性原则要求推销员做到"三真",即:真话,实事求是地向顾客传递推销品信息,力争取得顾客的信任;真身份,出示真实可靠的身份证明和推销品证明,打消顾客的疑虑,坚定顾客的购买决心;货真价实,树立良好的推销信誉。

3) 鼓动性原则

推销洽谈其实就是一个沟通的过程,在这个过程中,推销员先得让顾客喜欢、接受自己,才会产生信任感,从而对所推销的商品产生兴趣,最终购买它。在实际推销洽谈过程中,要求推销员的谈话必须具有一定的鼓动性,以激发顾客的兴趣。

鼓动性原则,是指推销员在推销洽谈中用自己的信心、热心和诚心,以自己丰富的知识有效地感染顾客,说服和鼓动顾客采取购买行动。

为此,推销人员应始终抱有成功的信念,克服身份、角色的自卑心理,热爱自己的推销工作,热爱自己的顾客,同时要有丰富的产品知识及企业知识,只有这样,才能说服顾客达成购买。

4) 倾听性原则

推销洽谈成功的一个重要的因素就是要具备聆听他人讲话的能力和耐心。倾听性原则,是指推销员在推销洽谈过程中,不要只向顾客传递推销品信息,而是要注意倾听顾客的意见与要求。倾听,会使顾客感到推销员对自己的尊重,没有给他施加压力;倾听,会使顾客感到推销员在尽心了解自己的各种问题,以便为自己提供真正有效的服务。聆听不仅能建立信任,而且能使推销员准确地获取信息,促进推销洽谈的成功。

5) 参与性原则

参与性原则,是指推销员在推销洽谈过程中,积极地设法引导顾客参与推销洽谈,促进信息双向沟通。坚持参与性原则,有助于顾客进一步了解推销品的功能、特点,熟悉推销品的使用方法,有利于顾客加深对推销品的印象,诱发顾客的购买动机。因此,它要求推销员必须掌握推销洽谈的主动权,在控制推销洽谈的局势和发展进程的前提下,消除顾客的戒备心理,充分调动顾客的积极性,引导顾客发表意见,参与洽谈,促使顾客做出购买决策。正如原中央电视台体育频道解说员黄健翔,在意大利对澳大利亚比赛时那一番"在这一刻他不是一个人在战斗,他不是一个人!"的激情解说词一样,推销洽谈的过程也不是"一个人在战斗"的事业。洽谈,不是一出独角戏,不是一段单口相声,而是两个人的交谊舞和对口相声。也就是说,推销洽谈需要推销员和顾客的积极参与。

6) 善于沟通原则

在人与人的交往中,首要的是必须找出共同点,本着"物以类聚,人以群分"的道理,当人们之间相似之处越来越多,彼此就越容易接纳和欣赏对方。在实际推销洽谈过程中,要求推销员遵守"善于沟通原则",使自己快速地与顾客彼此接受,相互喜欢。

善于沟通原则要求推销员在情绪、生理状态、语言方式等方面与顾客产生共鸣,处于同一状态,使洽谈取得同步的协调,促进推销的顺利进行。情绪上同步就是在情绪上、注意力上和沟通对象处于一个状态,让对方感到你能够理解他,明白他的感受,让对方感到自己是被尊敬、被接受的。生理状态上同步就是推销员争取与顾客所使用的语言、说话的语气、音调、态度、表情、手势和举止动作处于同一种状态,进而产生共鸣,使顾客产生一种亲切感和依赖感。语言方式同步就是要求推销员听得出顾客的惯用语,并时常用这样的口语,使顾客对你产生好感,使洽谈更加投机。

7) 自信原则

成功者之所以成功,是因为他们相信自己一定可以成功,坚定的信念是成功之本。因此,对于推销员来说,在推销洽谈时应该坚持自信的原则,让对方被自己的自信感染,接受你的推销。

肯德基的创始人山德士上校为了推销炸鸡配方走访了美国各地的餐馆,经历了两年1009次的失败后才获得成功。他虽然从来不曾公开炸鸡的配方,但公开了自己总结的7条成功秘诀,其中之一就是"经常相信你自己"。

谭一平在《推销精英的十年总结:中式推销》中说出了"自信比相貌更重要"的箴言。对于一个推销员来说,最可怕的就是你身上的那种自卑感,它会让你对自己缺乏信心。推销工作是所有工作中失败率最高的一种工作,如果你对自己都没有信心,也就发挥不出自己的最佳表现,你当然也就很难打动客户的心。面对客户的拒绝,推销员只有抱着"不定什么时候,我一定会成功"的坚定信念——即使客户冷眼相对,表示厌烦,也信心不减;只有这样坚持不懈地拜访客户,才能"精诚所至,金石为开",最终取得成功。如果你具备了这种高昂的自信心,那么你就能战胜各种困难,超常发挥自己的才能,最终获得成功。作为一个标准的推销员应该具备一种"舍我其谁"的自信。

 课程思政:自信心的养成及对国家民族的自信

素材:这十年:自信的中国

视频:这十年|自信的中国

这是充满变化的十年。"地球村"里,这样的一幕幕频频上演。全球化走到了十字路口。前进还是后退?重构还是削减?脱钩还是合作?时代之问,期待回答。

这是逆流而上的十年。时间线上,中国走出了这样一条奋进的路线:2017年开始,连续五年保持世界货物贸易第一大国的地位。从这一年起,吸引外资连续五年位居世界第二。2020年,中国货物与服务贸易总额跃居全球第一,成为全球第一贸易大国。

讨论:观看视频并讨论惊涛骇浪中,中国这艘大船何以冲破逆流,与世界深度连接?

2. 推销洽谈的任务

(1) 向顾客传递信息。向客户传递信息、介绍情况是为了说服客户达成交易。推销人员必须向客户全面介绍推销品的情况以及生产企业的情况,包括生产企业、品牌、产品功能、质量、价格、服务、市场份额、市场地位等情况,客户只有在对相关各方面信息有一定了解的情况下,才能做出购买决策。在洽谈之初,推销人员要将自己所掌握的产品、技术、服务等有关信息迅速传递给客户,以帮助客户尽快认识和了解推销品的特性及其所能带来的利益,增加客户对推销品以及生产企业的好感,诱发客户的购买兴趣,为客户进行购买决策提供信息依据。需要注意的是,推销人员向顾客传递信息的时候要做到客观、实事求是。

(2) 展示推销品。从消费行为学的角度讲,只要能够发现人们的购买需求和动机,就可以预测和引导人们的购买行为。购买行为是受购买动机支配的,而动机又源于人的基本需要。为此,推销人员在洽谈开始前要对客户的需求做一下总结,在洽谈的时候就可以投其所好,根据顾客的需求来展示推销品。一种产品的功能和利益往往是多方面的,不同客户的需求点往往是不一样的,推销员要善于发现顾客的真实需求,针对不同顾客的不同需求点进行推销品的展示,达到诱发顾客购买欲望的目的,否则即使推销员面面俱到地讲解也不一定能引发顾客的购买欲望。

(3) 恰当处理客户异议。推销洽谈是推销人员与顾客之间反复双向沟通的过程。在这个过程中,顾客接收到推销人员传递的有关推销品的信息后,经过分析会提出一系列的看法和意见,这就是顾客异议。有些时候,顾客异议并非是真实的,有些顾客为了压价会故意提出对产品的种种不满。但无论如何,顾客异议处理不好或不排除,就很难说服顾客达成交易。所以,处理顾客异议是推销洽谈的关键任务之一。

产生顾客异议既有来自顾客方面的,也有来自推销员方面的,比如顾客会因为推销人员所发出的信息不全面而提出异议;有时候则是因为顾客对推销品知识的不了解或欠缺产生异议。那么,一个优秀的推销人员必须掌握尽可能多的与推销品相关的知识。例如,手机推销人员必须是一位熟悉基本手机制造技术和使用技术的技术人员,化妆品推销人员最好是一位业余化妆师。只有这样,当顾客提出异议后才能准确、恰当地消除疑虑或异议,促使顾客做出购买决定。

(4) 有效促进顾客购买。推销人员寻找、接近并说服顾客的最终目的是要顾客购买推销品。顾客购买活动的心理过程,在需要认识阶段之后,还要经过情绪变化和意志决定两个阶段。在需要认识明确、动机诱发充分之后,客户会产生相应的情绪反应和意志行为,甚至会产生错综复杂的心理冲突。经过一番激烈的内心冲突顾客就会做出购买或不购买的决策。因此,推销人员在洽谈过程中,要准确把握客户购买决策形成前的情绪变化和心理冲突,利用理智的和情感的手段去激发客户的购买欲望。推销人员可以采用各种方式说服顾客,强调顾客购买推销品所能得到的利益,满足顾客的特殊要求,给予顾客一些优惠,提供优质的服务,强化顾客的购买欲望,巧用语言、态度、情景,有效促使顾客做出购买决定,采取购买行为。

案例 6-1

去了解客户的想法

一位销售电暖器的业务员,努力了一天,也没卖出去一台电暖器。这时,来了一位和善的老婆婆,这成了他唯一的希望。他费力地将电暖器的功能与优点都说完,满怀期望地问老婆婆是否决定购买,老婆婆摇摇头。

他不甘心地又说了一次:"我们的电暖器是最新的产品,您看外形多流线,不占空间,而且有五种最炫的颜色,怎么样,决定购买了吗?"老婆婆还是摇头。

沮丧的业务员不死心,接着说:"我们的电暖器,品质好,价格又比其他品牌便宜三四百元,还送永久免费服务,怎么样,买一台还是两台?"老婆婆还是摇头。

他终于决定放弃,临走前,他没忘了问老婆婆:"我们的电暖气这么好,您可不可以告诉我,为什么不买它?"

老婆婆笑着说:"你们的电暖器听起来真的很好,不过,你始终没有告诉我,它是如何帮助一个老太太在寒冷的冬天保持温暖的。"

营销启示：实践中，许多销售人员推销产品时就像案例中的业务员，总是滔滔不绝地讲："我们的产品……我们的服务……我们的信誉……我们……"强调的主体总是我们，而忽视了去了解客户的想法，如此，怎样才能知道客户的真实需求。

（资料来源：袁丽萍.成交高于一切[M].北京：中国言实出版社，2017）

6.1.2 推销洽谈的内容

推销洽谈的内容涉及面比较广，不同产品的洽谈内容各有不同，但其基本内容还是相同的。

1. 推销品

一般来说，有关推销品的洽谈可以从推销品的品质、特性等方面展开。产品品质是商品内在质量和外观形态的综合，是客户购买产品的主要依据之一，也是影响价格的主要因素。所以，产品品质是推销洽谈的主要内容之一，推销人员必须全面地向客户介绍推销品的质量、功能和外观特点，让客户对推销品有一个全面的了解，也可以把推销品获得的品质标准（如国际标准、国家标准、部颁标准，通过了 ISO9001、ISO9002、ISO14000 国际认证等）介绍给顾客。

产品特性指产品基本功能的某些增补，它也是产品差异化的一个常用工具，有助于吸引不同消费者，洽谈时可针对不同顾客的需求用推销品的不同特性来吸引顾客做出购买决策。

此外围绕推销品的数量开展洽谈也是重要的一个方面，产品数量的多少直接关系到交易规模以及交易价格，在推销洽谈中，买卖双方应协商采用一致的计量单位、计量方法，通常情况下是将数量与价格挂钩，成交数量大时，产品的价格会有优惠。

2. 价格

成交价格的高低，直接影响交易双方的经济利益，所以价格是推销洽谈中最重要的内容，也是洽谈中极为敏感的问题。买卖双方能否成交，关键在于价格是否适宜。在洽谈中，买卖双方要考虑与价格相关的成本、付款条件、通货膨胀状况、彼此信任与合作程度等有关因素，商定一个双方都满意的价格。

在推销品交易中，货款的支付也是一个关系到双方利益的重要内容。在洽谈中，双方应确定货款结算方式及结算使用的货币、结算的时间等具体事项。

3. 销售服务

销售服务是顾客极为关心的内容之一，所涉及的服务项目有以下五个方面。

（1）按时交货是顾客的基本要求。能否按时交货，受生产和经营能力、运输能力、供应能力等因素的制约，顾客提出一定交货时间后，推销人员要汇集各种综合因素，加以考虑。

（2）推销人员应提供送货、运输方式、地点等方面的服务。

（3）推销人员应提供售后维修、养护、保管等方面的服务。

（4）推销人员应提供在技术指导、操作使用、消费需求等方面的服务。

（5）推销人员应提供零配件、工具、供应等方面的服务。

在洽谈过程中，推销人员和企业应尽量满足顾客的正当要求，以解除顾客的后顾之忧。

4. 保证条款

保证条款的主要内容是担保。在推销品交易活动中，卖主对售出的推销品要承担某种义务，以保证买方的利益，这种卖方的义务和责任称为担保。一项日期较长、数量、金额较大、风险较大的推销品交易，权利方都要求义务方提供担保。为限制卖方售货后不执行担保行为，有必要洽谈保证条款。

为了预防意外情况和随机因素对合同执行的影响，应就合同的取消条件以及履约和违约等有关权利、义务进行洽谈，并对合同纠纷中引起的诉讼及处理办法进行协商，以免引起不必要的麻烦。

6.2 推销洽谈程序

推销洽谈是推销人员向顾客推销产品、沟通信息、吸引顾客的注意和兴趣、增强顾客的购买信心、开发新客户、维系老顾客的过程。合理的推销洽谈程序，能有效提高成交的效率，降低推销成本，提高推销工作的效益。

微课：推销洽谈程序

一般而言，推销洽谈程序大致可分为准备阶段、导入阶段、报价阶段、磋商阶段、妥协和协议阶段。每个阶段都有不同的基本要求和工作重点。为此，一定要掌握好洽谈的程序，循序渐进，逐步实现推销洽谈的目标。

6.2.1 推销洽谈的准备工作

"不打无准备之仗"，既是军事原则，也是指导推销的原则。在与顾客洽谈之前，做好一系列准备工作，将使推销人员在推销时胸有成竹。

洽谈前，推销人员需要冷静、认真地进行思考，把所有的推销要点认真地检查一遍，充分准备洽谈的内容，充分调动自身的积极因素，保持良好的精神状态。

推销资料、推销工具的准备也非常重要，充足的资料，好用的推销工具有助于促进洽谈的深入，提高洽谈的说服力。一般来说，推销工具应依推销人员本身的创造力产生，而非别人提供的，主要包括产品样品、模型、说明书、价格表、质量证明书、赠品等给顾客看的物品和访问计划表、记录本、合同文件、图章、价格表等推销人员本身的物品。

洽谈场所的准备也是一项重要的准备工作，推销洽谈并非都是在买方的办公室进行的，如果是在卖方的公司、展销会、订货会等地进行洽谈，卖方就要对洽谈场所进行准备。洽谈场所的准备包括房间、家具、文具、需要使用的相关设备等。

6.2.2 导入阶段

"良好的开端是成功的一半。"导入阶段是推销洽谈的起点，更是洽谈成败的关键。这一阶段的关键是营造一个良好的、适宜的、和谐的洽谈气氛，以引起对方对洽谈的兴趣。这样的气氛能为正式洽谈奠定良好的合作基础,为洽谈铺平道路。

案例 6-2

用赞美来开场

销售办公设备的推销员小孙如约来到客户赵总的办公室。

"赵总,您好!您这么忙还抽出宝贵的时间来接待我,真是非常感谢!"

"赵总,办公室装修得这么简洁却很有品位,可以想象您应该是一个做事很干练的人!这是我的名片,请多指教!"

"赵总以前接触过我们公司吗?我们公司是国内最大的为客户提供个性化办公方案服务的公司。我们了解到现在的企业不仅关注提升市场占有率、增加利润,同时也关注如何节省管理成本。考虑到您作为企业的负责人,肯定很关注如何最合理配置您的办公设备,节省成本,所以,今天来与您简单交流一下,看有没有我们公司能协助得上的。"

"贵公司目前正在使用哪个品牌的办公设备?"

听完小孙的介绍,赵总与小孙做了比较细致的沟通。

营销启示:小孙的开场白设计的如何?用赞美作开场白是非常好的方式,但赞美必须要找出别人可能忽略的地方,而且必须让客户感觉你的赞美是真诚的。赞美如若不真诚,就成了拍马屁,这样效果当然不会好。例如,"王总,您这办公室真漂亮。"这句话听起来像拍马屁。"王总,您这办公室设计得真别致。"这句话就是赞美。

影响洽谈气氛的因素有很多,如洽谈的环境、用具、人数的多少、言谈举止以及贯穿洽谈全程的各种情绪、沟通方式等。为了营造良好的气氛和引起对方的注意,推销人员可以从以下两个方面入手。

1. 注重仪表、讲究礼节

人与人的交往,对外表的第一印象是十分重要的,整洁美观的仪表易使顾客产生好感,留下良好的第一印象。推销人员要注意自己的仪表,穿衣服要遵循 TPO 准则(T:time 时间,P:place 地点,O:occasion 场合),即着装要适时、适地、适场合。衣服的档次要跟自己卖什么档次的产品相结合,如果卖高档产品就要匹配质地优良的衣服,如果与普通消费者打交道还是穿着朴素大方整洁为宜,穿的过于豪华让人感觉你卖的产品一定很贵。此外,推销员举止要自然大方,时刻注意举止行为。在推销产品之前,先推销自己,用自己良好的仪表仪态,给顾客留下美好的印象。同时,言行举止要文明、懂礼貌、有修养,做到稳重而不呆板、活泼而不轻浮、谦逊而不自卑、直率而不鲁莽、敏捷而不冒失。

2. 良好的开场白才能引起对方的注意

良好的开端是成功的一半,推销更是这样。开头语,尤其是第一句话说得是否得体,将直接影响你与顾客以后的交往。推销是从融洽双方感情、密切双方关系、创造一个有助于说服顾客的良好气氛开始的,而要创造出这种气氛,推销人员就必须仔细思考,说好"开场白"。

一般来说,对于初次见面的客户的开场白包括以下几个部分:感谢客户接见你并寒暄、赞美;自我介绍或问候;介绍来访的目的,突出给客户带去的价值;转向探测需求,以问题结束,让客户开口说话。

如果是一场大型的生意洽谈,往往需要经过多次约见顾客,在最初见面时,不适合直接进行实质内容的洽谈,最好选择轻松的、中性的话题。双方可以随便聊聊以下内容:①各自的经历。②私人兴趣爱好之类的问题。③对于彼此有过交往的,可以先叙谈以往经历和共同获得的成功交易。④寻找洽谈双方的共同点,比如相似的求学经历、同乡、共同认识某个人等。⑤讨论顾客需要。如果对方正好遇到需求难题,正好可以通过将顾客的需要作为话题去讨论,这样还可以节省时间、建立和谐氛围,契合推销主题。

6.2.3 概述阶段

概述阶段就是要表明自己的推销目的并介绍和示范产品。概述的时候内容要简洁,能够根据顾客的需求把握重点,态度要真诚,消除顾客顾虑;概述时还要注意隐藏自己不愿让顾客知道,或者顾客不应该、没必要知道的其他信息。推销人员如果太过"坦白",很容易造成过早亮出底牌而让自己陷入被动局面。这一阶段推销人员要以介绍清楚为目的,做到能不说的坚决不说,能少说的尽量少说。

在介绍产品的时候最好配合示范,并积极邀请顾客参与;控制概述的时间,不宜过长,否则容易冲淡主题,让顾客厌烦。

产品示范时推销员对产品的性质、类别、功能、特色以及它能为客户带来什么利益等都要明确。并要根据客户需求分析有侧重的对产品的特性和对客户的利益进行说明和展示。推销员在展示产品的时候可以采用菲比模式进行产品介绍;还可以用演示法,利用产品本身让客户摸一摸、尝一尝、试一试;如果产品是大件,很难搬到现场,如成套设备、商品房等,那可以用文字、图片、视频等工具进行演示;如果有些产品的功效很难通过文字或者语言让顾客相信,那推销员可以用证明演示的方法说服顾客,比如权威部门的鉴定证书;相关部门颁发的奖状、奖章;技术职能部门提供的数据、认可证明书,相关权威人士的批示、意见,知名人士的签字;消费者使用后的心得体会、来信来函等。要注意证明材料要真实可靠,具有权威性和针对性。

6.2.4 报价阶段

在报价阶段,推销洽谈双方分别提出具体的交易条件,使概述阶段的开场陈述具体化,它涉及洽谈双方的基本利益。因此,报价阶段是推销洽谈十分重要的阶段,是洽谈的核心和关键。洽谈一方在向另一方报价时,首先应该弄清楚报价时机与报价原则。一般而言,在对方对推销品的使用价值有所了解后才报价;对方询问价格时是报价的最好时机;报价时最好按照产品等级报价,价格有高有低,便于对方结合自身情况综合考虑。报价的原则一般要坚持做到表达清楚、明确,态度坚定、果断,不主动对自身价格做解释,尽量留有充分的磋商余地,便于对方讨价还价。

6.2.5 磋商阶段

这一阶段也称讨价还价阶段,是指洽谈双方为了各自的利益、立场,寻求双方利益的共同点,并对各种具体交易条件进行磋商和商讨,以逐步减少彼此分歧的过程。在这一阶段,双方都极力阐述自己的立场、利益的合理性,施展各自的策略和手段,企图说服对方按受自己的主张或做出一定的让步。磋商阶段是双方利益矛盾的交锋阶段,也是推销洽谈过程中的一个关键的步骤,是整个洽谈过程中最困难最紧张的阶段之一,需要双方付出较大的努力。它不仅是对双方毅力的考验,也是对洽谈双方谈判策略和技巧综合运用能力的检验。在此阶段,如果没有真正把握对方意图和想法,不可轻易做出妥协、让步。让步时不做无利益的让步,不做同等幅度的让步,不做过早的让步,不做大幅度的让步。

6.2.6 妥协和协议阶段

妥协和协议是推销洽谈的最后阶段。经过上述几个阶段的洽谈,情况逐渐明朗,洽谈已接近尾声,来到最终达成交易意向的阶段。当经过彼此的妥协让步,重大分歧基本消除,推销人员和顾客的意见逐步统一,趋势逐渐明朗,最终双方就有关的交易条款达成共识,于是推销洽谈便进入成交阶段。

在这一阶段,顾客内心里已经产生成交的意愿了,但是又不愿意自己先开口直接说出来。作为推销人员,这个时候应该把握好时机主动出击,用言语或者肢体行为向顾客发出想要成交的请求。等顾客明确表示接受请求的时候,推销人员应该对最后成交的有关问题进行归纳和总结,必要的时候最好根据整个洽谈讨论的内容起草一个协定备忘录。

备忘录不是合同或协议,只是双方当事人暂时商定的一个意向,是以后达成正式协议的基础。协定备忘录之后再签订合同或协议。

在协议阶段,因为基本分歧都已经解决,洽谈双方都等待成交的时刻,所以在心理上都有所放松。但是,洽谈如同一场比赛,不到最后一刻,谁都不知道结果如何。

作为推销人员,要谨慎准确地处理好善后事宜,否则,可能功亏一篑。完善有关协议的过程中要保持清醒的头脑,切忌喜形于色,并且结束之后要及时告辞,绝不逗留,不给顾客反悔的机会。

案例 6-3

某天销售顾问小刘在电话组值班,随机接到了一位想咨询桑塔纳轿车的客户,其简单询问车价后,小刘便留下客户电话并邀其来店赏车,之后小刘将该客户信息填入系统。

周末,小刘正在展厅值班,看到一位客户想咨询,于是上前问候,询问其是否和销售人员有预约,客户说有联系过但说不清具体姓名。小刘想到客户信息系统,于是便引导客户去识别,经过查询与攀谈原来就是那天电话中的客户。

"哦,原来是王师傅,您来怎么不和我说一声呀,我好迎接您一下呀!"

"没事没事,我就是今天正好路过,顺便也就进来了,所以也不麻烦你啦,哈哈……"

于是小刘便按照流程邀请客户入座,进行了认真的需求分析,了解客户的信息和购车目的,客户告知打算买辆桑塔纳,不过途观也挺喜欢的。原本就有台旧车,但是还有一个上海牌照没有上牌,年底之前一定要用掉,以避免过期,当然如果合适,客户也想买台好些的车,但问题是手头现金还不够。目前有套房子在出售,但还没有卖出去。

根据他所说的情况,小刘想到公司目前途观车是有促销优惠活动的,还有免息贷款政策,便用心地推荐了一下,并递上宣传资料,客户表示能考虑。在试驾之后小刘很自豪地告知客户途观自上市以来的王者地位,客户表示很认同,对途观车的性能也很满意。

"小刘啊,帮我算个最低价,如果可以我今儿就定下了哦。"

"王师傅,我觉得您考虑贷款最合适了,依您条件绝对没负担,而且还能提升用车品质,我帮您算算吧。"小刘拿出计算器仔细一算,客户还真满意,便在没有还价的情况下轻松订车了。

(资料来源:https://www.sohu.com/a/493445293_489617)

营销启示:案例中销售顾问小刘之所以能在确认客户是自己电话接触过后迅速能称呼客户并打招呼,则是其善用工具的效果。在展厅看到无人接待的客户,需要主动招呼下是否有什么需要帮忙的,积极主动很关键,不管是自己的客户还是同事的客户对销售人员来说,这也是一份该尽的责任。小刘的需求分析其实起到了承上启下的作用,否则主推桑塔纳也可成交,但对公司对个人的收益则会小很多。同时该案例的成功之处与小刘善于利用金融工具密不可分,其实客户是对价格敏感的,因为预算有限,但小刘巧妙地利用了途观的金融政策规避了这点,而且促使客户没还价,这点值得推广!

6.3 推销洽谈策略

推销洽谈策略是指推销人员为取得推销洽谈的预期成果而采取的一些行之有效的计策与谋略、安排和措施。不同的洽谈对象有着不同的兴趣爱好,他们的需求也不尽相同。但大量研究表明,客户的反应很多都是有规律可循,推销人员要学习掌握推销洽谈策略,提前对洽谈策略做好计划,以便起到事半功倍的作用,有效推动推销洽谈目标的实现。

微课:推销洽谈策略

6.3.1 互利型洽谈策略

互利型洽谈策略是建立在互利互惠、彼此合作的基础上的洽谈策略,是一种令双方都感到公平合理,强调诚意与合作的洽谈策略。

 课程思政:互利双赢

素材:中国大国外交

当一些大国始终不忘强国必霸的时候,中国提供互利共赢、共同发展;当一些大国在搞结盟对抗的时候,中国讲究的是相互信任、求同存异;当一些大国还在延续强取豪夺的老套路的时候,中国用"一带一路"

视频:中国大国外交

倡议,打造政治互信、经济融合、文化包容的利益共同体和命运共同体;当一些大国还在谈论文明冲突的时候,中国告诉大家,文明和谐共生、世界绚丽多彩。这就是中国特色大国外交的魅力。

讨论:观看视频,从中国大国外交策略可以学到什么智慧运用到生活当中?

1. 开诚布公策略

开诚布公策略是指推销员在洽谈过程中,持诚恳、坦率的合作态度向对方吐露己方的真实思想和观点,客观地介绍己方情况,提出要求,以促使对方进行合作,使双方能够在坦诚、友好的氛围中成功地交易。随着"双赢"思想的普及,这种开放型策略是近年来许多推销员愿意接受和采取的策略。

当然,开诚布公,并不意味着己方把自己的所有情况都毫无保留地暴露给对方,因为百分之百地"开放"自己是不可能的,也是不现实的,如何采用这一策略,也要视具体情况而定。

首先,并不是在任何推销洽谈中均可以适用这一策略。适用这一策略的前提是,双方必须都对洽谈抱有诚意,都视对方为己方唯一的洽谈对象,不能进行多方洽谈。

其次,注意洽谈进入什么阶段才能运用此策略。通常是在进入洽谈的报价阶段或交锋阶段。因为在此阶段,对方的立场、观点、态度、风格等各方面情况,推销员已掌握和了解,双方是处于诚恳、坦率而友好的洽谈气氛中,这时提出推销员的要求,袒露我方观点,应是较为行之有效的。

最后,适用这一策略,应针对双方洽谈的具体内容介绍有关情况,不要什么问题都涉及。如果你在某一方面有困难,就应针对这一方面进行侧重介绍,使对方了解你在这方面的难处以及解决的方案,因为这样易唤起对方的共鸣,认为你很有诚意。但应使对方感到,只要双方通力合作,就能战胜困难,并使之受益。这样,才能使双方更好地合作。

2. 休会策略

休会策略是指在洽谈的进行中遇到某种障碍或在洽谈的某一阶段,洽谈一方或双方提出中断洽谈,暂时休会的一种策略。这种策略能使洽谈双方有机会重新思考和调整对策,推动洽谈的顺利进行。休会策略运用得当,能起到调节洽谈人员的精力、控制进程、缓和洽谈气氛等作用。

休会策略一般在下列情况中被采用。

(1)在洽谈某一阶段接近尾声时。此时的休会,可使双方借休息之机,分析讨论这一阶段的情况,预测下一阶段洽谈的发展,提出新的对策。

(2)当洽谈出现低潮时。洽谈双方如果感到疲劳,精力难以集中,显然不利于洽谈,可适当休息,再继续洽谈。

(3)在会谈出现僵局时。由于洽谈各方的分歧加大,出现僵持不下的局面时,可采用休会的策略,这能使双方有机会冷静下来,客观分析问题,而不至一味沉浸于紧张的气氛中,不利于问题的有效解决。

(4)在一方不满现状时。如果对方出现不满情绪,为避免对方采取消极态度对待洽谈时,就应休会,以使对方调整,有利于洽谈的顺利进行。

(5) 在洽谈出现疑难问题时。如出现难以解决的新情况，休会后各自进行协商，提出处理办法是一种很好的避免洽谈障碍的方法。

3. 以退为进策略

以退为进策略是指以退让的姿态作为进取的阶梯，退是一种表面现象，由于在形式上采取了退让，使对方能从己方的退让中得到心理满足，不仅思想上会放松戒备，而且作为回报，对方也会满足己方的某些要求，而这些要求正是己方的真实目的。其具体做法主要有以下几种。

(1) 替己方留下讨价还价的余地，作为推销人员，一般情况报价要高些，但注意无论何种情况，报价务必在合理的范围内。

(2) 不要急于袒露己方的要求，应诱导对方先发表其观点和要求，待机而动。

(3) 让步有策略，可以先在较小的问题上让步，让对方在重要的问题上让步，但让步不要太快，因为对方等得越久，就会越珍惜。

(4) 在洽谈中遇到棘手问题时，应表示出愿意考虑对方的要求，使对方在感情上有被接受的感觉。

4. 润滑策略

润滑策略是指洽谈双方在相互交往过程中，互相馈赠一些礼品，以表示友好和联络感情的策略，以促进洽谈顺利进行。

在使用此策略时，应注意下面一些问题。

(1) 所赠礼品应不带功利性，完全是为了联络感情，否则，会给对方一种"行贿"的感觉，甚至引起对方的反感。

(2) 要尊重对方的风俗习惯及个人兴趣，所馈赠的礼物应使对方接受、喜欢，绝对不能送对方忌讳的物品。

(3) 馈赠礼品也要选择适当的时机和场合，使对方感到很自然，易于接受。

5. 假设条件策略

假设条件策略是指进入正式洽谈的阶段，提出某种假设条件，来试探对方的虚实，使洽谈灵活机动，有利于互惠交易。

提出假设条件，应注意提出时机，把握火候。如果对一个已经商讨多时，几乎可以定下来的问题，就不应再提假设条件，这会打乱已谈妥的方案。只有在双方出现分歧，均在设想解决方法时，提出假设条件，往往能收到好的效果。

同时，在提出假设条件之前，应对假设成真后可能产生的结果有正确的估计。否则，一旦假设条件变成现实，或对方努力地实现这一假设条件时，而你又有其他的变动和要求，则会处于非常被动的局面。

6. 私下接触策略

私下接触策略是一种非正式会谈的方式，洽谈双方代表通过私下交往，建立感情，促进推销洽谈的策略。这种策略一般适用于洽谈双方的首席代表，进行私下接触时也要注意时机和地点。通常情况下,时机应选在休息时间,如果是对方能够自主支配的时间更好,前提是不打扰和影响对方的休息、正常的工作,地点的选择比较自由,凡是能够供双方消遣的地方均可。当然还要考虑私下接触的形式,要摸清对方的兴趣爱好,选择对方乐意和自己能够应付的形式,进而决定地点。私下接触的形式有很多,如聚餐、游玩、打球、看戏等,在这些活动中能够创造一种轻松愉快的气氛,利于获得更多的信息,有时甚至直接促成了洽谈的达成。一般来说,双方关系越亲密,合作的时间越久,私下接触的效果就越好。

7. 折中策略

折中策略是一种由双方分担差距,相互向对方靠拢,从而解决谈判分歧的做法。例如,当买卖双方价格相差 10 万元时,为结束洽谈,双方同意折中解决,即各让 5 万元。又如,一方同意降价 2 万元,另一方同意减少 2 万元的货物,以解决 4 万元的差距。

运用此策略应该注意选择好的时机,一定要在最后的条件决定之时;还应该审时度势,不宜率先提出折中的方案,以免离目标成交点相距太远。另外,值得一提的就是折中时考虑自己是否还有让步的余地,保留再折中的权力。

6.3.2 本方处于优势时的洽谈策略

1. 不开先例策略

所谓"不开先例",就是按照原来一些约定俗成的习惯做法去完成交易。不开先例策略通常是指在谈判过程中处于优势的一方,为了坚持和实现提出的交易条件,而采取的对己有用的先例来约束对方,从而使对方就范,接受己方交易条件的一种技巧。它是一种保护推销员的卖方利益,强化自己谈判地位和立场的最简单而有效的方法。

当然,顾客如果居于优势,对于有求于己的推销商也可参照应用。下面是电冰箱进货商(甲方)与电冰箱供货商(乙方)在关于一批电冰箱价格上所进行的洽谈实况。

甲:"你们提出的每台 1700 元,确实让我们感到难以接受,如果你们有诚意成交,能否每台降低 300 元?"

乙:"你们提出的要求实在令人为难,一年来我们对进货的 600 多位客户都是这个价格,要是这次单独破例给你们调价,以后与其他客户的生意就难做了。很抱歉,我们每台 1700 元的价格不贵,不能再减价了。"

在这个关于电冰箱价格的洽谈实例中,电冰箱供应者面对采购者希望降价的要求,为了维持己方提出的交易条件而不让步,便采取了不开先例的做法。对供应者来讲,过去与买方的价格都是每台 1700 元,现在如果答应了采购者要求降价就是在价格问题上开了一个先例,进而造成供应者在今后与其他客户发生交易行为时也不得不提供同样的优惠条件。所以,精明的供应商始终以不能开先例为由,委婉地回绝了对方提出的降价要求。供应者在价格洽谈中,成功地运用了不开先例的技巧,其原理是利用先例的力量来约束对方,使其就范。先例的力量主要来源于先例本身的类比性、习惯心理和对先例的无知。

先例的类比性是指谈判者所采用的先例与本次谈判在交易条件、市场行情、竞争对手等方面的相似程度,谈判者就可以根据先例与本次谈判的类比性用处理先例的方式来处理本次商务活动。要是谈判者所采用的先例和本次谈判没有类比性,那对方就会指出先例与这次谈判的不同点,这样,先例就起不到约束对方的作用。可见,先例要有力量,它和本次谈判的类比性是分不开的。

先例的力量不仅来源于先例的类比性,还来自对方的习惯心理。因为人们处理问题时往往都是以过去的做法为标准,面对同样的事情过去是怎样做,现在就该怎样做。过去的习惯(长时间以来形成的)成了唯一正确的不可更改的处理行为规范。有了这样的习惯心理,先例便自然而然地具有力量了。

除此之外,先例的力量还来自对方对先例的无知。"先例"之所以能够在洽谈中奏效,关键在于对方常常难以获得必要的情报和信息,来确切证明本方宣传的"先例"是否属实。当对方难以了解事情的真相,对本方宣传的"先例"没有真正破译时,对方只能凭主观判断,要么相信,要么不相信,再加之一些辅助手段的作用,对方不得不相信"先例",从而成为"先例"的"俘虏"。

不开先例技巧的核心是运用先例来约束对方。这里的先例是指同类事物在过去的处理方式。商务洽谈中采用的先例主要有三种情况:与对方过去洽谈的先例、与他人过去洽谈的先例、外界通行的洽谈先例。作为一个成功的商务洽谈者,在运用不开先例技巧中,必须充分运用好各种先例,为自己的洽谈成功服务。特别是在面对下列各种情形时,应运用不开先例技巧,如洽谈内容属保密性交易活动时;交易商品属于垄断交易时;市场有利于本方而对方急于达成交易时;对方提出的交易条件难以接受时。

2. 先苦后甜策略

先苦后甜策略是一种先用苛刻的虚假条件使对方产生疑虑、压抑、无望等心态,以大幅度降低其期望值;然后在实际谈判中待时机成熟的时候给予对方意想不到的优惠或让步,使对方满意地签订合同,己方从中获取较大利益的策略。

例如,顾客想让推销员在价格上做出让步,但又不愿增加订购数量,于是,顾客采用了"先苦后甜"策略。除了价格以外,顾客同时在品质、运输条件、交货和支付条件等几方面,提出了较为苛刻的合同条款,作为洽谈的蓝本。在针对这些条款的讨价还价中,顾客竭尽全力使推销员感到,在好几项交易条件上,顾客都忍痛作了让步。当转到价格谈判上时推销员已感到占了不少便宜。因此,顾客往往不费多少口舌就能获得推销员的价格让步。相反,推销员对顾客也可以采取该策略。

但是,任何策略的使用都有一定限度。在运用此策略时,起先提出的要求不能过于苛刻,"苦"要苦得有分寸,否则超过极限会让顾客失望而放弃洽谈。在洽谈中运用此策略时还要注意,提出比较苛刻的要求,应尽量是对方掌握较少的信息与资料的某些方面,尽量是双方难以用客观标准检验、证明的某些方面。否则,对方很容易识破你的战术,从而采取应对的措施。

3. 价格陷阱策略

价格陷阱策略,就是推销人员利用顾客担心市场价格上涨的心理,诱使对方迅速签订购买协议的策略。价格诱惑的实质,就是利用顾客担心市场价格上涨的心理,把对手的注意力吸引到价格问题上来,使其忽略对其他重要合同条款的讨价还价,进而在这些方面争得让步与优惠。

价格陷阱策略之所以行之有效,是充分利用了人们的心理因素。它利用了人们买涨不买跌的求购心理。市场上商品价格下跌时,人们一般不愿购买,期盼价格进一步下降;反之,市场上商品价格上涨时,人们唯恐价格继续上涨,积极进行买进。这种心理正好被价格陷阱策略所利用。价格陷阱策略利用了人们"价格中心"的心理定式,洽谈双方一般都将交易价格作为商务洽谈中最重要的条款,因为它是涉及双方利益的关键问题。价格在交易中的这种重要性往往使人产生一种"价格中心"的心理定式,认为只要在价格上取得了优惠就等于整个洽谈大功告成。

4. 规定时限策略

规定时限策略是指判断一方向对方提出达成协议的时间时限,超过这一时限,提出者将退出洽谈,以此给对方施加压力。这可以有效地督促双方的洽谈人员振奋精神,集中精力。因为,随着时限的迫近,双方会感到达成协议的时间很紧,会一改平时的拖沓和漫不经心的态度,努力从合作的角度出发,争取问题的解决。

在洽谈中,某方提出规定时限,开始并不能够引起对方十分关注,但是随着这个时限的逐渐迫近,提出时限一方不断地暗示,表明立场,对方内心的焦虑就会不断增加。尤其是当对方负有签约的使命时,他会更加急躁不安,而到了截止日期的时刻,不安和焦虑就会达到高峰。因此,在洽谈过程中,对于某些双方一时难以达成妥协的棘手问题,不要操之过急地强求解决,需要善于运用规定时限的力量,规定出洽谈的时限,向对方开展心理攻势。必要时,推销员还可以做出一些小的让步,给顾客造成机不可失、时不再来的感觉,以此来说服对方,达到推销目的。

价格陷阱策略和规定时限策略常常是一起使用的,效果显著。

5. 声东击西策略

声东击西策略指一方为达到某种目的和需要,故作声势地将洽谈的议题引导到某些并非重要的问题上去,给对方造成错觉。

使用此策略往往是为了掩盖真实的企图。比如"围魏"的真正目的是"救赵",而"项庄舞剑"其实"意在沛公"。有这样一个小故事,一位40岁左右的穷人对一家小超市的老板说:"老板,我老婆病了,你卖我一个纸箱吧,我给你一块钱。"善良的老板听后立即表示,"这些箱子都拿走吧,钱你留着,想办法赶紧为老婆治病。"多么厉害的穷人啊!用老婆生病引发老板的同情,以一块钱购买的名义,行乞讨纸箱之实,这便是声东击西的实际运用。在保健品界这种策略也被发挥得淋漓尽致,"脑白金"不说自己是改善睡眠的保健食品,而大力宣传它是一种健康礼品。

在运用声东击西策略时,往往采用和对方纠缠于某些方面,或在某些方面轻易让对方满意的手段,转移对方的注意力,从而获得相关的信息和有利的条件,迫使对方在另一些方面做出让步。比如买方知道卖方不能缩短交货期,但他却举出种种理由来说明必须缩短交货期,如不能满足,好像就吃了亏。如果对方接受了他的理由,就要在价格、运输、包装等条件上做出让步。其实,买方的真正目的就是想通过交货期的协商,来争取改善其他交易条件。

在使用此策略时,应注意:要有"声东"的条件和理由,才能不引起对方的怀疑;"声东"要逼真,"击西"也要自然,要找好过渡的台词;要了解对手的心理;要掌握好"击西"的时机。

6.3.3 本方处于劣势时的洽谈策略

1. 疲惫策略

疲惫策略也称"蘑菇"策略,是指在通过拉锯战,使对方疲劳、生厌,以扭转己方在洽谈中的不利地位,到了对手精疲力竭时,己方反守为攻,促使对方接受己方条件的一种策略。

在推销洽谈过程中,如果遇到趾高气扬、十分自得的对手,当他们以各种方式来表现其居高临下、先声夺人的挑战姿态时,"疲惫"战术是一个十分有效的策略。疲惫策略能使过于自信的对手感觉疲劳生厌,并能逐渐磨去他的锐气,从而扭转不利和被动的洽谈局面。

心理学研究表明,一般来说,性格急躁、外露、对外界事实富于挑战特点的人,往往缺乏耐心和忍耐力,一旦其气势被压住,自信心就会丧失殆尽,很快败下阵来。而遏制其气势的最好办法就是采取这种"马拉松"的战术,攻其弱点,避其锋芒,在回避与周旋中消磨其锐气,做到以柔克刚。

疲惫策略可以从以下五个方面运用。

(1) 连续紧张地举行长时间的无效谈判,拖延谈判和达成协议的时间。

(2) 在谈判中使问题复杂化,并不断提出新问题进行纠缠。

(3) 在谈判中制造矛盾,采取强硬立场,或将已谈好的问题推翻重来,反复讨论。

(4) 在谈判间隙,举行投对方所好的活动,使对方保持浓厚的兴趣,直至疲劳。

(5) 热情、主动地利用一切机会与对方攀谈,甚至在休息时间拜访对方,使对方缺少必要的休息。

在运用中还要注意,要求我方事先有足够的思想准备和人力准备,还要忌讳硬碰硬,应防止激起对方的对立情绪,导致洽谈夭折。

2. 有限权力策略

有限权力策略是指洽谈某一方使用权力的有限性。此策略的采用主要是因为受到限制的权力的洽谈者比大权在握的洽谈者处于更有利的地位。当洽谈双方就某些问题进行协商,一方提出某种要求,企图逼对方让步时;另一方反击的策略就是使用有限权力,可向对方表示:"在这个问题上,我无权答应你的要求"或"我和您无法争论既定事实"。这样做有以下好处。

(1) 是在以限制作为借口,拒绝对方某些要求、提议,但不伤其面子。

(2) 利用限制、借与高层决策人联系请示之机,更好地商讨处理问题的办法。

(3) 利用权力有限,迫使对方向己方让步,在有效权力的条件下进行洽谈。

当然,有限权力也不能滥用,过多使用这一策略或选择时机欠妥会使对方怀疑你的身份、能力。如果对方认为你没有洽谈中主要问题的决策权,就会失去与你洽谈的兴趣和诚意,这样只会浪费时间,无法达成有效协议。

3. 吹毛求疵策略

吹毛求疵策略是指通过再三挑剔，提出一大堆问题和要求来实现己方目的的策略，尽管有的是真实的，有的是虚张声势，但都可以成为洽谈的理由，达到以攻为守的目的。同时，从心理角度分析，顾客常常运用这种技巧讨价还价，可体现顾客的精明强干，促成推销员重视顾客，从而提高顾客洽谈的效果。

吹毛求疵策略能使洽谈的一方(大多时候是顾客方)充分地争取到讨价还价的余地，如果能善于运用，无疑会使其大受裨益；而买方恰到好处地提出挑剔性问题，是运用吹毛求疵策略的关键所在。只有掌握了商品的有关技术知识，才有助于对商品进行正确的估价，才能将毛病挑到点子上，使对方泄气。如果你在吹毛求疵时，面面俱到，抓不住重点，击不中要害，不但不足以说明问题，还会引起对方的怀疑，以为你在故意刁难他，这样，洽谈就很难进行下去了。

吹毛求疵策略在商场中已被证明是行得通的，但从相互立场来说，在推销洽谈实战中，面对顾客采用吹毛求疵的技巧时，推销员必须要有耐心，遇到了实际问题，要能直攻腹地、开门见山地和顾客洽谈。对于某些问题和要求，要能避重就轻或视若无睹地一笔带过。如果发现顾客在浪费时间、节外生枝，或做无谓的挑剔或无理的要求时，推销员必须及时提出抗议，并且向顾客建议一个具体且彻底的解决方法，而不去讨论那些没有关联的问题。

不过，千万不要轻易让步，以免顾客不劳而获。同时，推销员也可以提出某些虚张声势的问题来加强自己的议价力量。

4. 联合策略

联合策略是指推销员处于劣势时向顾客提出有利于顾客的交易以外的行为活动，通过这些行为与交易本身的联系促进交易达成。

当本方处在劣势条件时，联合策略是洽谈成功的有效方法。比如多个顾客之间联合起来，往往比单独求购的效果好。当然，推销人员之间也可运用联合的力量，或达成某种协议同时涨价；或同时停售产品，人为地造成市场短缺，然后加价抛售；或同时不联系某一买方，以示制裁；或联合展销，体现同行的力量。

5. 先斩后奏策略

先斩后奏策略也称"人质策略"，是指在洽谈中处在劣势的一方通过一些巧妙的办法"先成交，后谈判"而迫使对方让步的策略或技巧。其实质是让对方先付出代价，并以这些代价作为"人质"，扭转自己在谈判中的被动局面，让对方衡量所付出的代价和中止成交所受损失的程度，被动接受既成交易的事实。

有这样一个故事：一位司机在回家途中，汽车突然发生了故障，必须送去修理，汽车修理工发现是汽车的传动系统故障，预估修理费用约需150元。第二天，司机一到修理厂便知整个传动系统必须重新装配，因为整个传动系统有一半已被拆散了，地上全是被拆散的零件。修理工给司机一个选择的机会：要么付转盘的150元加上将传动系统拼凑起来的费用90元，共计240元；要么换一个600元的传动系统。和大多数人一样，司机思考再三，最终选择了后者。在汽车的传动系统被拆散后,这个修理工在商谈中已占了上风,因为他握有车身作为"人质",而司机不得不委曲求全。

在洽谈中,当推销员遇上顾客采取"先斩后奏"手法,如果不积极主动地加以反击,就会使自己陷入"生米煮成熟饭"、无可奈何的境地;相反,如果及时地推出对付这种手段的举措就会扭转被动局面。推销员可以采取以下四个措施。

(1) 不给对方"先斩后奏"的机会。

(2) 采取法律行动。

(3) 以牙还牙,针锋相对。当对方故意制造既成事实,威逼我们就范时,我们也可以采取同样的手段来对付对方,"以其人之道,还治其人之身",尽可能相应地掌握对方的"人质"。

(4) 做好资信调查,签署多种情况下的退款保证。

6.4 推销洽谈沟通技巧

推销洽谈不仅需要充足的准备、明晰洽谈任务、选择恰当策略,还需要高超的沟通技巧。说话要有技巧,沟通要有艺术,懂得什么时候提问、怎么问、问什么,还要知道什么时候倾听、什么时候答复、怎么答复,这些都是推销员应该掌握的推销洽谈沟通技巧。

微课:推销洽谈沟通技巧

6.4.1 推销洽谈中的提问技巧

1. 简单明确式提问

向顾客提出的问题应该简单明确,使对方一听就能明白,便于回答。但是要注意每次提的问题不宜过多,不然会令顾客产生紧张、厌烦的情绪或者记不住所提的问题。在使用此方法时,也可以借助简单明确的开场白,自然得体地将谈话导入推销主题,提出问题并引起顾客的购买兴趣。例如,一个推销食品搅拌机的推销员简单明确地问:"家里有高级的食品搅拌机吗?"男人怔住了。这突然一问使他不知怎样回答才好。他转过脸来看他的夫人,夫人有点儿窘迫但又好奇地答道:"我们家有一个食品搅拌机,不过不是特别高级的。"推销人员指着高级食品搅拌机回答说:"我这个是高级的。"很自然地,这对夫妇接受了他的推销。

2. 针对式提问

针对式提问是一种目的性很强的提问技巧,针对顾客的爱好,对顾客关心的问题进行引导。每一个问题的出现都不是无缘无故的,都是为了逐渐深入,转向洽谈话题的。例如,顾客问"贵公司的产品有哪些功能"。或者问"贵公司的产品相比同类产品有哪些优势"等问题,这个时候,推销人员可就此类问题发问:"请问您希望我们的产品有哪些特性?"这样的方式就是针对性的提问。

3. 封闭式提问

封闭式提问是指在一个问题中提示两个可供选择的答案,两个答案都是肯定的,这样的提问方式一般可以得到具体的回答。如产品的价格、需求量、需求周期等情况可以采用封闭式提问。对于这类问题，一般都是有具体而明确的回答，对方只要根据实际情况加以回答即可。如"您要一盒还是两盒？""要红色的还是蓝色的？"。

4. 启发式提问

启发式提问是一种声东击西、先虚后实、借古喻今的提问方法，以启发顾客对某个问题的思考并说出推销人员想要的回答。如一个顾客要买帽子，营业员问："请问买质量好的还是一般的呢？""当然是买质量好的！""好货不便宜，便宜无好货。"

5. 连续肯定式提问

连续肯定式提问是指推销人员在提问时力求所提问题便于顾客用赞同的口吻来回答，也就是说，推销人员让顾客对其推销说明中所提出的一系列问题，连续地回答"是"。等到要求成交时，顾客也往往会做出肯定的答复，这是惯性化心理使然。例如，推销人员要寻找客源，事先未打招呼就打电话给新顾客，可以说："很乐意和您谈一次，提高贵公司的声誉和营业额对您一定很重要，是吗？"一般情况下，对方都会给予肯定的答复。接着，推销人员就可以说："好，我想向您推荐在××平台上刊登广告，这将有助于提高贵公司在本地的声誉，对不对？""好的声誉就会带来好的效益，你同意这个道理吧？"等，这样让顾客将一路"是"到底。

案例 6-4

美国著名学者霍华曾经提出让别人说"是"的30条指南

寻找对方注意的东西。
让对方知道你很感激他的帮助。
如对方有重大困难，应帮助解决。
让他想到这个计划的惊险和兴奋。
与计划一样，自身必须保有足够的魅力。
答应给予报酬尽量多一些。
告诉他这个方案的成果和效益。
自始至终清楚地展现魅力。
告诉对方对其协助绝不吝惜支持。
给他将来必定成功的承诺。
采取有自信的态度。
让对方知道这计划非他不可。
将对方置于最具吸引力的位置。
决不对计划做类似辩解的事。
对对方打心底保持兴趣。
给对方制造快乐的气氛。

采取要得到首肯答案的行动。
把拒绝当成重新尝试的机会。
让对方看出你的亲切。
给对方承诺,这计划马上就有收获。
打动对方喜欢新事物的心理。
让对方了解,不光是取得,同时也要给予。
让对方自由地发表意见。
不要强迫对方。
自始至终站在对方的立场着想。
自然地行动。
态度不要生硬。
证明你的赞成,是因为它是最好的决策。
让对方知道,你愿意与他建立长期关系。
让对方认为,你并非是"取",而是在"给"。

营销启示:在洽谈的过程中,推销员应该把满足顾客需求贯穿于洽谈的每一个环节,处处为顾客着想,对症下药,使推销洽谈富有成效。只有真正地满足顾客的需要,顾客才能说"是",才能完成交易。

6. 诱发好奇心式提问

诱发好奇心式提问就是在最开始见面的时候就直接向顾客说明情况或提出问题,故意讲一些能够激发他们好奇心的话语,将他们的思想引到你可能为他提供的好处上。例如,一个信用卡推销人员想要见一位公司老总,准备洽谈他们企业集团办理信用卡的事宜。老总听说他的来意后便拒绝见他。回来后,这位推销人员想出了一个办法,他开始每天给这位老总写信,信的内容只有一句话"您能否告诉我如何创业,如何获得成功呢?"之后的所有信件的内容几乎都是关于个人创业,人生思考方面的讨论和请教,以及对老总当初由一名穷小子艰苦创业成为知名企业家的仰慕。一个月后,这位老总主动约见了这个推销人员。

案例 6-5

诱发客户好奇心成功接近顾客

以下是一个电话推销员与顾客的对话。

电话推销员:您好,周总,您现在说话方便吗?

客户:方便,哪位?

电话推销员:我是××公司的××,有件事想和您讲,又怕您怪我,不过我还是鼓起勇气,给您打这个电话。

客户:什么事情?

电话推销员:周总,昨天我偷了您的一件东西。

客户:嗯?你偷了我什么东西?

电话推销员：我偷走了您的智慧。

客户：是吗，我们之前又没有见过，你怎么偷走我的智慧？

电话推销员：昨天我在您的博客上看到您的文章了，您说了成功的三大秘密，真是听您一席话，胜读十年书，我起码可以少走五年的弯路。

客户：过奖了，你挺会说话的。

电话推销员：不过您讲的三点中，有一点我思来想去，都想不明白，我可以请教您一下吗？

客户：哪一点不明白，你说。

电话推销员：您说……

（资料来源：袁丽萍.成交高于一切[M].北京：中国言实出版社，2017）

7. 刺猬效应式提问

在各种促进交易达成的提问中，"刺猬"技巧是很有效的一种。所谓刺猬效应，其特点就是推销人员用一个问题来回答顾客提出的问题。推销人员用自己的问题来控制和顾客的洽谈，把谈话引向销售程序的下一步。例如，顾客："这项保险中有没有现金价值？"推销人员："您很看重保险单是否具有现金价值的问题吗？"顾客："绝对不是。我只是不想为现金价值支付任何额外的金额。"对于这个顾客，若你一味向他推销现金价值，你就会把自己推到河里去一沉到底。这个人不想为现金价值付钱，因为他不想把现金价值当成一桩利益。这时你该向他解释现金价值这个名词的含义，提高他在这方面的认识。

6.4.2 推销洽谈中的答复技巧

在推销洽谈中要回答顾客的问题，并非是对对方提问简单的、直接的、被动的反馈，而是一个集冷静和理智、机警和敏捷于一体的应对过程。因为推销人员不但要根据顾客的提问做出回答，而且要把问题尽可能讲清楚，使顾客得到答复。同时，推销员对自己回答的每一句话都要负责任，是要承担一定风险的。若对提问者问话的前提不仔细分析把握，信口开河，就很容易掉进对方精心设计的"语言陷阱"。因此，推销员在回答顾客提问时，要掌握一定的技巧。

1. 答复应简洁易懂

在答复顾客的问题时，推销员尽可能用简明易懂的话讲述事实，时间不宜太长。如果答复的内容太过复杂、专业用语太多、时间太久，会导致顾客听不懂、听不进去、记不住，甚至产生厌烦情绪。

2. 不要彻底回答所提的问题

推销人员要将顾客的问话范围缩小，或者对回答的前提加以修饰和说明。比如，顾客对某种商品的价格表示关心，直接询问这种产品的价格，为了避免先露出底牌，谈判被动，最好不要把价钱一下说出来，而换成"我相信我们产品的价格会令你们满意的，请先让我把这种产品的性能说一下好吗？"这就明显地避免了把顾客一下子吸引到价格上来。

3. 争取时间,充分思考问题

推销员回答问题必须谨慎从事,利用充分的时间认证思考之后再回答。一般情况下,推销员对问题答复的好坏与思考时间成正比。正因为如此,有些顾客会不断地催问,迫使推销员在对问题未进行充分思考的情况下仓促作答,严重影响推销效果。

4. 减少顾客追问的兴致和机会

顾客如发现推销员的漏洞,往往会刨根问底地追问下去。所以,回答问题时要特别注意不让对方抓住某一点继续发问。为了这样做,有时借口问题无法回答也是一种回避问题的办法。

5. 多问少答,争取主动

对顾客提出的问题一时难以回答的时候,推销员最好以问代替回答,多多提问,积极主动地了解顾客的真实想法。

总之,推销洽谈中应答技巧不在于回答对方"对"或"错",而在于应该说什么,不该说什么和如何说,这样才能产生最佳效果。

6.4.3 推销洽谈中的倾听技巧

所谓倾听技巧,就是在推销洽谈中,推销人员不要一味旁若无人地向顾客介绍产品,游说顾客购买,要养成善于倾听的好习惯。在推销洽谈中,倾听能使推销人员了解顾客的真实想法,捕捉顾客的需求,判断顾客的意图,避免推销中的失误和差错,并且推销人员倾听的状态,容易赢得顾客的好感,拉近与顾客之间的距离。因为认真倾听别人的讲话,表现了对说话者的尊重,人们往往会把忠实的听众视作完全可以信赖的知己。在推销洽谈中,倾听对方讲话,推销人员需要注意以下细节。

1. 推销员要懂得接受顾客的观念

在推销洽谈过程中,推销员一定要注意听取对方的发言。这需要做到抛开个人的喜恶,有鉴别、有重点地听顾客讲话,做到正确理解顾客讲话所传递的信息,准确把握讲话的中心,认真听取、接受顾客的反对意见。

2. 用行动证明你在"听"

倾听顾客讲话,推销员必须集中注意力,开动脑筋,进行分析思考,善于控制自己的注意力,始终保持自己的思维跟上顾客的思路。在这个过程中,推销员应该用行动来证明自己的认真"聆听"。比如,在顾客讲话的时候,推销员的眼睛要看着他,身体稍微向前倾,而自己讲话的时候要身体向后倾。在倾听的时候最好做到不时地点头,微笑,或者在顾客讲话结束后将所听到的重复或者解释一遍。

3. 多听少说

推销员在洽谈过程中要做到认真倾听,善于倾听,还要做到尽量少开口。面对顾客,尤其是没有经验、不善演讲的顾客,需要用微笑、目光、点头等鼓励、赞赏的形式表示呼应,显示出对谈话的兴趣,或在顾客讲话时,可以用"是""对"表示对顾客讲话的肯定和理解,促使顾客继续讲下去。

面对每个问题让顾客完整说完自己的看法,对于顾客提的观点,即使推销员有很好的答案,也不要打断对方。

4. 注意肢体语言

在洽谈过程中,顾客会通过声调、高低、强弱、预期、音量、表情、动作等一些肢体语言表达一些内心的想法。通过对顾客的肢体语言分析其行为心理,就能及时识破对方的谎言,洞悉对方的动机,找出对方的弱点,以确定行之有效的对策。

5. 抑制争论的念头

如果推销员打断顾客的谈话,与其发生争论,会让顾客产生不愉快的感觉,将会筑起沟通的障碍,那么他就永远不会想要购买你介绍的产品。推销员一定要学习控制自己,抑制自己争论的念头。

本章小结

推销洽谈指推销员运用各种方式、方法和手段,向顾客传递推销信息,协调双方利益,说服顾客购买推销员所推销产品的过程。

推销员在进行推销洽谈时,应遵循针对性、鼓动性、参与性、诚实性等原则。

推销员在推销洽谈前应做好充分的准备工作,准备工作的内容包括:收集情报,充分了解掌握要洽谈的顾客的具体情况,熟悉推销品的性能特点和能提供的服务情况;制订一个可操作的洽谈计划;做好洽谈的心理准备和物质准备。

根据推销洽谈的内容和性质划分,本书将推销洽谈策略分为互利型洽谈策略、本方处于优势时的洽谈策略和本方处于劣势时的洽谈策略。

推销员在推销洽谈时,针对不同的顾客可以采用不同的洽谈沟通技巧,包括提问的技巧,答复技巧,通过限制性、启发性的提问激发顾客需求;倾听技巧,通过主动地倾听顾客的讲话,了解顾客的真正需求和对推销品效用的期望;介绍性、解释性的答复来进一步展示推销员的风采,增强顾客对推销员的好感。

巩固与应用

1. 主要概念

推销洽谈 推销洽谈的针对性原则、诚实性原则、鼓动性原则、倾听性原则、参与性原则、善于沟通原则和自信原则 推销洽谈的任务 推销洽谈策略 互利型洽谈策略 本方处于优势时的洽谈策略 本方处于劣势时的洽谈策略 推销洽谈中的提问技巧、回复技巧和倾听技巧

2. 复习思考题

（1）什么叫推销洽谈？应遵照哪些原则？
（2）推销洽谈前应该做哪些准备工作？
（3）互利型洽谈策略有哪些？
（4）本方处于优势时的洽谈策略有哪些？
（5）本方处于劣势时的洽谈策略有哪些？

3. 课堂实训

实训背景：小鸭服装制造公司的推销人员，经过两个月的努力，在华北、东北和华东地区利用以老带新法寻找新客户，在正式接近后确定为公司的新产品推销的洽谈对象；针对华南地区市场，推销人员采用了其他的推销接近技术，也已确定了进入洽谈的客户名单。

假如由你的团队负责本次新产品的推销洽谈工作，你将如何进行？

实训任务：根据上述资料制订一份推销洽谈计划书。

训练目的与要求：
（1）能够结合目标客户的特点，做好洽谈准备工作。
（2）推销洽谈计划书制订过程中，应遵循相关的洽谈原则。
（3）选择恰当的推销洽谈方法并进行演练，预定接近效果。

步骤与内容：
（1）由学生自愿组成小组，每组5～6人，根据资料及问题制订一份推销洽谈计划书。
（2）小组对设计好的推销洽谈计划书进行讨论并修改。
（3）成果体现与检测如下。
① 每组提交一份推销洽谈计划书。
② 组织一次课堂交流、讨论与情境表演。
③ 以小组为单位，对各成员在讨论与表演中的表现进行评估打分。

4. 课外实训

任务：以学期初建立的销售公司为单位，选择一种熟悉的产品，收集推销洽谈相关资料，进行"推销洽谈准备、选择洽谈策略、应用洽谈技巧"的推销洽谈实践活动。自己设定情境进行模拟训练，内容应该包括洽谈的步骤：准备工作、导入、概述、报价、交锋、妥协和协议阶段；选择洽谈策略：互利型策略、本方处于优势时的策略和本方处于劣势时的策略；应用洽谈沟通技巧：提问技巧、答复技巧和倾听技巧。主要体现推销洽谈的程序、策略和推销洽谈沟通技巧的实践应用。

目的：熟练掌握推销人员的洽谈原则和任务，洽谈的准备工作，科学选择洽谈策略和洽谈技巧。

要求：每个小组创设一个模拟推销场景，分饰不同角色，各种推销洽谈技巧应用适合，熟练展示。录制视频并上交。

考核点：推销人员各种推销洽谈技巧的掌握情况。

5．案例分析

书店里，一对青年夫妇想给孩子买一些百科读物，推销员过来与他们交谈，以下是当时的谈话摘录。

客户：这套百科全书有什么特点？

推销员：你看这套书的装帧是一流的，整套都是这种真皮套封烫金字的装帧，摆在您家的书架上，非常好看。

客户：里面有些什么内容？

推销员：本书内容编排按字母顺序，这样便于资料查找。每幅图片都很漂亮逼真，比如这幅，多美。

客户：我看得出，不过我想知道的是……

推销员：我知道您想说什么！本书内容包罗万象，有了这套书您就如同有了一套地图集，而且是附有详尽地形图的地图集，这对你们一定会有好处。

客户：我是为孩子买的，让他从现在开始学习一些东西。

推销员：哦，原来是这样，这个书很适合小孩的，它有带锁的玻璃门书箱，这样您的孩子就不会将它弄脏，小书箱是随书送的，我可以给你开单了吗？

（推销员作势要将书打包，给客户开单出货）

客户：哦，我考虑考虑。你能不能留下其中的某部分比如文学部分，我们可以了解一下其中的内容？

推销员：本周内有一次特别的优惠抽奖活动，现在买说不定能中奖。

客户：我恐怕不需要了。

思考：

（1）这位推销员的失误之处在哪儿？

（2）推销员与顾客洽谈的目标是什么？

（3）结合本案例说明推销员为了达到洽谈的目标应该如何做？

第7章 推销异议处理

学习目标

知识目标
1. 理解客户异议的含义。
2. 掌握客户异议的类型与成因。
3. 掌握处理客户异议的原则与方法。

能力目标
1. 能够准确地发现客户的异议及判断异议的类型。
2. 准确把握处理客户异议的原则。
3. 能熟练运用各种方法和技巧处理客户异议。

德育目标
1. 树立为客户服务的思想,树立正确价值观。
2. 树立对自己品牌的自信,对中国文化的自信。

案例导入

在一次冰箱展销会上,一位打算购买冰箱的客户来到海尔展台前,指着不远处 MD 的展台对着海尔的推销员说:"你看 MD 的冰箱与你们这款冰箱同一个类型,同一个规格,同一个星级,你们的为什么贵 300 元?"

推销人员面带微笑地回答:"是的,您说的没错,同样规格、型号、等级的冰箱我们的是贵一些,但我们这台冰箱采用的是双变频节能静音技术,冰箱噪声小,在卧室完全听不到冰箱开始运行时发出的任何声音,智能制冷技术平均每天比同等级冰箱节约 1 度电,一年就是 365 度啊!并且海尔的服务全国人民都知道,您还有什么不放心的呢?"

听了推销人员的话,客户露出了满意的笑容。

营销启示:推销人员要尊重客户认知的事实,同时要观察到客户异议的点,要用事实证明自身产品的价值,消除客户异议。

在推销的过程中产生异议是必然现象,推销是从异议或拒绝开始的,成交的每一个过程,客户都可能产生异议,推销人员的任务就是消除这些异议,想办法让客户喜欢你的产品,达成交易。本章的主要内容就是客户异议的成因、常见的异议类型以及处理异议的技巧。

7.1 客户异议的类型与成因

7.1.1 客户异议的含义

在推销过程中,客户常常提出各种理由拒绝推销员。他们会对推销员说:"我不需要你的产品""我没钱""质量太差""价格太高了""我们已有供应商",等等。客户对推销品、推销人员及推销方式和交易条件等发出怀疑、抱怨,提出否定或反对意见称为客户异议。据统计,《美国百科全书》的推销员每达成一笔生意要受到179次拒绝。推销员与客户各是一个利益主体,当客户用自己的利益选择标准去衡量推销员的推销意向时,就难免产生异议,并且这种异议往往贯穿整个推销过程中。推销就是一个不断克服、排除这些异议的过程;从事推销活动的人,可以说是与拒绝打交道的人,战胜拒绝的人才是推销成功的人。

微课:客户异议的类型与成因

客户的异议具有两面性:如果客户异议没有得到满意的答复,就不能达成交易;如果推销人员能够恰当地解决客户提出的异议,使其对产品及交易条件有充分的了解和认同,客户的异议就为交易成功提供了机会。所以,对于推销人员来说,可怕的事情不是客户在推销过程中提出各种各样的异议,而是顾客根本就没有异议。

7.1.2 客户异议的类型

真正的推销是被拒绝之后才真正开始的,但客户的一些借口有时并非真实的拒绝,推销员必须弄明白客户的异议的真假,找出真正的问题所在,继而有效地去处理,以便做到避开或化解不利因素,使意外事件不影响交易,甚至达成交易。

1. 按异议的性质划分

1)真实异议

真实异议也称有效异议,是指客户对推销商品的真实看法,是客户对推销介绍的真实反应。真实的客户异议是客户购买行为的有效障碍。推销人员必须正确理解并详细分析,认真对待,不可忽视任何一个有效异议。推销人员更应区别形成异议的不同原因,从根本上为客户消除有效异议。

2)虚假异议

虚假异议也称无异议,是指客户用来拒绝购买而故意编造的各种异议,是客户对推销洽谈的虚假反应。虚假异议的内容不是顾客的真实想法。即使处理了所有的虚假异议,也不能对客户的购买行为产生促进作用。此外,也可能是客户为了争取更多的交易利益而假借的理由。多数情况下,对客户的虚假异议,推销人员可以采取不理睬或一带而过的方式进行处理,重要的是推销人员如何分辨这些虚假异议,而且实际推销活动中,虚假异议的比例并不低。

对于客户的虚假异议,推销员可以借助中医的望、闻、问、切的手法,使其突显出来。

（1）望。望就是通过观察客户面部表情和肢体语言，发现客户没有表达真实意愿的信息，比如皱眉、摇头、搓手等。虽然客户的话言不由衷，但是通过这种非语言信息的捕捉，推销人员可以洞察客户的真实意图。

（2）闻。不要认为客户说的话都是真实的，推销人员要认听客户的谈话，有可能客户的真实想法并不是像表面上说的那样，而是隐含在某些语言中。这就需要推销人员仔细听客户的每一句话，不要错过。比如，当客户说我不觉得这个价钱代表"一分钱，一分货"，他的真实意思是说"我需要你来证明产品是物有所值"；当客户说"我目前正在缩减开支，不想购买任何产品"，他的真实意思可能是说"你需要证明这款产品对我来说是必需的，否则我不会掏钱的"。

（3）问。针对客户的异议，利用提问进行督促和引导，来试探客户的真实想法。在一次推销洽谈后客户说要过几天再给答复，推销员可以问："为什么要过几天再做决定呢？"客户说需要考虑考虑，推销员继续问："我们的产品非常适合您，究竟是什么原因使您在作决定前还要这么详细地考虑呢？"客户想了想说道："前一段时间，曾经有人向我推荐这种类型的产品，我不假思索地签了合同，后来事实证明那是一次可悲的错误，如果我能慎重考虑一下是可以避免这种错误的。"通过提问，推销员终于清楚，客户的真正异议是由于以往受骗的经历给客户造成过分谨慎的心理所致。当然，面对推销人员引导式的提问，有的客户依旧用比较隐晦的方式回答或者回避真实原因，而这又是决定是否成交的重要问题，那么推销人员可以直接提出客户的真实异议："曾经有客户跟我说，我们的产品价格高于同类型其他品牌的产品，您是不是也发现了这个问题？"如果得到客户的肯定回答，就可以就价格高于同类型产品的定价原因进行说服。这种办法显得推销人员十分坦诚，往往会收到很好的效果。但是需要注意的是，使用这种提问方式时，推销人员一定十分确定客户真实的异议，如果所提问题客户原本并没有意识到，那么反而引发了新的异议，要慎用。

（4）切。切是指要认真分析。有时非语言表达的含义与客户的表白相左，或者客户可能自己也搞不清楚真正的异议是什么。"客户总是对的"不代表客户总是正确的，面对由于客户的不了解或误解所产生的异议，推销人员必须反思自己的介绍还有哪些不足，是哪些方面给客户造成了误解，因此需要推销员利用逻辑或推理进行综合分析，然后有针对性地进行解决。

案例 7-1

借口和真实的理由

客户拒绝的十大借口（善意谎言）：

(1) 我要考虑考虑；
(2) 我的预算已经用完了；
(3) 我得和我的伙伴（妻子、合伙人、律师等）商量商量；
(4) 给我一点时间想想；
(5) 我从来不会因为一时冲动而做出决定，我总是将问题留给时间；
(6) 我还没准备上这一项目；
(7) 90天后再来找我，那时候我们就有准备了；
(8) 我不在意品质；

(9) 现在生意不好做(不景气);

(10) 进货由总公司负责;你们的价位太高了;你们的利润太低了。

客户真正的反对理由:

(1) 没钱;

(2) 有钱,但是太小心了;

(3) 贷不到所需的款项;

(4) 自己拿不定主意;

(5) 有别的产品可以取代,有别的更划算的买卖;

(6) 另有打算,但不告诉你;

(7) 不想更换原有产品;

(8) 想到处比价;

(9) 此时忙着处理其他更重要的事情;

(10) 不喜欢你或对你的商品没有信心;对你的公司没有信心;不信任你,对你没信心。

(资料来源:https://wenku.baidu.com/view/d763576ecfbff121dd36a32d7375a417876fc141.html?_wkts_=1692066397143&bdQuery=%E5%80%9F%E5%8F%A3%E5%92%8C%E7%9C%9F%E5%AE%9E%E7%9A%84%E6%84%8F%E8%A7%81+%E5%AE%A2%E6%88%B7%E6%8B%92%E7%BB%9D%E7%9A%84%E5%8D%81%E5%A4%A7%E5%80%9F%E5%8F%A3%28%E5%96%84%E6%84%8F%E8%B0%8E%E8%A8%80%29%3A+%281%29%E6%88%91%E8%A6%81%E8%80%83%E8%99%91%E8%80%83%E8%99%91%3B+%282%29%E6%88%91%E7%9A%84%E9%A2%84%E7%AE%97%97)。

营销启示:客户真正的反对理由并不多。大多数只是借口罢了。因为准客户经常会隐瞒真正反对的理由,需要推销员能够准确分析客户的真实意思,否则会使事情变得更加复杂。

2. 按异议的内容来划分

1) 需求异议

需求异议是指客户从自身需求出发,自认为不需要推销品而形成的一种反对意见。它往往发生在推销开始之初推销员介绍产品之后。主要有三种原因:①客户确实不需要该产品;②拒绝推销人员及其推销品,或者为了谋取更多谈判砝码的一种借口;③客户对商品能带给自己的利益缺乏认识,这主要是由于推销员没有对客户的需求进行有效的开发。推销员应对潜在客户的需求异议进行具体分析,弄清楚提出异议的真实原因,并有针对性地采取相应的处理方式。

由于第一种原因产生的异议,推销员应停止推销。推销的目的是帮助客户解决所面临的问题,满足客户需求。强行要求没有需求的客户购买所推销的产品,甚至采取欺骗的手段,即使这一次交易能够达成,最终的结果只能既损害客户的利益,又损害自己的长远利益。

由于第二种原因产生的异议,其实就是一种虚假异议,这就要求推销员应仔细观察分析,找出隐藏的真实问题所在,再说服客户购买。

由于第三种原因产生的异议,处理的关键是如何能让客户意识到推销员推销的产品确实是自己所需要的,自己可以从购买中受益。在新产品的推销中,第三种原因产生的需求异议非常容易出现。当人们不了解这种产品将为自己带来多大的益处时,就不会认为自己需要这样的产品。当人们还深信养儿可以防老的时候,养老保险是不被需要的。但现在人们普遍认为每月支付养老保险金是必要的。因此,在推销产品时,推销员必须向潜在客户说明产品所能提供的独特利益及产品的优点。

2) 财力异议

财力异议是客户认为缺乏货币支付能力而提出的一种异议。一般来说,对于客户的财务承受能力,推销员是比较容易了解的。在客户资格审查和准备接近阶段,推销员就已经对准客户的支付能力进行过严格审查,因而在实际推销中能准确辨认真实异议和虚假异议。如果是真实的,就要跟客户对价格方案进行探讨和改进,比如改变付款方式、提供数量折扣等;如果是虚假的财力异议,推销员就必须多强调产品的优势、客户将从购买中获得的利益,增强客户对产品的信心。如果确实是暂时没有支付能力,可以适当建议客户采取分期付款、赊销等。对于确实没有支付能力,只能购买低价产品的话,那么应该立即停止推销,将其视为潜在客户。

3) 权利异议

权利异议是指客户以缺乏购买决策权为由而提出的购买异议。例如,"这个事情我做不了主,等我们领导回来再决定吧""这件事情不属于我们管理的范畴,实在很抱歉"等。无论是集团购买还是家庭购买,购买的决策权不是平均分布在每一个成员身上的,多数成员可以对决策造成影响,但并不一定有决策的权力。比如,一家生产企业想购买一台生产设备,那么应该是由生产技术部门提出申请、由财务管理部门进行预算、经营管理部门进行审批、采购部门提供这种生产设备的市场信息。每个部门都有一定权力,但是最后的采购决策权应该掌握在管理决策层。推销人员在进行顾客资格审查阶段,已经对购买决策权进行了分析。如果权利异议是真实的,说明审查出现差错,应及时予以纠正,重新接近有关销售对象;如果权利异议是虚假的,那么要采取合适的转化技术予以化解。

4) 价格异议

价格异议是客户认为推销品的价格过高或价格与价值不符而形成的反对意见。由于推销品的价格影响到购进企业的进货成本和利润,影响到消费者的生活费用支出,任何消费者都希望以更低的价格达成交易。因此,在推销活动中绝大部分客户会提出价格异议。

一般情况下,价格异议的产生原因主要有四种:第一种原因是客户的支付能力有限。有的时候客户说价格太贵,是因为推销人员还未充分对产品进行价值展示,客户并不认为自己可以从购买中获利,购买欲望还没有被激发。如果确实是暂时没有支付能力,可以适当建议客户采取分期付款、赊销等。对于确实没有支付能力,只能购买低价产品的客户,应该立即停止推销,将其视为潜在客户。第二种原因是竞争对手同类型产品的价格低。推销人员应该就定价问题进行说明,强调产品的独特之处。而且推销品是整体产品,客户在购买过程中享受到的售中服务、交易达成后的售后服务以及公司、产品的信誉都是整体商品的一部分,而各个公司所提供的这些无形的延伸产品是不可能完全一致的。第三种原因是顾客为了表现自己而有意为难推销人员。面对这样的客户,推销人员应该保持镇静。如果客户提出的异议是恶意刁难,甚至诋毁公司形象的话,那么可以直接给予否定;如果是客户为了表现自己、炫耀自己,那么推销人员可以适时恭维,使客户的虚荣心得到满足,再委婉地提出反对意见。第四种原因是客户怕吃亏而试探价格。客户总希望能够以更低的价格成交,在这种情况下可以礼貌地坚持价格,不在价格问题上多做纠缠,打消客户降低交易价格的念头。

坚持价格不变,反而会使客户相信这已经是能够成交的最低价了。

通常可以利用以下几种方式处理价格异议。

(1) 分解价格。这种技巧指的是根据使用期限把费用分解、缩小,以每周、每天甚至每小时计算。例如,一台1万元的按摩椅,使用寿命为10年,按每个月计算是83元,按天来计算,每天只需支付不到3元钱,就可以享受到专业按摩服务。这样分解,不仅听起来便宜很多,并且是物超所值。通过价格的分解还可以减小矛盾面。比如,一件报价600元的衣服,客户觉得有点贵,认为价格在500元比较合理。销售人员回答:"挑选到这样一件自己喜欢的、质量上乘的、穿着合体的衣服多么不容易,您还差这100元钱吗?"推销人员在通过价格分解,将价格异议从600元降为100元,减小了矛盾指向。如果因为100元的异议错过购买一件自己非常喜欢的服装,而且要负担很大的时间成本再进行挑选,客户很有可能就不再坚持价格异议了。

(2) 强调推销品的卓越之处。潜在客户的购买决策是基于质量最优、价格最低的基础上做出的,即使拥有强烈的购买欲望,他也要进行确认,这时的价格异议就是购买信号。推销过程中,潜在客户把付出的价格与得到的利益进行比较,因此,应对"你的产品太贵了"的方法是:强调产品的卓越之处,突出产品带给潜在客户的利益,而不是单纯讲产品的特征。这就需要推销员成功地将产品的特征转化为优势和利益,从而把价格变成一个相对次要的问题。

(3) 比照考察。有些时候,潜在客户提出价格异议是在比照其他竞争对手的基础上做出的。在市场上,同类型的产品非常多,但是相互间是有一定差异的。因此,推销员也可以用比照考察来对比产品的区别,然后清楚地指明自己的产品有什么具体的独特优点,而这些优点在更好满足客户需求方面有独特的、不可替代的作用,使客户了解如果购买其他产品,虽然可以享受略低的价格,但是获得的满足程度是要有所降低的。

(4) 转向推销低价产品。当潜在客户确实没有支付能力的时候,可以转而推销低价产品。但是要注意,因为之前刚强调了高价产品的卓越之处,客户很容易对低价产品产生失望情绪。所以在介绍低价产品时要避免对两者进行比较,而应该说明两者各自的特征、优势和利益,强调低价产品在满足客户购买动机的关键方面并不比高价产品差,提示客户买东西只选对的,不选贵的,没有必要为本来不需要的功能付费。

(5) 延缓报价。为了减轻潜在客户对价格的敏感度,在没有充分展示产品价值的时候,不要急于报价。如果客户在推销伊始就问及价格,推销员也要尽可能巧妙地转移话题,给予拖延,把客户的关注从价格转移到产品的展示上来。在把产品的全部价值论证出来,客户对购买产品所能带来的利益有了全面了解之后再报价,最大限度地避免价格异议的形成。但是也有可能使潜在客户在产品未展示完就认定自己无力承担,因此要掌握好报价的时机。

(6) 节约或赢利。对于许多产品购买者来说,利润或投资回报是必须考虑的,尤其是工业设备的销售大部分是围绕如何让客户赢利上展开的。例如,介绍某机器设备可以节省劳动力、减少能耗以及提高效率等许多积极的效果。此外强调投资回报也远好于单纯的讨价还价,使客户将购买视为一种投资,尤其是房产、保险和教育。在排除这方面产品的价格异议时,推销员强调投资的增值、回报等,更能使客户感觉物超所值。对于个人消费而言,节约也是被高度关注的问题。现代社会,人们越来越重视生活消费品的节能环保问题。比如,家用电器要买低能耗的,买汽车多选择小排量的,马桶要买节水的等。这种倾向的形成一方面因为节约能源可以降低家庭日常支出,同时也源于人们社会责任意识的增强。推销人员可以突出强调产品在节能方面的优势,来化解客户的价格异议。

案例 7-2

客户拒绝背后深藏的含义

每当销售产品或服务时,是不是经常会听到客户找借口说:"太贵了""太忙了",或者"不需要"。

知道为什么他们会找借口吗?知道这些借口的潜在含义吗?

其实,解决这些问题的答案,就深藏在这背后的含义中。

当客户说:"太贵了",有两层含义:要么他根本不是你的优质客户;要么他没有感觉到产品或服务的价值,觉得不值。

应该记住一句话:"价值不到,价格不报"。先塑造价值,不要说价格。在客户脑海的天平中加码,天平的一端是价格,另一端是超出价格几倍、几十倍,甚至上百倍的价值!

当客户说:"太忙了,不需要",说明三点:一是客户不清楚自己的问题的严重性,缺乏行动的紧迫感,不着急行动;二是客户觉得太麻烦,不方便,所以不愿意行动;三是客户不了解产品和服务对他们的重要性,对你缺乏信任,不敢行动。

出现以上情况时,你应该马上意识到销售话术,或者文案是不是出了问题。应该对照这背后隐藏的含义,及时做出改变。

(资料来源:https://www.sohu.com/a/382717556_120173069?_trans_=000014_bdss_dkmwzacjp3p:cp)

5)产品异议

产品异议是指客户认为推销品不符合要求,或者认为推销品不是他要购买的商品而形成的反对意见。异议内容的指向可能是产品的质量、结构、款式、颜色、尺寸甚至是包装等。在很多情况下,异议内容所指向的那些方面,也正是潜在客户不了解的地方。有效的演示和潜在客户自己动手亲自操作,可以很快地增强潜在客户对产品的信心。权威部门的鉴定书、担保书或独立机构的调查结果以及行业报告都有助于推销员克服这类异议。如果潜在客户的异议属于特殊需求时,在可能的情况下,推销员可以对产品做些局部的调整,设法满足潜在客户的需求。

6)服务异议

服务异议是指客户对推销员或其所代表企业的售后服务不满意,进而不愿意购买其推销的商品所形成的异议。推销人员要努力使潜在客户对自己的服务满意,要用比提高产品质量更认真的态度去开发产品的服务质量,牢固树立为客户服务的信念。推销员要认真学习推销知识、掌握推销技能、诚恳地对待有异议的客户。此外,售后服务是产品的附加因素,对推销业绩产生直接影响。产品在品质接近、用途差距不大的情况下,其竞争力就取决于售后服务了。产品的品质和价格都存在一定的限度,但服务没有限度,售后服务的项目多、花样新,客户就越喜欢,产品的销售就越好。

7)货源异议

货源异议是指客户认为不能购买推销人员所代理的产品而形成的异议。这类异议往往是针对推销员所代表的公司。产生货源异议的主要原因有:不愉快的经历、企业信誉不佳、同行竞争激烈、不利的报道、对生产者的生产方法或者对代理者的服务态度不满、对公司的财务状况有所怀疑等。

7.1.3 客户异议的成因

知己知彼才能百战百胜。推销人员只有了解客户产生异议的原因,才能开展有针对性的推销。形成客户异议的原因很多,有客户自身的个性、情感、意志方面的,也有推销物品的质量特性、用途、价格方面的,还有推销人员的礼仪、言谈、行为方面的,等等。这些原因盘根错节、相互影响,往往使推销员捉摸不透,很难识得"庐山"真面目。这就要求推销员提高洞察力、敏感性,分析客户产生异议的根源,从而提高排除异议的针对性和目的性。一般来说,形成客户异议的原因主要有以下两种。

1. 客户方面的原因

1) 没有需要

人的需要是多方面的、多层次的,比如胜利需要、安全需要、社交需要、享受需要、发展需要等。客户需要是其采取购买行为的主体驱动力。如果客户并没有发现自己已经面临或即将面临的问题,没有意识到需要一种解决问题的办法,就会认为自己不需要某产品,自然就会拒绝购买。比如在"量入而出"观念的影响下,客户可能认为自己目前并不需要信用卡;在没有感觉身体异样的情况下,人们认为不需要到医院进行身体检查等。但是客户认为不需要并不等于真正不需要。客户之所以没有意识到自己有需求,主要有两方面的原因:一是他们也许从未对自己的现实情况做过全面的审查,又由于对产品功能、用途的不了解,导致他们认为解决自己问题和困难的产品或服务并不存在;二是他们可能也意识到有需要,但是这种需要是一种隐含需要,非常微弱,还没达到使自己采取行动的地步。此时,就需要推销人员去唤醒客户的需要意识,开发引导他的需要。

2) 支付能力

在实际推销活动中,有些客户经常利用这种异议来拒绝推销人员,而有些客户则利用其他异议来掩盖这种真正的异议根源。但是没有支付能力和不愿意支付是不同的,是否有支付能力是决定客户是否购买的重要因素。当客户已经非常了解产品的性能、价格并且已经认识到产品能够带来的价值后,提出支付能力方面的异议,是真实的异议。这时候可以采取分期付款、赊销、改变付货方式、转向低价产品介绍等方式处理。出现因没有支付能力而产生的异议,说明推销人员事前的客户资格审查没有做到位,在以后的工作中,需要严格按照流程来开展推销工作,减少盲目推销,提高效率。

3) 购买权限

客户因缺乏购买决策权而提出的异议,例如"这个我做不了主,您得等我们领导回来再说","这个事情不属于我们的管理范围,实在很抱歉"等。一般情况下,组织购买,对购买决策产生影响的人非常多,推销人员要找准影响最大的决策者;家庭购买,一般要考虑所有人的意见,大家共同决定。比如,一名推销人员正在向一位男客户推销复式楼房装修用的楼梯,介绍结束后,客户提出要回家征求妻子的意见,下回带妻子一起来挑选,这是可以理解的,因为建材产品往往价值高、使用年限长,客户相对比较慎重,因此往往会参考家人、亲戚、朋友的意见。面对这样的客户,推销人员可以肯定、赞扬他尊重妻子意见的做法:"您真是位好丈夫,您的妻子一定非常幸福。"然后通过一些提问判断这个购买权限异议是否属实,再采取下一步的解决办法,而不要强迫客户作购买决策"在这里你做主就行了,没有必要征求妻子的意见",甚至采取激将法,如"就那么几千块钱的事,一个大男人还决定不了啊?"

4) 认知的偏差

客户以偏概全,对推销品有成见,也是形成异议的原因。由于每个人的成长经历、受教育程度的不同,兴趣、价值观等也都各不相同,不同客户对推销员所推销展示的要点和购买建议有着各自不同的理解。这就要求推销员在推销展示的语言组织和材料的准备上,要尽可能地贴近客户的生活背景、知识水平、价值观、地区特性,对不同的客户采用不同形式的推销展销方式,对受教育水平低的人可采用图片直观的表达方式,对专业人士可以适当地使用专业术语,这样既符合客户的接受习惯,也能最大限度地避免产生理解上的偏差。

另外,如果客户有过不愉快的购买经历,那么就极有可能对某一产品的服务或某一类型的推销员存在偏见。尽管消除客户的成见是相当困难的事情,但是只有消除这种先入为主的成见,才可以进行正式的有关产品的推销展示。

5) 抗拒受人支配的心理和自我保护意识

在实际生活中,人们往往因为对未来的不可控性产生恐惧,因而对陌生的事物都有一定的戒备心理。在推销过程中,由于客户可能还没有使用过某个特定产品的经历,不清楚产品价值能否兑现,做出购买决策时或多或少会感觉到某种程度的风险,所以往往本能地采取防御态度。客户受到的来自推销人员的支配控制力越强,防御态度就越坚定,表现出的对推销人员的抵触情绪越强烈,甚至为了取得洽谈的主动性,而提出这样或那样的异议,为推销人员的展示活动设置重重障碍。因此,推销人员要寻找给客户享有支配地位和主动权的机会,不要企图通过控制洽谈迫使顾客屈从。

2. 推销方面的原因

1) 推销产品方面的异议

当客户认为推销品不符合要求,或者认为推销品不是自己要购买的商品就会产生反对意见。反对意见的具体内容可能指向产品的质量、结构、款式、颜色、尺寸,甚至是包装以及产品使用方面的问题。无论核心产品、形式产品还是延伸产品,只要有一方面使客户不满意或不能比竞争对手的推销品更能令客户满意都可能形成对推销产品方面的异议。

推销品的价格也是形成客户异议的主要原因之一。价格影响到购进企业的进货成本和利润,影响到消费者的生活费支出,绝大多数客户都希望以更低的价格购买产品。因此客户往往会提出产品价格方面的异议。价格异议也是客户最方便、最有利的不购买理由。面对这样的异议,推销人员首先应该相信自己的产品的定价是合理的,在一般情况下不必急于答复这方面的异议,应将谈话的重点放在介绍产品的性能、耐用性、独特的款式上。当客户对产品有了详细的了解后,或许就会认为价格是合理的,或者仍然认为价格高了些,但尚可接受。当然也有因为报价过低导致的价格异议。比如对于看重产品彰显社会地位作用的客户,低廉的报价会让对方觉得自尊心受到伤害。所以,为了尽可能避免客户提出价格方面的异议,推销人员报价要认真分析客户的价格心理。

2) 推销人员方面的原因

推销人员是企业的代表,直接与客户打交道,推销人员的言行稍有不当就会引起客户的异议。客户对推销人员产生异议的原因有:一是推销人员的性格不够好。客户不欢迎不文明、不诚恳、不尊重他人的推销人员,也不愿意与缺乏幽默感、不愿意承担风险的推销人员交往。又或者推销人员在推销洽谈中采取高压推销行为,言辞犀利,语气逼人,试图控制整个洽谈,置客户于被动地位,也往往引起客户的不快,甚至厌恶和反感。二是推销人员的形象不够好。如推销人员衣冠不整、举止不当、出言不逊等,客户会从推销人员的素质及形象,推及至产品的形象甚至企业的形象,对推销人员、对产品、对企业产生严重的不信任,从而提出异议。三是对新推销人员的异议,企业的老推销人员已经与客户建立了非常好的私人关系,由于种种原因,企业更换了推销人员,又未及时通知老客户,当新推销人员向老客户推销产品时,往往引起老客户的猜疑甚至不积极合作。消除客户对推销人员异议的关键是推销人员要加强学习,提高自身的素质,掌握熟练的推销技巧,努力塑造自己的职业形象。同时,推销人员应注意加强与老客户的联系,培养感情。当企业需要更换推销人员时,应首先通知老客户,把新推销人员介绍给老客户。

3. 其他方面的原因

(1) 企业方面。在推销面谈中,顾客的异议有时还会来自企业。例如,企业经营管理水平低、不守信用、知名度低等。这些都会影响到顾客的购买行为,假若顾客对企业没有好印象,自然对企业所生产的商品不会有高评价,也就不会购买。

(2) 推销环境。当外部环境不佳时,必然会影响顾客的购买行为。例如,当国民经济处于低谷时,消费者会调整自己的经济预期,采取收缩型的购买行为,此时向顾客推销产品,往往会事倍功半。

 课程思政:树立对自己品牌的自信,对中国文化的自信

素材:"国潮"崛起你骄傲了吗

在推销过程中有时会遇到对中国品牌的偏见,作为推销人员首先要对自己的产品有自信。随着中国的崛起,中国的产品在质量和美誉上也有了质的飞跃,许多产品享誉海内外,我们要树立民族自信。

讨论:分析"国潮"兴起的深层次原因。

视频:"国潮"崛起你骄傲了吗

7.2 处理客户异议的原则与策略

7.2.1 正确对待客户异议

推销过程中,会遇到客户提出各种各样的异议,只有正确认识、妥善处理各种异议之后才有可能实现交易。在解决这些问题的时候,必须要遵循一些基本原则才能有效排除异议。

微课:处理客户异议的原则与策略

1. 尊重客户异议,不回避

任何产品都不是十全十美的,难免有不符合客户需求的方面,或者与同类型产品满足客户需求的程度有一定差距。即便客户对这类产品有需求,而这种需求也不一定指向你所推

销的产品,无论推销准备得多么充分,在洽谈过程中不可能规避所有异议。作为推销人员,要正视这种异议的存在,不要把异议当作是针对推销员本人的,任何客户提出任何异议都是有原因的,要积极、认真地去对待。即便有时异议的产生是因为客户的无知或误解,也要尊重客户的异议,它能证明推销工作还有不足之处。正确、理智地对待客户异议,为客户创造充分发表意见的氛围,既体现了推销人员良好的个人修养,同时也使客户感受到自信、积极、认真的工作态度,是有效处理客户异议的基础。

2. 永不争辩

作为推销人员,要分清"争辩"与"说服"的区别。在推销洽谈过程中,推销人员不是迫使客户屈从于自己的观点,而是通过各种推销技巧使客户认可自己的观点,进而达成交易,满足客户需求。不顾客户感受,即便赢得了争论也只是逞一时口舌之快而伤害了客户的自尊心,使客户产生敌对情绪,导致交易的失败。与客户建立友好信任的关系,营造良好推销氛围,是推销成功的基础。要牢记,在推销过程中所提供的良好服务也是产品的一部分,客户感受是成交的重要因素,面对客户异议时推销员要不断提醒自己"占争论的便宜越多,吃销售的便宜越少",耐心、细致、迂回地处理问题,把建立融洽客户关系放在第一位。在处理客户异议时,把握好说服客户的尺度,坚持"客户总是有理的",但并不说明推销员自己就是错的,在维护客户的尊严和感受的同时向客户提供正确的信息。

3. 维护客户自尊

任何客户在购买前都是非常谨慎的,只有充分了解产品,确信产品能够满足自身需求之后才决定购买,这个过程总会对产品、成交条件等方面提出这样或那样的不同意见。作为推销员,要站在客户的立场看待客户所提出的问题,给予充分理解,不厌其烦地解决问题,不能有不耐烦、看不起客户的表现,时时刻刻注意给客户留面子,保持和谐的气氛,即便有时异议的产生是因为客户对产品的偏见、无知。当客户反复就某一问题提出意见时,不要说:"刚才我不是已经告诉你了吗?""这个问题我解释很多遍了,你还不明白吗?"这样,反而更应该引起推销人员的注意,反复就某一问题提出异议,说明这个问题是客户最关心的,是最能指向客户需求的方面;如果能够使客户满意,这里就蕴含着非常大的成交机会。当客户提出价格过高无法接受的时候,推销人员不能表现出轻视、瞧不起,这会使对方很难堪。事实上,推销员在进行正式洽谈前已经对客户的支付能力有一定的了解,使对方认为价格无法接受的真正原因在于,推销人员没有充分证明产品给顾客带来的价值与其价格是对等的,甚至物超所值。

7.2.2 处理客户异议的时机

在推销活动中,推销人员处理客户异议的时间没有固定的要求,需要推销人员灵活把握处理时机,决定要不要回应、如何回应异议。也就是说,处理客户异议的时机选择不以客户提出异议的时间为准,而是要兼顾到客户的情绪、异议的性质、推销的进程以及处理异议的把握程度等。一般处理客户异议的时机有以下四种情况。

1. 在客户可能提出异议前处理

一些经验丰富的推销员，根据以往的经验，能够比较准确地预测哪种类型的客户会提出哪些问题。在推销过程中，对一些不可避免的规律性异议可抢在客户前把问题提出来并推翻。例如，一位推销员正在向客户介绍一款半价促销的花洒："这一款价格是平时的一半，并且花洒头是纯铜制造，比另外一款合金不锈钢材质的产品还要便宜。但是您放心，这款产品虽然是半价，但是品质和正价是完全一致的。我们公司的产品原来只出口，最近为了开拓品牌的国内市场，所以专门拿出一款产品作促销，活动结束后价格会回调至正价。"这名推销员主动提出了客户对于半价产品品质的担忧，消除了客户的疑虑。这种先发制人的做法为处理可能出现的客户异议争取到了主动权，可以按照自己的思路与擅长的方式向好的方面引导客户，比客户提出后再处理容易得多，并且由推销员站在客户的立场上主动提出客户关心的问题，体现出了坦率、诚恳的工作态度，能够增强客户的信任。

2. 在客户提出异议后马上处理

在顾客提出合理、真实异议的情况下，推销员应尽可能立即给予充分解释，尤其是对购买决定有主要影响的异议。真正的客户都希望自己掌握详尽的产品信息，做出理性、正确的决策，客户所提出的异议正是他们最关心的问题，希望马上能够得到准确、详尽的回答。推销员面对这样的问题一定要及时解决，以防客户产生被轻视的感觉。例如，一位想购买电脑的客户认为推销员给出的报价比网上报价高出300元。推销员马上给予解释："关于价格问题，请您放心，现在这个行业竞争非常激烈，价格非常透明，我们不可能抬价。如果网上的报价低那么多，有可能是处理样机的价格。那么低的价格，比我们新机进价还要低呢。"此时若故意拖延、敷衍，则容易使客户产生怀疑，抓住问题不放甚至自己寻求答案，以致对产品产生偏见，使问题扩大。

3. 对客户异议延缓处理

一般情况下推销员对所推销的产品非常了解，但是在推销某些技术含量非常高的产品时，如果客户提出的问题专业性很强，推销人员确实无法回答的，可以稍后请专业技术人员辅助完成推销，这样既避免回答出现漏洞导致客户怀疑产品的性能，又比较有说服力，体现了推销人员工作的严谨。所以，并不是所有客户异议都适合立即处理。有些客户，在还未充分了解产品的时候提出异议，而如果推销人员马上回答则容易使客户对推销要点产生误解，破坏由浅入深的产品介绍顺序，甚至影响推销进程，那么，推销员可以向客户表明这个问题会在随后的产品介绍中说明；还有一些异议的提出是由于客户对产品、推销员存有偏见，而立即纠正偏见容易激怒客户，导致问题扩大化，此时，可以适当调节一下气氛，比如给客户递一支烟，倒一杯水，缓解客户情绪，等待客户态度缓和后再择机予以解答。

推销员对于客户已经提出的问题是否立即回答，要看回答时机是否成熟，对于非决定性问题、没有把握回答的问题、影响推销进程的问题，以及回答容易激怒客户的问题都可以给予延缓处理，留出推销人员思考最佳处理方案的时间。在提出延缓回答的同时最好能给客户一个合理的解释，以争取客户的合作。

4. 对于客户提出的异议不予回答

一般来讲,推销人员应十分重视客户提出的异议,予以及时有效的解决,但在实际推销过程中,有一些客户的异议是无须解答或不必解答的。有些客户为拒绝推销而提出异议,完全可以不予理会;在推销过程中客户也可能提出一些琐碎、无关痛痒的问题,这样的异议对推销结果没有任何影响,可以不予理会,客户可能就慢慢忘记了。比如,一家家电企业的销售人员与经销商谈代理的事情时,这位经销商问:"这个系列的空调广告代言为什么不找刘德华?"推销人员回答:"我会向总部反映您的这个意见的。"这时没有必要,也没有办法回答不找刘德华代言的具体原因,而且对目前的洽谈没有任何实质性的影响,只要微笑着附和一下就可以了。在成交前,客户有时因马上要进行决策而产生一定的心理压力,有时可能会问一些没有实际意义的问题,这个时候不用推销人员作答,客户自己就有可能自问自答了。还有一些其他情况,比如在推销刚刚开始的时候就对价格提出异议,由于客户很可能还未充分认识产品价值或自身对产品需求的迫切程度,这时候推销人员可以说:"这个价格表面看起来确实比同类型其他产品要高一些,不过我们先来看看这个产品的独特设计,然后谈最后的价格,好吗?"当然,冷处理之后,如果客户依旧坚持异议的话,就应当引起推销人员的重视。在采取不予理睬的做法时要注意,即便不准备回答问题,也要耐心听完客户的问题。对于一些偏激的异议,推销员要保持克制,保持一种良好的气氛。

 课程思政:从中国传统文化中汲取力量

素材:儒家的忠恕之道

忠恕之道是中国儒家的伦理与哲学范畴,是处理人与人之间关系的原则。"忠",尽力为人谋,中人之心,故为忠;"恕",推己及人,如人之心,故为恕。忠恕就是以待自己的态度对待他人。作为推销人员在实现自我价值时,不仅不要妨碍他人实现自身价值,而且要帮助他人实现自身价值。人人都这样做,那么不仅人人都能实现自身价值,而且人与人之间不会相互损害,社会就能和谐发展,世界就能和谐发展。

视频:儒家的忠恕之道

讨论:观看视频,讨论作为推销员如何对待对自己有意见的客户?

7.3 处理客户异议的方法与技巧

在推销过程中,客户异议的表现形式是多种多样的,推销人员需要结合多方面因素认真分析客户异议产生的根源,灵活运用各种方法有针对性地处理异议。最常用的方法大致有以下几种。

7.3.1 反驳处理法

微课:处理客户异议的方法与技巧

反驳处理法也叫直接否定法,是推销人员用比较明显的事实和理由直接否定客户异议的方法。尽管在推销活动中,推销人员应时刻注意保持良好的推销洽谈气氛,但是,当客户对产品产生误解、成见或提出的异议明显不成立时,推销人员应给予直接、明确的否定回答，同时向客户及时传递正确信息以增强说服力度。

案例 7-3

反驳法处理客户异议

客户："贵公司经常延迟交货，实在糟糕透顶。"销售员："先生，您这话恐怕不太确实吧？在我所接触过的客户当中，还没有人这样讲，他们都认为本公司的交货情形一向良好，在同行中是有口碑的，您能否举出最近实例供我参考？"

（资料来源：http://www.sanzang365.com/news/cjwq/2017/0610/767.html）

营销启示："延迟交货"是客户异议的重点，销售人员运用反驳法直接向客户发出反驳提问，若真有其事，客户必能举证，销售员应该向上级反映，设法补正；若有不实，客户必然无词搪塞，自寻台阶下场，其所谓的批评异议，因而得以转化。

在使用反驳处理法时需要注意以下几个方面。

（1）必须掌握确凿的材料信息，针对客户异议中根本性的错误予以不容置疑的否定，结合正确信息的传递，使反驳具有说服力。

（2）推销人员的言辞要坚定，但态度要诚恳，平易近人，充分尊重客户。即使异议是因为客户为获得更多信息而有意刁难，也要"只对异议不对人"，反驳的只是客户的意见、看法，而不是反对客户。

（3）推销人员既要关心异议的处理效果，更要关心客户的接受程度及情绪变化。交谈时能站在客户的立场上摆事实、讲道理，让客户感受到推销员时刻为客户着想的服务态度。

使用反驳处理法最大的好处是能够坚定客户的购买信心。推销人员反驳时不拖泥带水的坚定态度，科学充分的论证体现对产品的自信，这种自信也会感染客户，使客户更相信产品的品质，增强了购买信心。另外，由于对客户异议中的错误直接给予否定并说明情况，也避免浪费时间，加快推销进程。

反驳处理法的弊端也是显而易见的，在处理客户异议过程中，由于推销人员的直接否定，没有给客户任何缓冲、辩解的余地，客户在感情上可能一时接受不了，心灰意冷，导致中断洽谈，而且一旦推销人员语言、语气使用不当形成过于强势的表达，会使客户产生抵触情绪，甚至激怒客户，使原来的一般产品异议转变成对推销人员、公司、推销活动的异议，增加了异议处理的难度。

总体来看，反驳处理法如果使用得当，会很大程度上提高推销效率，但是一旦使用不当，后果非常严重。所以反驳处理法在解决客户异议的时候一定要慎用，尤其是面对敏感或自负的客户时，尽可能不采取这种方法。

7.3.2 但是处理法

但是处理法又叫间接处理法，是推销人员根据有关事实和理由来间接否定客户异议的方法。这种方法首先对客户提出异议表示理解或简单复述客户的异议，而后用"但是""然而"等转折连词表达出反对的理由，比较适用于因为客户的偏见、信息不完全而产生的异议，尤其是对于武断、自尊心强的客户更为有效。

> **案例 7-4**
>
> **但是法处理客户异议**
>
> 一位顾客在购买吸尘器时提出:"这种型号的吸尘器价格太贵,几乎比另外一个型号贵了一倍。"推销员回答道:"先生您说得很对,这个款式的价格确实是比较高。但是它的功能也是其他产品不能相比的,它有内置的可以灵活拆卸的垃圾桶,方便您及时清理吸尘器中的垃圾;它内置了雾化装置,确保吸尘过程中不会产生任何扬尘;而且它能够处理一些较顽固的污垢,使吸尘效果更好,省时省力。所以,一分价钱一分货,它的性价比还是很高的。"
>
> (资料来源:https://wiki.mbalib.com/wiki/但是处理法)
>
> **营销启示**:用这种方法可以使顾客容易接受(尤其容易从感情上接受)业务员的否定意见。明确表示同意顾客的看法,似乎是赞成的,这样就维护了顾客的自尊,然后在"不过"后面做文章,用有关事实和理由婉转地否认异议。换言之,业务员先不直接否定或反驳顾客的异议,而是表示理解,然后又证实顾客的观点并不全面,进行委婉地解释。这种方法在多数情况下都可采用,主要适用处理顾客提出的无效异议,使用中应转折自然,理由充分,有特点,尽量语言委婉,以免引起反作用。

但是处理法首先对客户提出的异议表示理解,使客户觉得自己所提出的问题受到了推销人员的重视。虽然这种方法对客户异议给予否定,但态度委婉,有利于保持良好的推销氛围,易于被客户接受。在复述客户异议的时候,推销人员有时间根据客户的反映分析异议的性质和根源,然后选择有利的推销重点有针对性地展开推销。

但是处理法也有一定的缺点,即推销员首先做出退让,有时使客户误以为是对异议的肯定,进而增加了对异议的坚持,使异议更难处理。而后又提出反对意见,如果事实理由不是很充分,那么客户会认为推销人员是在强词夺理、敷衍自己,是不可靠的,进而对购买丧失信心。

使用但是处理法的关键是选择反对异议的角度。承认客户的异议有一定道理,是顾及客户的情绪,真正的目的是要否定客户的异议。因此要淡化"退让",突出转折后的说服,在表示理解或复述异议的短暂时间里选择合适的角度,有针对性地提供有说服力的信息,使客户改变看法。这其中转折连词的运用很关键,比如用"但是",显得话锋转得太明显,为了使转折显得委婉,不过于生硬,可以运用"感觉""发觉"这样的词语,比如"许多客户在起初购买时也有这样的感觉,不过他们使用过后发觉……"这样使用委婉拒绝的效果会更好。

7.3.3 利用处理法

利用处理法又叫转化处理法,是推销人员直接利用客户异议中有利于推销成功的因素,将其转化为自己观点的一部分来消除客户异议,这是一种非常有效的处理客户异议的方法。例如,客户认为企业把太多钱花在广告上,倒不如省下广告费,多给客户利润。推销人员认可了广告费用的事实,然后将这个异议转化为对销售有利的方面:投入大量广告费可以吸引顾客购买我们的产品,不但节省了推销时间,同时还可以销售其他的产品,从而获得更多的利润。

案例 7-5

利用处理法的运用

一位业务员向一位中年女士推销一种高级护肤霜。顾客异议:"我这个年纪买这么高级的化妆品干什么?我只想保护皮肤,可不像小青年那样要漂亮。"业务员回答道:"这种护肤霜的作用就是保护皮肤,年轻人皮肤嫩,新陈代谢旺盛。用一些一般性护肤品就可以了,人上了年纪皮肤就不如年轻人,正需要高级一些的护肤霜。"

(资料来源:https://baike.baidu.com/item/%E8%BD%AC%E5%8C%96%E5%A4%84%E7%90%86%E6%B3%95/5327438?fr=ge_ala)

营销启示:顾客提出异议是成交的障碍,但同时也是顾客发出的成交信号。利用处理法就是要"以其之矛攻其之盾",将计就计,运用得当,就会收到好的效果。

使用利用处理法处理客户异议,表现出不回避问题的态度,首先肯定了客户异议中的一部分,拉近了与客户的心理距离,可以保持良好的人际关系和洽谈氛围,使客户有耐心听取推销人员进一步的解释说明,而后将被肯定的部分异议向有利于推销的方面转化,将推销障碍转化为成交的动力,变被动为主动,使推销更有针对性。

在对客户异议的性质进行转化时,一定要转得自然,转得合情合理。如果转化角度没有选好或者被肯定的部分异议与转化后的推销有利面不存在必然联系,会使客户认为推销人员是在强词夺理、钻空子、耍小聪明,从而引起客户反感,给客户留下不坦诚的印象。对于客户为了获得更多优惠而提出的异议,由于被销售人员巧妙地化解了,没有达到预期目的,使客户感觉非常失望,有可能继续提出新的异议。

在使用利用处理法的时候要注意:推销人员肯定的是客户异议中有利推销的那部分,是部分肯定。在肯定客户异议的时候要尽力赞美,因为客户异议中包含的积极因素是利用的基础。推销人员在赞美异议的实际性和异议性的时候要态度诚恳、方式得当、语气热情,转化后的有利于推销成交的方面必须是真实、正确的信息。

7.3.4 补偿处理法

补偿处理法也称平衡处理法、抵消处理法,是指推销人员承认客户异议的客观存在,利用异议以外的优惠来抵消异议所指问题带给客户的损失。任何产品都不可能十全十美,很多客户提出的异议是确实存在的。这种情况下,推销人员没有必要回避、掩饰,开诚布公地向客户证实产品确有不足之处,但是优点大于缺点,相信客户也不会苛刻地要求产品毫无瑕疵才会购买。这是一个可以普遍使用的方法。

案例 7-6

补偿处理法的运用

准顾客:这件衣服的款式、颜色都很棒,可惜布料不是很好。

销售人员:"您好眼力,它的布料的确不是最好的,若选用最好的布料,价格恐怕要比现在高出1倍。"

(资料来源:https://www.sohu.com/a/319764533120046995)

补偿处理法,肯定了客户提出的异议,而不是反驳、否定和利用客户异议。推销人员尊重客观事实,坦诚面对异议的态度,能获得客户情感上的认可,有利于保持良好的推销洽谈气氛。另外,通过充分说理和实例证明,使客户对商品有一个全面、客观的认识,使客户在理智上接受补偿建议和产品,有利于促成成交。而用来补偿的方面必然是能够给客户带来重大利益的推销重点,所以,补偿处理办法可以针对重点进行推销。

使用补偿处理法的第一步,就是对于客户的异议要进行肯定,而且是全部肯定。这很有可能使客户丧失购买信心。另外,随便使用补偿处理,可能会使提出虚假异议的客户尝到甜头,进而提出更多异议。还有一些对产品缺点了解不多的客户,在异议被肯定后加深了对异议的认识,增加了处理异议的难度。

在推销过程中,推销人员一定要认真分析客户提出的异议,只能认可真实、有效的异议。在承认客户异议后,要马上给予补偿,使客户确实意识到自己能获得的利益远大于产品的这些不足。这也要求我们提供的补偿内容应该指向顾客的购买动机,并且是真实、可以实现的。

7.3.5 询问处理法

案例 7-7

询问处理法的运用

顾客:"你们的新设备真是不错,不过,我现在还不想买。"

销售人员:"王经理,既然我们的设备很好,您为什么现在不买呢?"

顾客:"你们的设备虽然不错,但我觉得不值50万元一台啊!"

销售人员:"贵公司一直使用我们的设备,可从来没让你们失望啊!"

顾客:"我就是觉得你们这个设备比其他厂家的要贵啊,我们用不起。"

销售人员:"王经理,看您说的!如果连您都用不起,还有公司用得起吗?您觉得价格多少合适?"

营销启示:该案例中,推销人员对待顾客异议,没有马上讲事实摆道理,而是向顾客提出问题,引导顾客自己否定自己,最终达成交易。这种方法在实际推销过程中常常被推销人员采用,并能取得成效。

询问处理法也叫反问处理法、追问处理法,是指推销人员通过对客户异议提出疑问来化解异议的方法。在实际推销过程中,客户提出的异议多种多样,有的客户异议就是为拒绝推销而故意设置的,或者客户提出异议的真实原因与异议的表象不同,还有的客户甚至自己也不清楚异议的确切原因。客户异议诸多不确定性为推销人员排除异议增加了难度,有时很难快速、准确地判断客户异议的性质和动机。在这种情况下,推销人员可以对客户的异议进行询问,通过提问促使客户认真思考异议的真正根源,使推销人员获得更多的信息。而那些没有依据的无效异议,经过推销人员的一系列提问,客户自己就会得出异议不成立的结论。

面对客户的异议,推销人员带有请教口气的询问会让客户感到受尊重,比较乐于配合。通过询问,推销人员可以有针对性地进行主动引导,从而获得更多的关于异议的信息,找出异议的根源。这些比较适用于动机不明确或虚假的异议。

在询问过程中,推销人员要注意说话语气、手势、与客户的距离等,不要给客户造成一种被迫回答的压迫感。当客户提出异议后,及时询问,问题要仅围绕异议展开,在询问过程中要注意客户的情绪变化,客户不愿意讲并且不构成成交障碍的异议,就不要继续追问了。

7.3.6 更换处理法

更换处理法是指顾客对推销人员本身有异议时,通过更换推销人员对异议进行处理。有时顾客需要产品,仅因为推销人员与顾客在气质、性格、爱好等方面话不投机,或者因为推销人员礼仪不当引起顾客异议,那么,及时更换推销人员就是最好、最有效的方法。

顾客1:"嘴上没毛,办事不牢,我不敢轻易相信你。"

顾客2:"一直是另一位业务员与我们联系,今天怎么换人了?"

这个时候就需要及时更换推销人员,以便处理顾客对于推销人员的异议。

7.3.7 抢先处理法

抢先处理法是为预防顾客提出异议,而抢先就顾客可能提出异议的内容进行主动处理的方法。预防法可以缩短时间,起到防患于未然的作用。

例如,我们的这种清洁剂纯度非常高,一瓶可以兑成十瓶,我们配有勾兑的瓶子。它还可以清洁油烟机,清洗水果绒毛,所以虽然一瓶30元,但实际与普通清洁剂价格相当,而且功能要多得多。来,让我为您示范一下。

7.3.8 推迟答复法

推迟答复法是推销人员暂时不处理客户异议,等待顾客自我提示后再处理的策略。可以在展示完产品后,留一段时间给顾客思考,让顾客对产品做进一步的了解,顾客由此也会信任推销人员,并有可能购买产品。

推销员:"您所提出的问题,我查过资料后会给您一个最准确的答复。"

推销员:"很抱歉,您提的问题超出了我的权利范围,我请示领导后再给您回话吧。"

7.3.9 不理睬处理法

如果顾客提出的原因难以捉摸,或是无关、无效和虚假异议等,推销人员完全不用理睬。不理睬处理法可以避免浪费时间和精力,以集中精力去处理重点业务。当顾客向你抱怨你的公司或你的同行这样一类无关成交的问题,你都不用理睬,转而谈你要说的问题。比如,顾客说:"啊,你原来是××公司的推销员,你们公司周围的环境可真差,交通也不方便呀!"

尽管事实并非如此,你也不要争辩,你可以说:"先生,请您看看产品……"国外的推销专家认为,在实际推销过程中80%的反对意见都应该冷处理。

客户:"你们公司怎么会用女推销员?"

推销员:"男女都一样。这种打印机是引进国外先进设备生产的,各项指标都是一流的。"

本章小结

客户的异议类型按性质分有真实意义和虚假意义,按内容分有需求异议、财力异议、权力异议、价格异议、产品异议、服用异议、货源异议等。异议的成因有环境方面的、推销方面的和其他方面的。

正确处理客户异议要尊重客户异议、永不争辩、维护客户自尊,妥善处理客户异议。

处理客户异议的方法主要有反驳处理法、但是处理法、利用处理法、补偿处理法、询问处理法、更换处理法、抢先处理法、推迟答复法等。

推销人员要根据具体情况综合分析,采用适当的方法消除客户的异议,以实现推销的目标。

巩固与应用

1. 主要概念

客户异议 真实异议 虚假异议 客户异议的反驳处理法 客户异议的但是处理法 客户异议的转化处理法 客户异议的补偿处理法 客户异议的询问处理法

2. 复习思考题

(1) 客户异议按内容可以划分成几种形式?

(2) 如何处理价格异议?

(3) 在使用转化处理法处理客户异议的时候需要注意哪些问题?

(4) 试分析转化处理法和补偿处理法的异同。

3. 课堂实训

实训背景:

(1) 要求学生按照第1章自组公司和确定的经营背景完成。

(2) 某公司所在城市的国际会展中心恰好召开其经营项目的商品展销会。销售部部长带领整个销售团队积极备战,公司不仅设计了美观的展示台,各位推销员也做好了充分的准备,以面对前来参观的潜在客户们所有的推销异议。

实训活动:

(1) 商品展销会来临之前,销售部同事认真设计展销会展台,并最终完成展台的搭建。

(2) 商品展销会现场:

① 人头攒动,参观者络绎不绝。许多人都驻足在该公司的展台前(教师与其他公司成员扮演参观人员)。

② 每一名销售人员都至少接待了三名参观者。
③ 在每一次洽谈过程中,每一名参观者都提出了推销异议。
④ 销售部部长注意观察销售员在解决参观者推销异议过程中的表现,并在展会结束后召开总结大会。

(3) 每一名销售员都根据自己的表现,撰写工作总结。

4. 课外实训

任务:《精英律师》是由刘进执导,靳东领衔主演,蓝盈莹、孙淳、田雨、刘敏涛、朱珠、代旭主演的都市律政剧。该剧围绕权璟律所的职场江湖,讲述了以罗槟、戴曦为首的一群法律从业者,为守护公平正义、为职业理想奋斗的故事。罗槟在处理业务中遇到了很多客户的异议,他都巧妙地化解了,请找出剧中罗槟处理客户异议的情节进行分析。

目的:掌握揣摩客户心理与处理客户异议的技巧。

要求:以个人为单位完成分析报告。

考核点:客户异议的成因,对客户异议的处理方法。

5. 案例分析

推销新型打印纸

办公用品中有些东西,如各类纸张、颜料等都是无法重复使用的商品,它们需求量大、价格低、消费者在购买时不会左思右想,一般只要质量过得去就满足了,所以拍板作决定往往出自一些不确定的因素,或是购买手续方便,或者一时情绪冲动。

小黄为一家公司推销新型打印纸时,一般客户还没听说过这种产品,虽然该公司产品的质量人人信得过,但消费者用惯了其他品牌的打印纸,谁都没兴趣为买这点小东西而多跑几家厂,多比几家货。

小黄最初上门推销时,除了一个客户正巧旧打印纸用完,为了偷点懒不去商店才买下一批以外,其余的客户都摇摇头说:"我们不需要。"

"我可以用你的打印机吗?"第二天,小黄来到客户办公室寒暄之后,第一句就这么问。客户怔了怔,便点点头:"当然可以。"得到了允许,小黄就把自己带来的打印纸夹到打印机里,然后在计算机前坐了下来,在屏幕上输入这么一行字"您用普通打印纸,能打出这么清晰的字吗?"接着便发出打印命令。小黄从打印机上取下打印纸拿给客户看:"您不妨把它跟您用的普通打印纸比较一下。不用多说,您就会相信我们的新型打印纸一定适合您。"客户仔细地比较了一番,非常信服地看着小黄:"你们的质量的确一流。"说完后,爽快地向小黄订购了一批为数不少的新型打印纸。以后几天,小黄满怀信心地来到前些天被拒绝的客户那里,也用同样的办法推销,结果客户都纷纷愿意购买新型打印纸。

(资料来源:http://wenku.baidu.com/view/87938a0ff12d2af90242e66a.html)

思考:小黄最初上门推销时,碰到的是哪一种顾客异议?小黄又是如何处理异议的?

第8章 推销成交技术

学习目标

知识目标
1. 准确识别和灵活运用成交信号。
2. 正确选择促成交易的方法。
3. 掌握买卖合同的拟定内容、程序、履行和变更。

能力目标
1. 能正确识别成交信号并能用合适的方法促成交易。
2. 完整拟定一份买卖合同。

德育目标
1. 树立底线思维,不夸大其词,不弄虚作假,诚信交易,守住职业底线。
2. 公平交易,增强遵守合同法的法律意识。

案例导入

一次失败的推销对话

销售人员:您好,陈先生,我是王浩,您是需要一台在家使用的传真机吗?

客户:是的。

销售人员:我为您介绍的这款T100型传真机,可以自动进纸、自动出纸,同时具有来电显示、呼叫转移功能,除了简单的……

客户:噢,它可以进行无纸接收吗?

销售人员:可以。这一机型体积小、安装方便,非常适合家庭使用。

客户:听起来还不错。那价格是多少?

销售人员:1680元,我们的价格很合理。

客户:你们的售后服务怎样?

销售人员:我们的售后服务非常周到,产品买回家后如果出现问题,一月之内可以包换,一年内保修。同时,在全国22个大中城市都有我们的售后服务处,您可以放心购买。

客户:支付方式是怎样的?

销售人员:有两种支付方式:一是您可以直接把款打到公司的账户上,二是您可以通过邮局汇款。这两种方式您可以任意选择。

客户：沉默。

销售人员：我们的产品，无论从质量还是价格上来说，目前在市场上都极有优势。

客户：可是我认为你们的价格还是有些高。我再看看吧。（挂了电话）

营销启示：电话中，陈先生问了许多关于产品的问题，而这些问题很多都是成交信号。如询问能否无纸接收、询问价格、询问售后服务、付款方式等，而销售人员没有很好的识别成交信号，用恰当的方法促成交易，最终错失了一单生意。

俗话说，编箩编筐重在收边。推销人员经过一系列努力，终于进入成交阶段，促成交易是整个推销工作的最终目标，其他阶段只是达到推销目标的手段。如果推销没有成交，那么推销人员所做的一切努力都将白费。虽然成交的环境条件各不相同，成交的原因也各有特点，但是达成交易仍有一些共性特征，推销人员掌握和熟悉这些特征后，对提高成交率将有很大的帮助。

8.1 成交信号

推销成交就是推销人员帮助顾客做出使买卖双方都受益的购买决策的行动过程。一方面，从推销过程来讲，成交是推销洽谈的延续，如果洽谈工作进行得很顺利，产品介绍、顾客异议等环节都得到妥善处理，达成交易就是自然而然的事情。另一方面，成交是推销工作的一个重要环节，也是有技巧的，如果推销人员掌握并正确运用成交技巧，那么成交的概率将大大增加。

微课：成交信号

成交信号是指顾客在语言、表情、行为等方面所表露出来的打算购买推销品的一切暗示或提示。在实际推销工作中，顾客为了保证实现自己所提出的交易条件，取得交易谈判的主动权，一般不会首先提出成交，更不愿主动、明确地提出成交，但是顾客的购买意向总会通过各种方式表现出来。对推销人员而言，必须善于观察顾客的言行，捕捉各种成交信号，及时促成交易。

顾客表现出来的成交信号主要有语言信号、行为信号、表情信号、事态信号等。

8.1.1 语言信号

语言信号是推销人员在与顾客的交谈中发现的顾客某些语言所流露出来的成交信号。语言信号主要有以下几种。

1. 询问使用方法和售后服务

如果客户询问了使用方法和售后服务，推销员就可以认为客户在假设成交。

这个产品怎么操作？

产品的保修期多久？提供哪些售后服务？

2. 询问交货期、交货手续和支付方式

询问到这类问题，就表明客户已经准备成交。

你们有现货吗？交货是自提还是你们负责运输？你们有分期付款吗？可以刷信用卡吗？一次性付款有没有折扣？

3. 询问保养方法和使用注意事项

这类问题也说明客户已经假设成交，推销员可以用假设成交法对客户做出令其满意的回答。

这个产品使用的时候有什么需要注意的吗？保养怎么做？

4. 询问价格和新旧产品比较

可不可以便宜点？

新款与旧款比有哪些优势？

5. 询问对商品使用的意见？

红色好看还是黄色好看？

这个裙子跟我上衣搭吗？

6. 客户要求再看一次或是再示范一次

能否再示范一下啊？

能重新说一下吗？我拿笔记一下。

7. 客户要求再确认或保证

这个产品真的有你说的那么好用吗？

你这个价格肯定是最低价吗？别过几天又降价哦。

8. 询问有哪些人或哪些团队购买

这款机型的销售情况怎么样，用的人多吗？

目前有哪些公司或企业采用这个系统？反映怎么样？

8.1.2 行为信号

行为信号是推销人员在向准客户推销的过程中，从准客户的某些细微行为中所表现出来的购买信号。行为信号主要有以下几种。

1. 由静变动

如要求看产品说明书，操作产品等。

2. 动作由紧张变轻松

如身体后仰，擦脸拢发，或者做其他放松舒展性的动作。

3. 由单方面动作转为多方面动作

如顾客转身靠近推销员,掏出香烟给对方,表示友好,进入闲聊。

4. 对订货单兴趣很大的一些行为

如顾客出现找笔、摸口袋、靠近订货单、看订货单等行为。

8.1.3 表情信号

表情信号是在推销过程中顾客的面部表情和体态表现出来的购买意向。表情信号主要有以下几种。

(1) 面对推销人员的说明,顾客频频下意识地点头或者眨眼睛。
(2) 顾客表现出感兴趣的神情,变得神采奕奕。
(3) 腮部放松,情绪逐渐变得明朗轻松。
(4) 表情由冷漠、怀疑、深沉变为自然、大方、随和。

8.1.4 事态信号

推销人员在与顾客接触过程中,顾客对与推销活动有关事态发展变化所表示出来的一种购买信号。

(1) 顾客主动提出更换谈判场所或提出变更推销程序。
(2) 顾客由专心地听转为要求看合同书。
(3) 顾客接受推销人员的重复约见或主动提出会面时间。
(4) 洽谈中,接见人员主动向推销人员介绍企业的负责人和高级决策人员。
(5) 顾客开始主动征求其他人的意见。

案例 8-1

一次成功的推销电话

销售人员:您好,赵总,我是××公司的刘斌。

客户:哦,小刘啊。

销售人员:上次谈的关于培训的事,您考虑得怎么样了?

客户:我看了你发来的课程资料,这个能不能便宜一些啊?(购买信号)

销售人员:价格是全国统一价格,实在不好意思,不能帮您。

客户:这样……(短暂沉默)现在多少人报名了?(购买信号)

销售人员:现在已经有45人,大部分来自您所在的行业,有××公司等,请问您打算安排几个人参加培训?

客户:4~5个吧。

销售人员:如果这样我先给您留4个名额吧。

客户:不不,我想想,还是留5个吧。

销售人员:可以,赵总,课程就要开始了,我需要安排住宿,请问报名回执您什么时候可以发给我。(抓住成交信号,进行发挥)

客户:明天吧。

销售人员:好的,谢谢您。我等您回执,如果因为别的原因没有收到您的回执,我再打电话给您,好吗?

客户:可以,我安排一下,就发给你。

销售人员:好的,谢谢您。

(资料来源:袁丽萍.成交高于一切[M].北京:中国言实出版社,2017)

营销启示:案例中,销售人员从客户的言谈中发现了客户的兴趣,知道客户的诚意,很好地把握住了成交时机。他之所以主动选择4个,因为他判断自己与客户的信任度还没有充分建立起来,不想给客户留下一个做推销的印象,所以选择了保守,赢得了客户的信任。

8.2 推销成交的策略与方法

推销成交最为关键,就像足球比赛的临门一脚决定着成败,因此,推销人员要不断提升自己的成交技术,不仅要懂得识别成交信号,还要懂得用恰当的策略、合适的方法来促成交易。

微课:推销成交的策略与方法

8.2.1 推销成交的策略

推销成交的策略是促成交易活动的基本方法与谋略,适用于各种商品或服务的买卖活动,主要如下。

1. 消除心理障碍

成交的障碍主要来自顾客异议和推销员自身的心理障碍。其中,推销员的心理障碍指的是各种不利于成交的推销心理状态。比如,在洽谈进入成交阶段时,如果推销员表现出高度兴奋、喜形于色说明他是个新手;如果他成交时心情紧张、举动失常,说话词不达意,就会使成交受阻,难以实现。

推销员要以积极、平静、坦然的态度对待成交的失败,这样有利于推销员取得心理上的优势,让顾客感到推销这种产品对推销员来说是一件十分平常的事情,推销产品和服务很受欢迎。同时,推销员还应该不卑不亢,充满自信心,为自己的工作感到骄傲和自豪,才能激发巨大的工作勇气和力量。

2. 善于捕捉信息

成交信息是指顾客在接受推销员的过程中有意无意地通过表情、体态、语言及行为等流露出来的各种成交意向。它可以是一种成交的暗示。如微笑、漫不经心地看商品资料,下意识地点头,仔细研究商品,要求对商品进行操作示范,提出有关问题,赞成你的意见等,都是成交的信号,一般情况下,顾客表现出来的成交信号大致有语言信号、表情信号、行为信号和事态信号。

一个成功的推销员不仅需要理解顾客的有声语言,更重要的是能够观察顾客的无声语言信号,能够理解对方通过身体语言所表达出来的无声信息,正确识别、判断顾客发出的成交信号,及时促成交易。

3. 保留成交余地

保留一定的成交余地,就是要保留一定的退让余地。在推销谈判中,推销员应及时提出推销重点,开展重点推销,去吸引顾客,但不能和盘托出。因为顾客从产生兴趣到做出购买决定是一个过程,一旦谈判开始,推销员就亮出了自己的底牌,就难以进行下一步的"讨价还价"了。所以,为了减少被动,有效地促成交易,推销员一定要保留适当的退让余地。

4. 随时促成交易

因为正常情况下,人们一般不会轻易做出购买决策,所以在整个推销交易的过程中,推销员必须机动灵活,随时发现成交信号,把握成交时机,促成交易。

当推销员判断时机已经成熟了,就应该向顾客提出成交的建议。此时,顾客就会犹豫或提出要求,推销员应设法消除顾客的异议并做出必要的让步,然后再次提议,让步,不断重复,不断深化,一次次争取直至成功。

5. 抓住成交的良机

就像男人向女人求婚,销售员提出成交的时机也有讲究。现实生活中,男人向女人求婚的好时机不外是女人心情最好的时候,这就要了解她什么状况下心情最好,提高其情绪到最高点;或者好日子,如七夕和情人节。同样的道理,销售工作最终的目标是完成生意,推销员必须要找出很好的成交时机促成交易。

成交良机是指目标顾客和推销员在思想完全达到一致的时机。人们经常认定在某些瞬间买卖双方的思想是可以协调起来的,如果推销员不能在这一特定的瞬间成交,成交的机会就会永远消失。但不是说一次买卖中成交的时机只有一次,而是说推销员要时刻注意倾听和观察,抓住任何可能的机会拍板。

案例 8-2

麦穗哲理

古希腊哲学家苏格拉底的三个弟子曾向苏格拉底求教,怎样才能找到理想的伴侣。苏格拉底没有直接回答,却带徒弟们来到一片麦田,让他们在麦田的行进过程中,每人选摘一支最大的麦穗,不能走回头路,且只能摘一支。一个弟子刚走几步便摘了自认为是最大的麦穗,结果发现后面还有更大的;第二个弟子一直是左顾右盼,东挑西拣,一直到了终点才发现,前面的几个大麦穗已经错过了。第三个弟子吸取前两位的教训,当他走了1/3路程时,即分出大、中、小三类麦穗,再走1/3时验证是否正确,等到最后1/3时,他选择了属于大类中的一支麦穗。

营销启示:"麦穗哲理"告诉人们,选择目标与机会不能盲目轻率,也不能犹豫不决,要在调查研究的基础上果断出手,这样即使不能选择到最佳的目标或机会,但离最佳的目标或机会一定也不会太远。

8.2.2 推销成交的方法

在成交过程中,推销员在适当的时机,为了启发顾客做出购买决定,促成顾客购买而采用的推销技巧和手段就是推销成交方法。对于一个推销员来说,熟悉和掌握各种成交的方法和技巧是非常重要的。下面将介绍几种主要的方法和技巧。

1. 请求成交

请求成交法是指推销员用简单明确的语言,向顾客直截了当地提出购买建议,也叫直接请求成交法。这是一种最常用也是最简单有效的方法。此方法比较适用的情况:当顾客已经表现出购买信号时;或面对老顾客进行推销活动时;或当顾客没有意识到该做出购买决策时等。比如,一位顾客对推销员所推荐的计算机非常感兴趣,反复地询问电脑的各种配置和价格等问题,但还是没有做出最后的决定。这时推销员便可以说:"这台计算机配置是非常先进的,品牌计算机质量又很有保证,免费上门维修一年,终身保修。现在正好是促销期间,价格上还可以打个八折优惠。"又比如,某品牌服装专卖店服务员面对一位 VIP 顾客推门进店时,就可以很轻松地将其带到新推出的服装款式面前,进行推荐。因为双方已经打过交道了,该服务员一定非常熟悉这名 VIP 顾客的详细信息,这名顾客也对这个品牌和该服务员非常信任。这时候的请求成交就是最简单的面谈,然后就达成了交易。

主动请求法的优点是可以有效地促成购买;可以借要求成交向顾客直接提示并略施压力;可以节省洽谈时间,提高推销效率。但它也存在一些局限性。从上述两个案例中可以发现,当顾客面对这样的提问提出反对意见时,局面就会显得很尴尬,破坏不错的推销气氛;可能会给仍没有最后下决心购买的顾客增加心理压力;可能使顾客认为推销员有求于他,从而使推销员处于被动等。所以,推销员在使用这种方法时,一定要研究当时的环境,及时把握时机,争取在整个推销过程中始终处在肯定和积极的方向上。

2. 假定成交

假定成交法是指销售员先假设顾客一定会购买,再直接请求顾客购买的推销方法。推销员在采用这种方法时常用"假如您购买该产品,请问您将其摆放在何处""假如您要购买该产品,使用者是谁"等这样的话。运用假设成交,让顾客进入一种情境,从而强化顾客购买的欲望。比如,一位化妆品推销员对一个选购唇膏的顾客说:"您看看这款唇膏,很适合您的年龄和肤色,我给您包好,好吗?"

假定成交法的优点是节约时间,提高推销效率;可以减轻顾客的成交压力。因为它只是通过暗示,顾客也只是根据建议来作决策。这是一种最基本的成交技巧,应用很广泛。但也有它的局限性,主要是因为可能产生过高的成交压力,破坏成交的气氛;不利于进一步处理顾客异议;如果没有把握成交时机,就会引起顾客反感,产生更大的成交障碍。

推销员在运用此种方法时,必须对顾客购买的可能性进行分析,在确认顾客已有明显购买意向时,才能以推销员的假定代替顾客的决策,但不能盲目地假定;在提出成交假定时,应轻松自然,决不能强加于人。最适用的人群是:较为熟悉的老顾客和性格随和的顾客。

3. 选择成交

推销员直接向顾客提供一些购买决策选择方案,并且要求顾客立即选择购买的一种成交方法。它是依据假定成交理论,先假设成交,再选择成交。采用这种方法经常出现的情况是,无论顾客做出怎样的选择,结果都是成交。常用的句式是"您要 A 还是 B?""您买多还是买少"等选择式问句,如"您要红颜色的还是灰颜色的商品""您用现钱支付还是用转账支票""您要精装的还是简装的"等。

选择成交法的优点是可以调动顾客购买决策的积极性,在良好的气氛中成交;同时也因为限定了购买范围而提示顾客购买,加快交易。但是给定选择范围的时候一定要事先正确分析和判断顾客的真正需求,提出适当的选择方案,注意既要主动热情,又不能操之过急,不能让顾客有受人支配的感觉。

4. 小点成交

小点成交又叫次要问题成交法,就是推销员通过次要的、小一点问题的解决,一步步接近顾客的真实需要,促成成交的方法。这里的"小点"就是那些次要的、小一点的问题。一般情况下,顾客会因为心理压力大而比较重视一些重大的成交问题,轻易不作明确的表态;相反地,对于一些细小的问题,往往容易忽略,决策时比较果断、明确。常用的是先就成交活动的具体条件和具体内容达成协议,再就成交活动本身与顾客达成协议,最后达成交易,如顾客提出资金较紧,推销员对于不那么畅销的商品,这时可以说:"这个问题不大,可以分期付款,怎么样?"

小点成交法可以避免直接提出成交的敏感问题,减轻顾客成交的心理压力,有利于推销员推进,但又留有余地,较为灵活。它的缺点是可能分散顾客的注意力,不利于针对主要问题进行劝说,影响顾客果断地做出抉择。

运用此种方法时,要根据顾客的购买意向,选择适当的小点,同时将小点与大点有机地结合起来,先小点后大点,循序渐进,达到以小点促成大点的成交目的。

5. 从众成交

大街上经常可以看到一群人围着一位摊主抢购某种商品。其实,这一群人并不是真正的顾客,而是摊主的"托儿",这么做就是为了营造一种"抢购"的氛围,让大家都来购买。这就是心理学的从众心理和行为,这是一种非常普遍的社会现象。人的行为既是一种个体行为,又是一种社会行为,受社会环境因素的影响和制约,参照大多数人的行为去做,就像是"时尚"的流行。从众成交法也正是利用了人们的这种社会心理,创造一定的众人争相购买的氛围,促成顾客迅速做出购买决策。

从众成交法有利于购买的环境背景,有利于吸引更多的顾客,可以省去许多推销环节,简化推销劝说内容,促成大量的购买,有利于顾客之间的相互影响,有效地说服顾客。可以说,"现代人都讲究健康,环保,您看这种环保涂料是现在销售量最好的了,您所居住的这个小区差不多 80% 的居民都选择这个牌子的。不信,你看看楼下的垃圾站,都是这个牌子的包装盒"。

运用此种方法,可以增强推销员的说服力,比简单地介绍商品、宣传商品的优点、式样的效果更好,但是一定要注意顾客购买的心态,进行合理的诱导,不能采用欺骗手段诱使顾客上当。

案例 8-3

利用心理暗示,让顾客接受产品

狮子一见到狐狸就想吃掉它,狐狸对狮子又怕又恨。一天,狐狸趁狮子睡着的时候,偷偷在它的臀部挂了一个标签,上面写着:"狮子狗,宠物,18 号。"上面印了一个大红戳,并署上了一个动物学家的名字。

从此以后,动物们一见狮子都窃窃私语:"那头狮子狗好大呀!"狮子气坏了,但又无法摘掉这个标签,就问:"你说,我是不是狮子?"

"您确实是狮子,不过,我们现在认为你是狮子狗。"

"胡说,我怎么会是只狗?我身材这么高大。"

"也许是吧,从外表上看您是像狮子,但权威的动物学家给您的鉴定是狗。"

问了很多动物,大家都说它应该是只狗。狮子有点相信了。

最后,这只狮子去问一只真正的狮子狗。狗说:"您长得很像我们,但体形却太大了!也许是有点异化了!您可能是我们的同类。"狮子从此变了,它开始温驯起来,而且在路上见到狐狸等大一点动物还会主动让路。

(资料来源:http://blog.sina.com.cn/s/blog_514ea32001008qoq.html)

营销启示:心理暗示是降低客户期望值的一种很有效的方法。在这则寓言中,狐狸就是用心理暗示的方式让狮子变得温驯了。在与潜在客户的具体沟通过程中,也可以用恰当的语言给他们一些心理暗示,有意为他们设定期望,从而使他们顺利地接受你所提供的产品或服务。

6. 其他成交法

除以上几种主要方法以外,推销员在推销实践中还总结出一些好方法、好手段,包括以下几方面。

(1) 异议成交法。推销员在转化顾客异议以后,抓住时机,及时提出成交要求,这种方法也是转化顾客异议和主动请示成交法的一种有机结合的方法。

(2) 最后机会法。最后机会法是推销员向顾客提示最后成交机会,促使顾客立即购买的一种成交方法。这种方法的实质是推销员通过提示成交机会,限制成交内容和成交条件,利用机会心理效应,增强成交一再强调"机不可失,时不再来"的理念,往往在最后机会面前,顾客会由犹豫变得果断。

(3) 优惠成交法。优惠成交法是指推销员通过向顾客提供一定的优惠条件而促成成交的一种方法。这种方法实际上是对顾客的一种让步,主要满足顾客的求利心理动机。推销员可以答应顾客购买某种商品,可以获得赠送品,或顾客购买量达到一定数量时,可以给予特别折扣,如超市某品牌牛奶买一赠一;某服饰专柜全场限时七折优惠等。

(4) 保证成交法。保证成交法是指推销员通过向顾客提供售后保证而促成商品交易实现的一种方法。顾客在考虑购买推销商品时往往因为害怕上当受骗而拖延成交时间,甚至最后放弃购买。此时,使用保证成交法就是要通过消除顾客疑虑,增强其成交信息来促成交易,像"我保证这是全市最低价,您要是发现有谁家的价格比我们的低,我保证给您退货"。

(5) 欲擒故纵法。欲擒故纵法是指推销员佯装消极销售的样子,诱使顾客积极购买而实现成交,这是一种以被动的推销换取顾客的主动购买的方法。在日常的推销活动中我们发现当推销员表现很冷漠的时候,有一些顾客却认为推销员是因为产品质量好,不愁销路才表现出一副爱搭不理的样子的。这时,顾客反而会积极成交。

案例 8-4

优惠协定法促成交易

以下是某家具卖场销售员与顾客的对话。

顾客:可不可以打个折扣?

销售员:首先感谢先生对我们的关照和支持。您前后来过几次,相信您也是经过货比三家才最后选择我们的产品的。其实我们××家具是个著名品牌,都是全国统一定价,所以一般零售我们都能做到公开、公平、公正,这一点请您放心。不过,公司经营本着"薄利多销"的原则,如果您的购买数量达到团购的标准,我就可以为您去申请团购折扣……请问您这次会购买多少家具呢?

顾客:我这次只买这一套(床与衣柜)。

销售员:先生,您的购买量还达不到公司的团购标准,因此不能享受到折扣优惠,您是否可以多买几件呢?

顾客:这次暂时就买一套,如果用得好,我会再支持你们的,而且我也会向其他亲朋好友推荐的。

销售员:首先谢谢您的关照。但公司的原则是不能改变的,我可以看看其他店现在是否有成交单。如果有,我们可以把成交单合起来,作为一个团购单,那就有可能为您申请到一点折扣。但您要告诉我,假如真有可能为您申请到折扣,您是否马上就能决定购买呢?

顾客:那我还要看看打的折扣是多少?

销售员:昨天我们有个顾客和两位亲戚一起来买,他们的单价比您的高5倍,才申请到九八折。您现在的情况,即使能凑上几个单,但能不能申请到九八折我还不能确定。如果真的为您幸运地申请到九八折,您马上就能决定购买吗?

顾客:可以啊!希望您能帮我争取到这个折扣。

思考:从这个案例中可以获得什么启示?

 课程思政:坚持底线思维　守住职业底线

素材:低价游套路多　推销员虚假销售

生活中人们经常会看到各种促销广告,超低的价格非常吸引人,推销员巧舌如簧地向顾客推销各种产品,尤其是旅游景点产品的销售问题非常突出,经常会有景点附近的各种经营场所价格虚高、宰客或者以次充好等新闻爆出。

视频:低价游套路多,推销员虚假销售

讨论：观看视频，讨论旅游景点这样的产品为求一时之利会引发哪些不良影响？最终会伤害谁的利益？推销员该如何守护自己的职业操守？

8.3 签订和履行合同

推销人员运用恰当的策略和方法终于让顾客同意成交，接下来就是签订合同。推销活动中签订的合同属于买卖合同，买卖合同是出卖人转移标的物的所有权于买受人，买受人支付价款的合同。

微课：签订和履行合同

8.3.1 买卖合同的特征与内容

1. 特征

买卖合同是最典型、最重要的转移财产所有权的合同，买卖合同具有以下特征。

(1) 买卖合同的所有权发生转移。当事人双方订立买卖合同的目的就是使财产的所有权发生转移。通过买卖合同的订立和履行，卖方将自己生产或经营的一定数量的产品转让给买方，买方接受卖方提供的产品并为此支付价款。

(2) 买卖合同是双方有偿诺成合同。买卖合同是双方当事人互享权利、互负义务的合同。卖方有取得价款的权利，必须转移财产的所有权；买方有取得财产所有权的权利，必须为此而支付价款。买卖合同是为了实现双方各自的经济利益，按照等价交换的原则而订立的合同。

买卖合同是诺成合同。买卖合同自卖方和买方依法就合同的主要条款经过协商达成一致，合同成立，并不以交付实物为合同的成立条件。

案例 8-5

建筑公司与钢材厂的合同纠纷

1月20日，某建筑公司向某钢铁厂购买钢材2000吨，每吨价格3600元，并签订了一份钢材买卖合同。合同中约定由钢铁厂于5月20日和10月30日分两批将2000吨钢材送到建筑公司在甲地的施工现场，货到后一个星期内，建筑公司支付货款。5月20日，钢铁厂将1000吨钢材运到建筑公司在乙地的施工现场。建筑公司多次与钢铁厂协商，要求其将1000吨钢材按合同中的约定运到甲地的施工现场，而此时甲地的施工现场因钢材未能按期送货导致工期推迟，损失4万元。钢铁厂认为自己已经按合同中的约定履行了交付钢材的义务，且乙地的施工现场也属于建筑公司，因此不同意支付额外的运输费再将该批钢材运至甲地，并要求建筑公司支付该批钢材的货款360万元。建筑公司认为钢铁厂不按合同履行，因此拒绝支付货款。10月30日，钢铁厂将第二批1000吨钢材运送到建筑公司在甲地的施工现场，而此时市场的钢材价格大幅降价，建筑公司以钢铁厂不守信用为由拒绝受领。建筑公司与钢铁厂发生纠纷，双方均认为对方违约而诉至人民法院。

营销启示：钢铁厂应当依照双方合同的约定，全面、适当地履行合同义务。钢铁厂无视合同关于履行地点的约定，应在甲地的施工现场交货，却在乙地的施工现场交货，属于违反合同的违约行为。建筑公司多次与钢铁厂协商，要求其将1000吨钢材按合同的约定运到甲地的施工现场，而钢铁厂认为自己已经按合同中的约定履行了交付钢材的义务，而且乙地的施工现场也属于建筑公司，因此不同意支付额外的运输费再将该批钢材运至甲地，这显然违反了诚实信用原则。因此，建筑公司因为钢铁厂的违约导致工期延误所造成的损失，应当由钢铁厂承担。

钢铁厂第一批钢材虽然运输地点出现失误，但只是造成4万元的损失，不构成根本违约，因此，建筑公司应受领第一批的1000吨钢材。钢铁厂第二批钢材在10月30日运至甲地，符合合同约定，虽然钢材市场价格大跌，但也必须遵守合同约定的价格进行交易。

2. 内容

买卖合同的主要条款是买卖合同的核心部分，它确定了合同双方当事人的权利和义务，对买卖合同是否有效起决定性的作用，同时又是当事人履行买卖合同的主要依据。我国于2021年1月1日起实施的《中华人民共和国民法典》第三编合同第四百七十条对合同的主要条款作了以下明确的规定。

（1）当事人的名称或者姓名和住所。

（2）标的，即买卖合同当事人双方权利和义务所共同指向的对象。买卖合同中的标的主要表现为销售的商品或劳务。

（3）数量和质量，指买卖合同的数量和质量。确定标的数量，应明确计量单位和计量方法。

（4）价款或报酬，是取得合同标的一方向对方支付的以货币数量表示的代价，体现了买卖合同所遵循的等价有偿的原则。

（5）履行期限、地点和方式。履行期限是合同双方实现权利和履行义务的时间，它是确认买卖合同是否按时履行或延期履行的时间标准。履行地点是一方当事人履行义务，另一方当事人接受履行义务的地方，直接关系到履行合同的费用和期限。履行方式是指合同当事人履行义务的具体方法，由合同的内容和性质决定。

（6）违约责任，指买卖合同当事人违反买卖合同决定时应承担的法律责任。

（7）解决争议的方法。

8.3.2 签订买卖合同

1. 签订买卖合同的基本原则

（1）遵守国家的法律和政策。

（2）遵守国家的计划要求。

（3）遵守平等互利、协商一致、等价有偿的原则。

（4）遵守诚实信用原则。

2. 签订买卖合同的程序

推销员在签订买卖合同时,要与对方当事人就合同的条款内容进行反复协商,取得一致意见,并签署书面协议。这个过程中,包括要约和承诺两个阶段。

(1) 要约。要约是当事人一方向另一方提出订立买卖合同的建议和要求。提出要求的一方是要约人,对方称为受约人。要约人在要约中要向对方表达订立买卖合同的愿望,并明确提出买卖合同的主要条款,以及要求对方做出答复的期限等。要约人在自己规定的期限内,要受到要约的法律约束;如果对方接受自己的要约,就有义务同对方签订买卖合同。

(2) 承诺。承诺,又称为接受、接盘,是受要约人同意要约的意思表示。要约一经承诺,即表明双方就合同主要条款达成协议,合同即告成立,所以承诺对合同的成立起着决定性的作用。

在实践中,一份买卖合同的订立往往要经过要约、反要约,一直到承诺这样一个比较复杂的过程。判断一个买卖合同是否成立,主要看是否经历了要约和承诺两个阶段。

8.3.3 合同的履行与变更

1. 买卖合同的履行

买卖合同的履行,指买卖合同当事人按照合同规定的内容,全面完成各自应承担的义务。推销员依法签订买卖合同后,标志着合同履行过程的开始,买卖合同规定的全部义务履行完毕,宣告买卖合同终止。

1) 买卖合同履行的原则

买卖合同履行的原则包括全面履行原则和诚实信用原则两项。

全面履行原则,也叫正确履行原则,是指买卖双方应按照买卖合同规定的标的及其质量、数量,由适当的主体在适当的履行期限、履行地点,以适当的履行方式,全面履行合同义务。

诚实信用原则,是指买卖双方履行合同时应根据合同的性质、目的和交易习惯认真履行通知、协助、保密等义务,其主要体现为协作履行的原则和经济合理的原则。

2) 双方共同履行的义务

买卖合同订立以后,购销双方当事人应当按约定全面履行各自的义务,包括通知、协助和保密。

3) 出卖人履行的职责

(1) 出卖人必须按合同规定的质量标准、期限、地点等交付标的物。

(2) 向受买人交付标的物或者提取标的物的单证。

(3) 出卖人应当按约定买受人交付提取标的物单证以外的有关单证和资料,如专利产权带的有关专利证明书的资料、原产地说明书等。

2. 买受人履行的职责

（1）买受人收到标的物时应当在约定的检验期间检验。没有约定检验期间，应当及时检验。

（2）买受人应当按照约定的时间、地点足额地支付价款。

3. 买卖合同履行的一般程序

（1）审查合同的有效性。

（2）交付货物。

（3）货物验收。

（4）货物价款的结算。

4. 买卖合同的变更或解除

买卖合同是依法订立的，具有法律约束力，买卖双方都必须严格按照合同规定的条款认真履行自己的义务，任何一方均不得擅自变更或解除，否则应承担违反买卖合同的法律责任。

5. 买卖合同变更或解除的含义

买卖合同的变更，是指合同成立后履行前或在履行过程中，因所签合同所依据的主客观情况发生变化，而由双方当事人依据法律、法规和合同规定对原合同内容进行的修改和补充。

买卖合同的解除，是指提前终止买卖合同的效力，也就是在约定的买卖合同有效期到来之前或者在买卖合同尚未全部履行的情况下，提前终止买卖合同的权利义务关系。

6. 买卖合同变更或解除的条件

根据我国《民法典》相关规定，凡发生下列情况之一者，允许变更或解除买卖合同。

（1）当事人双方经过协商同意，并且不因此损害国家利益和影响国家计划的执行。

（2）订立买卖合同所依据的国家计划被修改或取消。

（3）当事人一方由于关闭、停产、转产而确定无法履行买卖合同。

（4）由于不可抗力或由于一方当事人虽无过失但无法防止的外因，致使买卖合同无法履行。

（5）由于一方违约，使买卖合同履行对于另一方成为不必要。

7. 买卖合同变更或解除的程序

（1）当事人要提出变更或解除买卖合同的建议。

（2）变更或解除买卖合同的建议和答复，应在双方协议的期限内或有关业务主管部门规定的期限内提出。

（3）变更或解除买卖合同的协议，应当采取书面形式。

（4）变更或解除按特别程序签订的合同，应按原特别程序进行。

课程思政：法律意识 审慎意识

素材：平台标错价的合同交易纠纷

合同一旦签订具有法律效力,所以在签订合同时要审慎,要仔细核对合同内容。互联网时代,很多交易通过网络进行,网络交易平台的产品如果价格写错了,又被顾客购买了,那造成的损失是不是可以不认账呢?

讨论：观看视频,讨论推销员作为卖方代表,对于维护公平交易、遵守法律、法规的意义。

视频:平台标错价的合同交易纠纷

8.4 成交后的跟踪

推销员与顾客签约成交后,并不意味着销售活动的结束。成交后,推销员必须及时履行成交协议中规定的各项义务及承诺,及时处理各种问题,收集客户的反馈意见等,这就意味着,成交后推销员还需要与客户保持紧密联系,时刻关注顾客的满意程度、需求变化趋势以及新需求的产生,这就是成交后的客户跟踪维系阶段。

微课:成交后的跟踪

8.4.1 与顾客保持良好关系

与顾客保持良好关系包括双方利益关系的维系和感情关系的维系。推销员要与顾客维系良好的关系,可从以下几个方面入手。

1. 表达友好之情

人们常常因为买东西而与卖方交上朋友,推销员及其推销机构同样因为与客户的交易促成了深厚的友谊,客户不但成为产品的购买者、使用者,而且会变成企业、品牌的拥护者,成为推销员的好朋友。与顾客保持良好关系需要通过一点一滴的事情达到。比如,不时去拜访一下客户,询问一下产品使用情况,让客户觉得推销员关心自己,也愿意对所推销的产品负责;节假日发个信息、打个电话或者发封邮件,表示一下问候,会让客户感觉很温暖;企业或行业有什么信息及时告诉客户;有什么活动或聚会通知客户参加;遇到重大传统节日给客户送上一份小礼品;有什么新产品计划请客户参与讨论,听听他们的意见;客户家里遇到什么困难主动出面帮助解决等,都可以增进与顾客的感情。有人把企业与消费者之间建立起的巩固关系比喻为筑塘、蓄水和养鱼的关系。所谓"筑塘",就是企业和销售人员要通过坚持不懈的努力,保持和顾客稳固的关系;而"蓄水"则是企业和销售人员要坚持不懈、锲而不舍地投入爱心,进而使企业、销售人员与顾客的关系犹如"鱼水情"。

2. 妥善处理顾客投诉

如果产品有什么问题或某个服务环节不能让顾客满意可能会遭遇顾客投诉。顾客不满意有两种处理方式:一种是不满但不投诉,心里不高兴,不再购买,还会把不满告诉亲戚朋友;另一种是不满立即投诉,要求企业给个说法甚至索赔。客观来讲,前者更可怕。顾客流失了企业还不知道怎么回事,而后者对于企业反而是好事,让企业知道问题出在哪里,以便做出改进。因此,推销人员要善于倾听客户的声音,学会妥善处理销售过程中的投诉,维护企业声誉的同时,尽量弥补和挽回给顾客带来的损失,以真诚赢得客户的信赖,为不断巩固老客户、吸引新客户而努力。总之,推己及人,用真心换真心。

3. 实施客户关系管理

客户关系管理(customer relationship management,CRM)是一种技术解决方案,它通过一系列的过程和系统来支持企业的总体战略,以建立与特定客户之间长期的、有利可图的关系。CRM还是一种管理理念、营销理念,其核心思想是将企业的客户作为最重要的企业资源,通过全面的客户认识、完善的客户服务和深入的客户分析来满足客户需要,培养客户忠诚,实现客户价值最大化。客户关系管理以客户数据库为基础进行。

8.4.2 服务跟踪

服务跟踪是现代销售理论的一个新发展,要求主动跟踪。客户跟踪的内容虽然包括售后服务,但也不全是售后服务,而应该是售后服务的延伸、发展。推销员在将产品销售出去后,还须继续保持与客户的联系,以利于做好成交善后工作,提高企业信誉,增进客情,同时结识更多新客户。对推销员而言,重要的是对每一位客户,都保留一份详尽的记录,以保持同他们的联系,从而加深感情。销售成交后,能否有效跟进并保持和客户的关系,是销售活动能否持续的关键。主要可以通过以下形式进行。

(1) 登门拜访。推销员可以借各种理由去访问正在使用其推销产品的客户,以了解产品使用情况或客户意见等。面对面的访问可以实现充分交流,有利于增进客情,建立私人的感情关系。推销员可以制订一个专门的访问计划,保持与客户的见面频率。

(2) 电话联系。由于业务繁忙不能亲自登门拜访老客户时,可采用电话联系的方式。跟客户电话沟通,可以询问客户对产品使用感受,也可以日常问候、节假日问候等,并表达经常保持联系的愿望。

(3) 信息联系。有些客户居住地较远,登门拜访有困难,推销员可采用写信或发信息的方式,加强与客户的联系。可在节日向客户寄一张贺卡或祝福卡,或发一条祝福信息,也可以在客户收到产品后写一封感谢信,或征求客户的意见等。

(4) 电子邮件。随着网络的日益普及和网上销售的开展,很多企业都实行了网上下单与网上售后服务,尤其是信息化的产品与服务。电子信息可以大量、快捷地传送,在网络时代,这种方式也许会成为联系方式的第一选择。但推销员最好有一个简单明了的网站或邮件用户名,因为电子邮箱中垃圾邮件过多,你的问候也许会被直接删除。

(5) 赠送小礼品。推销员在某些有意义的时间给客户送一些小礼物,价格不高,但有纪念意义,可以起到联络感情的作用,如印有本企业名称的台历或精美的宣传册等。

(6) 提供上门服务。有些大件产品需要定期维护,或者出现故障以后需要上门维修,推销员要充分利用这些机会与客户沟通交流,抓住机会加强与客户的联系,变被动为主动。

总之,现代推销活动中,服务跟踪不仅有着丰富的内容,更有着广泛的未被开发的领域。

推销员应怀着热情,不断探索成交后跟踪的新内容,让更多贴心和人性化的服务跟踪在销售活动中显示出它独特的魅力。

案例 8-6

海尔的超凡服务

在国内的企业中,最早以服务作为销售手段的莫过于海尔。以下是海尔的两则售后服务案例。

一天晚上,贾先生家里的海尔家用电热水器坏了,由于海尔承诺"24 小时服务到位",所以贾先生想测试一下海尔对这一承诺的兑现能力。于是当晚 12 点,他致电海尔维修中心报修,称因第二天有事不在家,要求当晚进行维修。虽然贾先生家住得比较偏僻,但是海尔维修人员接到电话后于凌晨 3 点左右赶到贾先生家进行维修。

一天,刘先生家的海尔空调坏了,空调维修人员上门维修。在维修过程中,刘先生无意间对维修人员说家里的海尔电视也有问题,说者无心,听者有意,两天后,可能连刘先生自己都忘了这事,却接到了海尔电视维修人员的问询电话。

(资料来源:袁丽萍.成交高于一切[M].北京:中国言实出版社,2017)

营销启示:以上两则案例中,当事人贾先生和刘先生都被海尔的服务折服了,之后的行为都在不经意间充当了海尔品牌的推销员。

8.4.3 回收货款

如果产品销售出去但收不回货款,那是失败的推销,会使经营者蒙受损失。所以在售出货物后及时收回货款,就成为推销员的一项重要工作。推销员要学会一些常用的收款技巧,例如,成交签约时要有明确的付款日期,并且按约定的时间上门收款;如果不能及时收款,就以公司有规定为由暂停发货或暂停相关服务,从而引起顾客的重视而早日付款;注意收款的时机,在顾客账面上有款时上门收款;收款时要携带事先开好的发票,以免错失收款机会;如果确实无法按约收款,则必须将下次收款的日期和金额,在客户面前清楚地做书面记录,让顾客明确认识到这件事情的严肃性和重要性。

本章小结

推销成交就是推销人员帮助顾客做出使买卖双方都受益的购买决策的行动过程。成交信号是指顾客在语言、表情、行为等方面所表露出来的打算购买推销品的一切暗示或提示。在实际推销工作中,顾客为了保证实现自己所提出的交易条件,取得交易谈判的主动权,一般不会首先提出成交,更不愿主动、明确地提出成交,但是顾客的购买意向总会通过各种方式表现出来。对于推销人员而言,必须善于观察顾客的言行,捕捉各种成交信号,及时促成交易。为了有效促进交易,推销员要讲究一定的成交方法与技巧,主要有请求成交、假定成交、选择成交、小点成交、从众成交等方法。在推销成交之后,双方要进行签订和履行合同的步骤。推销员应该了解买卖合同的特征与内容,掌握签订买卖合同的内容和合同的履行与变更的注意事项。同时,考虑买卖合同的变更或解除的具体事宜。在推销成功之后,不代表"结束",还需要推销员继续成交后的跟踪服务。成交后跟踪的内容包括与顾客保持良好的关系、服务跟踪和回收货款。

巩固与应用

1. 主要概念

成交信号　推销成交的基本策略　推销成交方法　签订和履行合同

2. 复习思考题

(1) 成交信号都包括哪些类型?具体都有哪些?
(2) 什么是成交?成交的基本策略有哪些?
(3) 成交的方法有哪些?各种方法在实际运用中应注意什么问题?
(4) 成交后的跟踪内容包括哪些?

3. 课堂实训

实训背景:以学习小组为单位,由组长组织小组成员讨论决定某一种产品的买卖合同。
实训目的与要求:
(1) 掌握拟订买卖合同的基本原则。
(2) 能够就买卖合同的内容拟订相应条款,确保合同条款符合法律规定。
实训活动:
(1) 小组成员通过上网、去图书馆等方式查询合同样本。
(2) 将合同样本复印,进行小组内讨论,提炼出买卖合同的关键条款。
(3) 小组成员集思广益,补充买卖合同关键条款的细节部分。
(4) 各小组拟订合同条款。
成果体现与检测:
(1) 各小组抽签决定展示顺序。
(2) 各小组按顺序展示拟定的合同。
(3) 各小组组内讨论并派代表进行点评并打分。
(4) 评出各小组成绩,教师总结点评。

4. 课外实训

实训项目:以多种回答方式促成交易。
实训目的:模拟推销,对下列假设的顾客问话作出非肯定的回答,熟练掌握各种回答方式促成交易。
实训内容与步骤:请用除了肯定回答以外的其他回答方式促成交易。
(1) 有绿色的吗?
(2) 这些有现货吗?

(3) 你们交货需要多长时间?
(4) 什么时候会有新产品?
(5) 这台打印机的价格是多少?
(6) 我要花多少现金才能买到这东西?
(7) 以前的供应商服务很差。我们需要服务的时候,你们要多久才会来处理?
(8) 你们还有哪些商品?
(9) 我可不可以再看一次布料的样品?
(10) 你们的顾客有哪些?

实训成果:
(1) 小组成员回答以上问题要多角度发散进行,不能相同。
(2) 各学习小组把训练成果录成视频提交给老师。

5. 案例分析

成交之后的客情维护

乔·吉拉德有一句经典名言:"我相信推销活动真正的开始在成交之后。"推销是一个连续的过程,而不是一锤子买卖,成交既是本次推销活动的结束,也是下次推销活动的开始。推销员在成交之后继续关心客户,将会赢得老客户且吸引新客户,使客户越来越多、生意越做越大。乔·吉拉德把成交看作新一轮推销的开始,继续关心老客户并用他的方式表达这份关心。如平时打电话沟通、及时通报公司新产品信息和促销活动信息、节日寄贺卡、没事儿就登门拜访、有时寄送一些样品或有意义的纪念品、找机会请喝咖啡等,总之时刻惦记着顾客,特别是好的潜力顾客,把"客情"当事业来做。结果是加深了老客户的感情,增强了老客户的信任,老客户满意了,自然又会介绍新客户,产生"滚雪球效应",如此一来,乔·吉拉德客源不断,生意兴隆。

(资料来源:岳贤平.推销、案例、技能与训练[M].北京:中国人民大学出版社,2018)

思考:
(1) 乔·吉拉德通过哪些方式维护客户关系?
(2) 成交后的跟踪包括哪些内容?

第9章 推销管理

学习目标

知识目标

1. 掌握绩效考核的内容。
2. 了解推销员管理的内容。
3. 了解推销组织管理的方法。

能力目标

1. 熟悉绩效考核的方法。
2. 熟悉推销员选拔、培训激励的方法。
3. 熟悉推销组织的组建方法。

德育目标

1. 推销员应具备正确的价值观和为企业奉献的精神。
2. 具有沟通协调能力和团队精神。

案例导入

华为是如何打造一支营销铁军的

在华为,技术不是华为公司的核心竞争力,营销才是华为公司的核心竞争力,而华为营销的核心就是华为营销铁军。华为的营销铁军是如何锻造出来的?很重要的一点就是华为的企业文化。

华为团队精神的核心就是互助。华为非常崇尚"狼",而狼有三种特性:其一,有良好的嗅觉;其二,反应敏捷;其三,发现猎物集体攻击。华为认为狼是企业学习的榜样,要向狼学习"狼性",狼性永远不会过时。

华为的"狼性"不是天生的。现代社会把员工团队合作的问题留给了企业,企业只有解决好了这个问题才能获得生存、发展的机会。华为对狼性的执着是外人难以理解的。

"胜则举杯相庆,败则拼死相救"是华为狼性的体现。在华为,对这种狼性的训练是无时无刻不存在的,一向低调的华为时时刻刻把内部员工的神经绷紧。从《华为的冬天》到《华为的红旗还能打多久?》无不流露出华为的忧患意识,而对未来的担忧就要求团队团结,不能丢失狼性。华为人认为只有这样,华为才能找到冬天的棉袄。

华为的管理模式是矩阵式管理模式,矩阵式管理要求企业内部的各个职能部门相互配合,通过互助网络,任何问题都能做出迅速的反应。不然就会暴露出矩阵式管理最大的弱点:多头管理,职责不清。而华为销售人员在相互配合方面效率之高让客户惊叹,让对手心寒,因为华为从签合同到实际供货只要四天的时间。

企业文化是华为之所以为华为的一个不可缺少的东西。华为的企业文化可以用这样的几个词语来概括:团结、奉献、学习、创新、获益与公平。华为的企业文化还有一个特点就是:做实。企业文化在华为不单单是口号,而且是实际的行动。

(资料来源:https://www.huawei.com/cn/corporate-information)

对于一个企业来说,如何最大限度地发挥每一位推销员的力量,建立科学合理的推销计划、严格执行的考核体系和能充分调动推销员积极性的激励机制,是事关企业能否生存和发展的大事,而完成这件大事的重要途径,就是加强对推销活动的管理。管理实际是权利与责任的统一,是可信与可控的结合,责任是权利使用后结果的承担,推销人员的管理可以通过流程制度、权限设置、激励机制、效果评估、市场走访等手段来考核。推销人员的自我管理是管理关键,企业为员工营造良好的工作氛围,使其建立对企业的忠诚度和责任心,发挥最大潜能完成推销任务,实现企业目标。同时营销业绩的完成、企业目标的实现不是依靠个人,而是要发挥团队精神,企业要建立良好的团队文化。

本章从推销绩效考核、推销员管理、应收账款的催收和推销组织管理四个方面讲述推销管理技能。

 课程思政:培养团队精神

素材:狼的团队精神

营销业绩的完成、企业目标的实现不是依靠个人,而是要发挥团队精神。团队精神是大局意识、协作精神和服务精神的集中体现,核心是协同合作,反映的是个体利益和整体利益的统一,并进而保证组织的高效率运转。团队精神要靠每一个队员自觉地向团队中最优秀的员工看齐,通过队员之间的正常竞争达到实现激励功能的目的。这种激励不是单纯停留在物质的基础上,而是要能得到团队成员的认可。

视频:狼的团队精神

讨论:观看视频,讨论作为班级的一员,自己的团队精神是如何展现的?如何培养团队精神?

9.1 推销绩效考核

推销员绩效考核的步骤是:收集考核依据—建立绩效考核标准—选择考核方法—进行具体考核。

9.1.1 推销绩效考核的意义

推销绩效考核是现代推销管理的一项重要内容,运用科学的方法和手

微课:推销绩效考核

段对推销员的工作业绩进行考核评价不仅为人事管理决策提供科学的依据,也是对企业政策和计划的科学性的检验。通过绩效考核可以找出推销工作成功或失败的原因,帮助推销员提高推销技能,完善企业推销计划,进而不断提高推销水平和推销效率。推销绩效考核的具体意义主要有以下几点。

(1) 绩效考核是推销控制的有效手段。通过推销绩效考核,可以随时发现推销过程中的问题,及时调整推销计划,保证推销目标的顺利实现。

(2) 绩效考核结果是按劳分配原则的主要依据。通过推销绩效考评,可以比较准确地评定推销员的推销业绩,为管理部门制订收入分配计划提供可靠依据。

(3) 绩效考评是有效管理推销员的重要手段。通过推销绩效考核,可以较准确地区别各推销员之间的推销业绩的优劣,为推销员的提拔、晋级、奖惩等提供事实依据,同时绩效考核过程对推销员会产生一种激励作用,因此绩效考核是公平、有效的管理推销员的重要手段。

(4) 绩效考核是优化推销员结构、推销员培训的重要过程。通过推销绩效考核,可以比较准确地发现推销员的推销能力和水平,找出哪些推销员需要进行哪方面知识的培训。同时也能发现推销队伍中能力结构的问题,便于及时进行推销员结构调整,保证推销员结构始终处于合理状态。

9.1.2 推销绩效考核的依据

推销绩效考核的依据主要包括推销员的销售报告、企业销售记录、客户评价、企业内部职员的意见。因此要全面、完整、详细地收集这些资料,以保证推销绩效考核的正确性、可靠性、公平性、合理性。

(1) 推销员的销售报告。销售报告可分为销售活动计划报告和销售活动业绩报告两类,销售活动计划报告包括地区年度市场营销计划和日常工作计划等。许多公司现在已开始要求推销员制订销售区域的年度市场营销计划,在计划中提出发展新客户和增加与现有客户交易的方案。各公司的要求也不尽相同,有些公司要求对销售区域的发展提出一般性意见;另一些公司则要求列出详细的预计销售量和利润估计,销售经理将对计划进行研究,提出建议,并以此作为制定销售定额的依据。

日常工作计划由销售人员提前一周或一个月提交,说明计划进行的访问和巡回路线。管理部门接到销售代表的行动计划后,有时会与他们接触,提出改进意见。行动计划可指导推销员合理安排活动日程,为管理部门评估其制订和执行计划的能力提供依据。

销售活动业绩报告主要提供已完成的工作业绩,如销售情况报告、费用开支报告、新业务的报告、失去业务的报告、当地市场状况的报告等。

(2) 企业销售记录。企业内的有关销售记录如顾客记录、区域的销售记录、销售费用的支出等,都是评估的宝贵资料,利用这些资料可计算出某一推销员所接订单的毛利,或某一规模订单的毛利,对于评估绩效有很大的帮助。

(3) 客户评价。评估推销员应该听取客户的意见。有些推销员业绩很好,但在客户服务方面做得并不理想,特别是在商品紧俏的时候更是如此。某公司一位推销员负责某地区的销售事务,经常以商品紧张为由对其客户提出一些非分要求,如要求用车等,对公司形象造成很不好的影响。收集客户意见的途径有两方面：一是客户的信件和投诉；二是定期进行客户调查。

（4）企业内部职员的意见。这一资料的来源主要来自营销经理、销售经理或其他有关人员的意见，销售人员之间的意见也可作为参考，这些资料可以提供一些有关推销员的合作态度和领导才干方面的信息。

9.1.3 建立绩效考核标准

评估销售人员的绩效需要有公平、合理、规范的标准。绩效标准不能一概而论，管理人员应根据整个市场的潜力和每一位销售人员在工作环境和销售能力上的差异制定绩效考核标准，绩效标准应与销售额、利润额和企业目标相一致。

制定绩效标准的方法有两种：一是为每种工作因素制定特别的标准，如访问的次数；二是将每位销售人员的绩效与销售人员的平均绩效作比较。

1. 推销员绩效考核指标

制定公平而有效的绩效标准是不容易的，需要管理人员根据过去的经验，结合推销员的个人行动来制定，并在实践中不断加以调整和完善。常用的推销员绩效指标主要有以下几点。

（1）销售量。销售量用于衡量销售增长状况，是最常用的指标。

（2）毛利。毛利用于衡量利润。

（3）访问率（每天的访问次数）。访问率以衡量推销员的努力程度，但不能表示推销结果。

（4）访问成功率。访问成功率是衡量推销员工作效率的指标。

（5）平均订单数目。它与每日平均订单数目一起用来衡量，说明订单的规模与推销的效率。

（6）销售费用。销售费用用于衡量每次访问的成本。

（7）销售费用率。销售费用率用于衡量销售费用占销售额的比例。

（8）新客户数目。新客户数目是开辟新客户的衡量标准，这可能是推销员的特别贡献。

2. 注意事项

为了实现最佳评核，企业在审定评核标准时应注意以下几个问题。

（1）销售区域的潜量以及区域、地理分布状况、交通条件等对推销效果的影响。

（2）一些非数量化的标准很难求得平均值，如合作性、工作热情、责任感、判断力等。

（3）在对推销员的推销业绩进行考核时，可根据情况着重选择关键业绩指标进行考核，做到既可量化、可操作，又科学有效。

9.1.4 推销绩效考核的方法

推销绩效考核的方法很多，通常采用的方法主要有横向考核法、纵向考核法和尺度考核法。

1. 横向考核法

横向考核法是通过把参与推销活动的人员的销售业绩进行比较、排队的方式所进行的考核。在对推销员完成的销售额进行对比和排队过程中,还必须考虑推销员的销售成本、销售利润以及客户对其服务的满意程度等因素。

为了说明横向考核法的使用,这里假设有 A、B、C 三位推销员参加了本年度的推销活动,我们分别从销售额、订单平均批量和每周平均访问次数三个因素来分别对三人进行综合业绩考核。年销售额、订单平均批量和每周平均访问次数分别列入表 9-1。

表 9-1 推销员的业绩考核表

考核因素	考核指标	推销员 A	推销员 B	推销员 C
年销售额	1. 权数	5	5	5
	2. 目标(万元)	5000	4000	6000
	3. 完成(万元)	4500	3200	5700
	4. 达成率(%)	90	80	95
	5. 绩效水平(1×4)	4.5	4.0	4.75
订单平均批量	1. 权数	3	3	3
	2. 目标(万元)	800	800	600
	3. 完成(万元)	640	630	540
	4. 达成率(%)	80	79	90
	5. 绩效水平(1×4)	2.4	2.37	2.7
每周平均访问次数	1. 权数	2	2	2
	2. 目标(万元)	25	20	30
	3. 完成(万元)	20	17	24
	4. 达成率(%)	80	85	80
	5. 绩效水平(1×4)	1.6	1.7	1.6
绩效合计 1×4		8.5	8.1	9.05
综合效率(绩效合计除以总权数)(%)		85	84	90.5

根据各因素的重要性程度,把年销售额的权数定为 5,订单平均批量和每周平均访问次数的权数分别定为 3 和 2。

在建立三个因素的目标时,由于每个因素对不同地区的销售人员建立的目标是不一样的,所以应考虑地区差异的影响。考虑到 C 所处的地区潜在客户较多,竞争对手较弱,我们把推销员 C 的销售额定为 6000 万元,高于推销员 A 的 5000 万元和推销员 B 的 4000 万元,而推销员 A 所处的地区内有大批量的买主,所以其订单平均批量订得相对高一些。每个推销员每项因素的完成率等于他所完成的工作量除以目标数,随后将完成率与权数相乘就得出绩效水平,再把各项因素的绩效水平相加,除以总权数 10,即可得到各个推销员的综合业绩效率。从表 9-1 中可看出推销员 A、B、C 的综合效率分别为 85%、84% 和 90.5%,推销员 C 的综合推销绩效最佳。

2. 纵向考核法

纵向考核法是用一位推销员现在的推销业绩和其过去取得的推销业绩进行比较的方式

进行考核的一种方法。这里的推销业绩比较可以选择销售额、毛利、销售费用、新增客户数、失去客户数、每个客户平均销售额、每个客户平均毛利等数量指标进行比较。

案例 9-1

在某布料市场工作的潘某，经介绍，到某服装公司做业务员。双方约定没有底薪，公司提供门禁卡和宿舍。公司未与潘某签订劳动合同，但订立了一份《业务结算约定》，明确业务费按业务销售2%～30%提成，并约定应收账未在结算日后15天内收回部分，第一个月按日利率千分之一加收利息，第二个月起按千分之三加收。

潘某进入公司后，一直尽心尽力联系业务，短短一年为公司带来了870万元的业务，根据约定可领取业务提成25万元。

但公司提出，因潘某负责的业务中存在部分货款延期收回的问题，根据《业务结算约定》，应收款超出结算日后要加收利息31万余元。加上潘某工作期间以领条、借条形式支取的费用4万余元，倒欠公司10万余元。

潘某认为自己在公司这么辛苦，没想到工资收不回，还要倒贴公司钱。潘某决定通过法律途径维权，经劳动仲裁后诉至余姚法院，要求公司支付业务费。

被告服装公司提出，公司与潘某不存在劳动合同关系，只是普通的业务关系，《业务结算约定》是获得潘某认可并签字的，扣费完全是按照《业务结算约定》进行的，没有不当之处。

原告入职被告公司从事业务员工作，虽经双方磋商，没有底薪，只拿业务提成，但被告将原本属于买卖合同对方的付款义务，通过业务结算约定的方式，向原告作为业务员处扣取利息，也违背合同法诚实信用的原则。被告企业作为原告劳动成果的享有者，应承担经营风险，不应将风险转移给原告。

营销启示：和谐的劳动关系是企业和谐、经济发展、社会稳定的基础。当前，在经济形势整体向好的情况下，企业在抓好生产经营的同时，也要依法依规保障劳动者的合法权益，促进职工队伍的稳定，切实形成员工与企业共同发展的良好局面。

3. 尺度考核法

尺度考核法是给考评的各个项目都配以考核尺度，并制作出一份考核比例表加以考核的方法。在考核比例表中，把每个考核因素划分出不同等级的考核标准，再根据每个推销员的表现依据进行评分，并可对不同的考核因素按其重要程度给予不同的权数，最后核算出总的考核得分。

9.1.5 推销控制

1. 推销控制的含义

推销控制是指企业通过管理部门以及一系列规范化的制度、标准和要求对参与推销活动的各部门、各环节的推销过程进行不定期和定期的审查和考核，监督推销活动和推销绩效的进展，保证推销活动约束在企业经营方针及推销目标、推销计划的轨道上。推销控制的目的在于确保企业营销目标的实现,使推销活动取得最佳效益。其本质是对推销活动的操纵与监控,通过对推销活动的每一个行为和事件的检测来确定其行为是否符合既定的原则、计划和目标,如果发生偏差,则立即采取纠正措施,以保证推销活动沿着正确合理的途径完成预定的推销目标。

2. 推销控制的程序和内容

推销控制需要按照一定的程序完成相应的工作。一般说来,推销控制的程序及其工作内容如下。

1) 确定评价对象

推销控制主要从推销成本、推销收入和推销利润三个方面入手,测评的范围主要应包括推销员的工作绩效、新产品开发、推销成绩、广告投资效益率及市场调查的效果等。对市场调研、广告、推销、咨询及各项服务等营销活动都需要通过控制来评价其效率,对新产品开发、特别促销、试销等专门项目则往往采用临时性的控制措施。管理者在确定测评范围时,应根据各推销组织及人员的具体情况而定,在确定测评对象时,要考虑必要性和经济性,测评的业务范围越大、频率越高,所需要的费用也就越多。有的组织、个人和推销环节对企业整个推销绩效关系重大,或容易脱离计划,或情况不稳定,就需要对有关推销业务活动作全面测评,以加强控制。反之,则可以只抽查几个主要方面。

2) 确定衡量标准

衡量标准是根据已确定的、准备测评的推销业务活动来选择具体的衡量标准,是管理者对具体推销活动实施控制的主要依据,控制标准有质和量两个方面的规定性。控制标准的质是指标准的特定内涵,即对标准所反映的性质的界定,通常是指一系列具有针对性的可以反映某种行为内在本质的指标规范。例如,推销员的工作绩效可以用推销量增长率、客户年增长率等来说明;市场调查效果可以用每一次用户访问的费用表示;广告推销效果可以用记住广告内容的视听者占全部视听者的百分比来表示等。控制标准的量是指将指标加以定量化,即确定各项控制指标的定额。多数企业在确定控制标准时通常采用综合性的工作绩效标准,一般来说,考虑的因素有以下一些方面。

(1) 每个推销员所推销产品的具体特征。

(2) 每个推销员推销区域内的销售潜量。

(3) 每个推销员推销区域内竞争产品的竞争力。

(4) 每个推销员所推销产品的广告强度。

(5) 推销员的业务熟练程度。

(6) 推销员的推销费用。

3) 检测工作绩效

要采用各种方法检查实际工作,客观地了解和掌握测评对象的实际工作情况,检查工作可以采取直接观察的方式,也可以根据推销管理信息系统所提供的资料和各种原始记录来进行。例如,通过月度销售量资料检查推销进度,通过推销员招待费用的报销凭证检查推销员支用招待费用有无违规行为,通过用户购物订单检查实际销售量等。然后,将工作实绩资料与控制标准相比较,了解预期目标实现的情况。

4) 分析偏差原因,采取改进措施

工作实绩与控制标准比较的结果,如果不相符合,就说明企业推销组织或推销员中存在问题。那么,企业就应当进一步进行绩效分析,找出出现偏差的原因。如果控制标准脱离了推销实际,就应修正控制标准;如果控制标准是科学合理的,就要从推销活动中找出具体原因,以便采取相应的措施加以克服。

3. 推销控制的方法

推销控制活动是连续不断、周而复始的运动过程。企业在确定了具体的控制对象和合理的控制程序后,还必须根据不同的对象科学地选用控制方法,以保证对推销活动实施有效控制。推销控制的基本方法有战略控制、过程控制和预算控制等,这些方法从不同角度出发全面控制企业的推销活动。

1) 战略控制

战略控制的目的在于使企业的营销目标及所采用的策略与推销环境相适应,以保证企业推销任务的顺利完成。它是企业的最高管理层通过多种手段,对企业的推销环境、内部推销系统和各项推销活动定期进行全面系统的考核。战略控制的内容有以下三个方面。

(1) 考核推销环境。推销环境的考核对象包括以下几点。

① 市场状况。市场状况是指企业目前所面对的市场,细分市场情况、市场特性与发展前景。

② 顾客情况。顾客情况是指顾客对本企业的认识与看法,顾客做出购买决策的依据与过程,顾客当前需求状况与发展趋势。

③ 竞争状况。竞争状况是指企业主要竞争对手状况,当前竞争态势与可预见的竞争趋势。

④ 宏观环境。宏观环境是指可能对本企业产生影响的政治、经济、社会、法律与科技发展因素。

(2) 考核企业内部推销系统。考核的对象有以下几方面。

① 目标。目标的内容包括:企业长、短期营销目标与销售目标是什么,目标是否明确、合理,是否全面反映了企业的竞争能力,是否把握了有利时机。

② 策略。策略的内容包括:企业借以实现推销目标的核心策略是什么,其成功率有多大,企业是否能够调配足够的资源完成计划任务,各种要素的配置是否得当。

③ 计划。计划的内容包括:企业是否制订了完善、有效的年度推销计划,是否按期执行控制步骤以确保计划目标的实现,企业的推销情报是否能满足各级人员对推销业务进行计划与控制的需要。

④ 推销组织及人员。推销组织及人员内容包括:企业中从事推销活动的人员在数量、素质上是否合乎要求,各级推销员是否有进一步培养激励或监督的必要,推销组织结构是否能适应不同产品、不同市场与各类推销活动的需要。

(3) 考核各项推销业务活动。考核的对象包括以下内容。

① 产品。产品考核的内容包括:企业的主要产品和一般产品,产品系列中应淘汰或增加哪些产品,从整体上看各项产品的情况是否正常。

② 定价。定价考核的内容包括：产品定价是否全面考虑了成本、需求与竞争因素，价格变动可能产生的反响，顾客对产品价格的反映。

③ 推销。推销考核的内容包括：各推销分部是否按最佳分工方式组成，是否都能实现企业目标，整个推销组织的士气、能力与成果是否相协调，评价劳动成果的目标体系是否合理。

④ 广告宣传。广告宣传考核的内容包括：其是否有完整计划，所制定的目标是否切合实际，媒体选择是否恰当，费用支出是否合理，效果如何。

2）过程控制

过程控制的核心在于实行目标管理，即将计划目标细分为若干小目标，分层落实，及时纠正偏差。实施过程控制的具体方法有以下几种。

(1) 销售分析。其目的在于衡量与评估实际销售额和计划销售额之间的差距。常用的方法有以下两种。

① 销售差距分析。这种方法主要用于判断不同因素对实现销售目标的影响程度。例如，计划3月以10元的价格销售某种牙膏4万支，总销售额为40万元，而到3月底，仅以8元的价格售出3万支，总销售额为24万元。造成与计划额相差40%的销售差距16万元，其原因是销量不足和售价降低，但这两个原因对销售额所产生的影响是不同的，可以通过计算加以说明。

售价降低的差距=(10-8)×30000=60000(元)，占销售差距的37.5%；

销量降低的差距=10×(40000-30000)=100000(元)，占销售差距的62.5%。

这说明销量降低是影响计划实现的主要原因，需进一步找出根源采取办法加以解决。

② 地区销售量分析。这种方法主要用于判断导致销售差距的是哪种产品或哪些地区。例如，某企业在甲、乙、丙三个地区的计划销售量为400件、800件与1000件，但实际销售量却分别为360件、840件和56件，与销售目标相比，销售差距分别为-10%、+5%和-44%，据此分析可得出结论：导致销售差距的原因主要是丙地区的销售业绩不佳。

(2) 市场占有率分析。销售分析不能反映企业在市场竞争中的地位，而通过市场占有率的分析则可以清楚地掌握企业同其竞争者在市场竞争中的地位及相互关系。譬如，企业仅是销售额增加而市场占有率不变，其原因可能是宏观经济改善，并不说明企业竞争地位提高；企业的销售额下降而市场占有率保持不变，说明整个行业受到了宏观经济环境的不利影响，要进行市场占有率的分析，必须注意定期收集、整理全行业销售资料。

(3) 销售费用率分析。实施过程控制时，要注意在确保实现销售目标的同时做到销售费用不能超支。管理人员应注意把各项推销费用限制在计划以内，重点考核广告费用与人员推销费用。

3）预算控制

预算控制是按照事先分配给各项推销活动一定费用的计划，对推销活动实施控制。管理者可以采用效率测量的方法，分析研究企业推销资源可产生的推销效果，使推销资源产生最大效率；也可以采用制定推销预算方法，根据企业预算的目标核算完成预定目标所必须支付的费用水平，用预算防止费用超支，并对推销成效进行测量。

9.2 推销员管理

推销管理的重点在于对推销员的管理,因为推销员是完成推销工作、实现推销目标的行为主体,是战斗在市场一线的"排头兵"。

优秀的推销员是企业的重要人才。推销员在外直接面对激烈的市场竞争,对内肩负着销售企业产品、实现企业产品价值的重任,在其各自负责的销售区域内,是公司的首席代表,也是与顾客联系的友好使者,这些因素使他们在公司内外受到普遍的关注,也使他们的工作更具有重要性和特殊性。而推销工作的性质决定了推销员通常是独当一面,独自一个人在公司外工作,部门经理乃至公司高层领导不便对其作具体指导。公司在放手让推销员外出开拓市场,为他们的工作提供种种便利条件的同时,也必须加强与规范对推销员的管理。推销员管理的工作包括甄选、培训、日常管理与激励。

微课:推销员管理

9.2.1 推销员的甄选

推销员的招募和甄选是引进推销人才的开始,推销员的来源主要包括两个方面:一方面是从企业内部选拔业务能力强、素质高的人充实到销售部门;另一方面是从企业外部招募。从企业外部招募主要有以下几种途径。

(1) 大中专院校及职业技工学校。这是招收应届毕业人才的主要途径。各类大中专院校能提供中高级专门人才,职业技工学校提供初级技工人才。单位可以有选择地去物色人才,派人到各有关学校召开招聘洽谈会。为了让学生增进对企业的了解,鼓励学生毕业后到本企业工作,招募主持人应当向学生详细介绍企业情况及工作性质与要求,最好印发公司简介小册子,或制成录像带,印制介绍图片。

(2) 人才交流会。全国各地每年都要组织几次大型的人才交流洽谈会。用人单位可花一定的费用在交流会上摆摊设点,应征者前来咨询应聘,这种途径的特点是时间短、见效快。如北京市的首都体育馆、工人体育馆、北京展览馆、国际展览中心、海淀体育馆等地几乎每年都有春、秋季人才交流洽谈会,还举办特殊人才交流会,如外资企业人才招聘会。

(3) 职业介绍所。许多企业利用职业介绍所来获得所需的销售人员。但有人认为,这类介绍所的待业者多为能力较差而不易找到工作的人。不过如果有详细的工作说明,让介绍所的专业顾问帮助遴选,能使招募工作简单化,也可以找到不错的人选。

(4) 各种广告。最普遍的招聘广告为报纸刊登的分类广告,可吸引众多的应征者,但合格者所占比例一般较低。如果详细限定申请人的资格,则申请人数会大大减少,合格者的比例会提高,因而可节省招募费用;另一种广告是刊登在各类专门杂志上,一般能取得较好效果,能招聘到较高级的销售人员;还有电视招聘广告,如北京电视台的"人才红娘"栏目,大中型公司或前景特别诱人的公司可利用这一途径招聘到优秀人才。

(5) 通过内部职员介绍。许多规模较大、员工众多的公司都可以定期让内部职员动员自己的亲属、朋友、同学、熟人介绍别人加入公司的外勤销售行列,利用这种途径有许多优点,如由于被介绍者已对工作及公司的性质有相当的了解,工作时可以减少因生疏而带来的不安和恐惧,从而降低退职率;有时因新加入者与大家比较熟悉,彼此有责任把工作做好,相互容易沟通,提高团队作战的效率。

(6) 行业协会。行业组织经常访问制造商、经销商、销售经理和推销员,对行业内情况比较了解,如中国市场协会、高校市场营销研究会,可请它们代为联系或介绍;又如,中国香港管理专业协会的市场推销研究社,企业可通过它介绍或推荐而获得希望转职的销售人员。

(7) 业务接触。公司在开展业务过程中,会接触到顾客、供应商、非竞争同行及其他各类人员,这些人员都是销售人员的可能来源。

案例 9-2

推销能力测试

在下列每题的四个答案中选择一个最符合您情况的答案,3分钟内作答完成。

1. 假如顾客询问有关产品的问题,您不知道如何回答,您将(　　)。
   A. 以自己认为正确的答案,用好像了解的样子回答
   B. 承认自己缺乏这方面的知识,然后去寻找答案
   C. 答应将问题转告给业务经理
   D. 给他一个听起来很好的答案

2. 当顾客正在谈论推销人员或您的推销行为,而且很明显说的是错误的,您应该(　　)。
   A. 打断他的话,并予以纠正
   B. 聆听,然后改变话题
   C. 聆听,并指出其错误之处
   D. 利用质问,以使顾客自我发现错误

3. 假如对自己的推销工作有点泄气,您应该(　　)。
   A. 请一天假,不想公事   B. 强迫自己更卖力去做
   C. 尽量减少拜访   D. 请业务经理和自己一道出去

4. 当拜访经常给自己吃闭门羹的顾客时,您应该(　　)。
   A. 不必经常去拜访
   B. 根本不去拜访
   C. 经常拜访并试图去改善与其的关系
   D. 请业务经理换个人试试

5. 当碰到顾客对自己说"您的产品价格太贵了",您应该(　　)。
   A. 同意他的说法,然后指出一分价钱一分货
   B. 同意他的说法,然后改变话题
   C. 不同意顾客的说法
   D. 述说自己强有力的论据

6. 当回答顾客的相反意见之后,您应该(　　)。
   A. 保持沉默并等待顾客开口   B. 变换话题,并继续推销

C. 继续举证,以支持自己的结论　　　　D. 试行缔结

7. 当进入顾客办公室时,他正在阅读,他告诉您他一边阅读,一边听您的介绍,那么您应该(　　)。

　　A. 开始自己的推销说明

　　B. 向他说自己可以等他阅读完了再开始

　　C. 请求合适的时候再拜访

　　D. 请求对方全身聆听

8. 您正用电话约一位顾客以安排拜访时间,总机小姐把您的电话转给了这位顾客的秘书,秘书问您有什么事,您应该(　　)。

　　A. 告诉他您希望和他商谈

　　B. 告诉他这是私事

　　C. 向他解释您的拜访将给他公司带来莫大的好处

　　D. 告诉他希望同他讨论您的产品

9. 面对一位激进型的顾客,您应该(　　)。

　　A. 客气　　　　B. 过分客气　　　　C. 证明他错了　　　　D. 拍他马屁

10. 对付一位悲观的顾客,您应该(　　)。

　　A. 说些乐观的事

　　B. 对他的悲观思想一笑置之

　　C. 向他解释他的悲观思想是错误的

　　D. 引述事实并指出自己的论点是完美的

11. 在展示印刷品的视觉辅助工具时,您应该(　　)。

　　A. 交予顾客,并在他阅读时解释销售重点

　　B. 先推销辅助工具,然后按重点念给对方听

　　C. 把辅助工具留下,以待访问之后再让他自己阅读

　　D. 答应他把一些印刷物张贴起来

12. 顾客告诉您,他正在考虑竞争者的产品,并询问您对竞争者产品的意见,您应该(　　)。

　　A. 指出竞争者产品的缺点

　　B. 称赞竞争者产品的特征

　　C. 表示知悉他人的产品,然后继续推销自己的产品

　　D. 开个玩笑以引开他的注意力

13. 当顾客有了购买的征兆,如"什么时候可以送货?"您应该(　　)。

　　A. 说明送货方式,并试作缔结

　　B. 告诉他送货时间,并试作缔结

　　C. 告诉他送货时间,并请求签订单

　　D. 告诉他送货时间,并等待顾客的下一个步骤

14. 当顾客有怨言时,您应该(　　)。

　　A. 打断他的话,并指责其错误之处

　　B. 注意聆听,虽然自己公司错了,但有责任予以否认

　　C. 同意他的说法,并将错误归咎于自己的业务经理

D. 注意聆听,判断怨言是否正确,适时给予纠正

15. 假如顾客要求打折,您应该( )。
   A. 答应回去时向业务经理请求
   B. 告诉他没有任何打折了
   C. 解释公司的折扣情况,然后热心地讲解产品的特点
   D. 不予理会

16. 当零售商店主向您说"这种产品销路不好",您应该( )。
   A. 告诉他其他零售商销售成功的实例
   B. 告诉他产品没有按照应该陈列的方法陈列
   C. 很技巧地建议他改进商品进货计划
   D. 向他询问销路不好的原因,必要时将货取回

17. 在获得顾客的订单之后,您应该( )。
   A. 谢谢他,然后离去
   B. 略为交谈他的嗜好
   C. 谢谢他,并恭喜他的决定,扼要的再强调产品的特征
   D. 请他到附近喝一杯

18. 在开始做推销说明时,您应该( )。
   A. 试图去发觉对方的嗜好并交换意见
   B. 谈谈天气
   C. 谈谈今早的新闻
   D. 尽快地谈些拜访他的理由,并说明他可获得的好处

19. 在下列情况下,( )是推销人员充分利用时间的做法。
   A. 将顾客资料更新
   B. 当他和顾客面对面的时候
   C. 在销售会议上讨论更好的推销方法
   D. 和推销员同仁讨论时

20. 当顾客被第三者打扰时,您应该( )。
   A. 继续推销,不予理会   B. 停止推销并等待有利时刻
   C. 建议在其他时间拜访   D. 请顾客喝一杯咖啡

将各项分值填入表 9-2。

表 9-2　各项分值

题目	各项分值				您的得分
	A	B	C	D	
1	2	5	3	1	
2	1	3	1	5	
3	1	5	1	3	
4	1	1	5	3	
5	1	5	3	2	

续表

题目	各项分值				您的得分
	A	B	C	D	
6	2	1	2	5	
7	1	5	3	2	
8	1	1	5	2	
9	5	1	1	1	
10	3	2	1	5	
11	1	5	1	1	
12	1	3	5	1	
13	1	5	3	1	
14	1	2	1	5	
15	2	3	5	1	
16	1	1	5	2	
17	3	1	5	1	
18	3	1	1	5	
19	3	5	2	1	
20	1	2	3	3	

得分参考分析如下。

100 分：您是一位专业的推销员；

90～99 分：您是一位优秀的推销员；

80～89 分：您是一位良好的推销员；

70～79 分：您是一位普通的推销员；

60～69 分：您需要努力；

50～59 分：您需要接受推销培训；

49 分及以下：您该考虑重新选择更合适的职业。

9.2.2 推销员的培训

推销员的培训是培育推销人才的过程。许多企业在招募到新的销售人员之后，立即派他们去做实际工作，企业仅向他们提供样品、订单簿和销售区域情况介绍等。这些企业担心培训要支付大量费用、薪金，会失去一些销售机会。但事实证明，训练有素的销售人员所增加的销售业绩要比培训成本更大，而且，那些未经培训的销售人员其工作并不理想，他们的推销工作很多是无效的。

在顾客自由选择度日益增强和产品复杂程度越来越高的今天，推销员不经过系统的专业训练，是不能很好地与顾客沟通的。有远见的企业在招聘之后，都要进行几周乃至数月的专业推销培训。国外企业的平均培训时间，产业用品公司为 28 周，服务公司为 12 周，消费品公司为 4 周，培训时间随销售工作的复杂程度与所招入销售机构的人员类型的不同而有所不同。如 IBM 公司的新销售代表头两年是不能独立工作的，公司希望其销售代表每年用 15% 的时间参加额外的培训学习。

1. 培训计划的制订

培训计划需要明确的问题有：培训目标、培训时间、培训地点、培训方式、培训师资、培训内容等。培训计划的设计应考虑到新人培训、继续培训、主管人员培训等不同类型培训的差异。

1）培训目标

培训目标有许多，每次培训至少要确定一个主要目标。总的来说，培训目标包括发掘销售人员的潜能，增加销售人员对企业的信任，训练销售人员工作的方法，改善销售人员工作的态度，提高销售人员工作的情绪，奠定销售人员合作的基础等。最终提高销售人员的综合素质，以增加销售业绩，提高利润水平。

2）培训时间

培训时间可长可短，根据需要来确定。确定培训时间需要考虑以下几个方面。

(1) 产品性质。产品性质越复杂，培训时间应越长。

(2) 市场状况。市场竞争越激烈，培训时间应越长。

(3) 人员素质。人员素质越低，培训时间应越长。

(4) 要求的销售技巧。若要求的销售技巧越高，需要的培训时间也越长。

(5) 管理要求。管理要求越严，则培训时间越长。

3）培训地点

依培训地点的不同可分为集中培训和分开培训。集中培训一般由总公司举办，培训对象是企业所有的销售人员，一般知识和态度方面的培训，可采用集中培训，以保证培训的质量和水平；分开培训是由各分公司分别自行培训其销售人员，有特殊培训目标的可采用此法，可以结合推销实践来进行。

4）培训方式

培训方式有在职培训、个别会议培训、小组会议培训、销售会议培训、定期设班培训和函授等。各企业可根据实际情况选择适宜的方式。

5）培训师资

培训师资应由学有专长和富有销售经验的专家学者担任。任教者应具备如下条件：对于所授课程有彻底了解；对于任教工作具有高度兴趣；对于讲授方法有充分研究；对所用教材随时进行补充和修正；具有乐于研究及勤于督导的精神。

6）培训内容

培训内容常因工作的需要及受训人员已具备的才能而异。总的来说，培训内容包括以下几个方面。

(1) 企业的历史、经营目标、组织机构、财务状况、主要产品和销量、主要设施及主要高级职员等企业概况。

(2) 本企业产品的生产过程、技术情况及产品的功能用途。

(3) 目标顾客的不同类型及其购买动机、购买习惯和购买行为。

(4) 竞争对手的策略和政策。

(5) 各种推销术，公司专为每种产品概括的推销要点及提供的推销说明。

(6) 实地推销的工作程序和责任，如适当分配时间、合理支配费用、如何撰写报告、拟订有效推销路线等。

2．培训方法

常用的培训方法主要有课堂培训法、会议培训法、模拟培训法和实地培训法。

(1) 课堂培训法。这是一种正规的课堂教学培训方法。一般由销售专家或由丰富推销经验的销售人员采取讲授的形式将知识传授给受训人员。这是应用最广泛的培训方法，其主要原因在于费用低，并能增加受训人员的实用知识。其缺点是此法为单向沟通，受训人获得讨论的机会较少，讲授者也无法顾及受训人的个别差异。

(2) 会议培训法。这种方法是组织销售人员就某一专门议题进行讨论，会议由主讲老师或销售专家组织。此法为双向沟通，受训人有表示意见及交换思想、学识、经验的机会。

(3) 模拟培训法。这是一种由受训人员参与并具有一定实战性的活动，在模拟销售过程中进行培训的方法，为越来越多的企业所采用。其具体做法又可分为实例研究法、角色扮演法、业务模拟法等。实例研究法是一种由受训人分析所给的推销实例材料，并说明如何处理实例中遇到的问题的模拟培训法；角色扮演法是一种由受训人扮演销售人员，由有经验的销售人员扮演顾客，受训人向"顾客"进行推销的模拟培训法；业务模拟法是一种模仿多种业务情况，让受训人在一定时间内做出一系列决定，观察受训人如何适应新情况的模拟培训法。

(4) 实地培训法。这是一种在工作岗位上练兵的培训方法。在新来的推销员接受一定的课堂培训后即可安排在工作岗位上，由有经验的推销员带几周，然后逐渐放手，使其独立工作。这种方法有利于受训者较快地熟悉业务，效果很好。

9.2.3　推销员的日常管理

为了避免推销员工作范围的重叠或疏漏，必须对推销工作进行科学而周密的分工。如企业产品差别不大且技术性能不强，推销员的分工可采用地区分工法，即按产品推销的区域市场，把推销员分为若干小组，每个小组负责向一个地区市场推销企业不同种类的产品；如企业产品有显著差异而且专业技术性强，推销员的分工则可以采取产品分工法，即根据企业产品的不同类别，将推销员相应地分成若干小组，各自完成一类产品的推销任务。此外，还可按顾客的不同类型或综合上述几种因素对推销员进行分工。

对推销员的管理可采取的具体措施有以下几种。

(1) 制定推销手册。具体解释或示范推销产品的方法以指导推销工作。

(2) 组织推销会议。定期召开公司、地区、大区及全国性的会议，以加强对推销员的指导和管理，同时增进推销员之间的联系和友谊。

(3) 编制简报。用定期编制业务简报、内部刊物或不定期发出信函等方式，向推销员通报情况，并加强与他们的联系。

(4) 按规定写推销报告、推销记录。企业规定推销员填写推销报告和推销记录，可按日、周、月汇报推销工作情况及市场行情，还可要求推销员填写顾客登记卡，以便掌握顾客基本情况和推销员走访结果。

9.2.4　推销员的激励

企业销售目标的实现有赖于推销员积极努力的工作，如果推销员的主动性、创造性得到充分的调动,就能创造良好的推销业绩。对于大多数推销员来说,经常给予表彰和激励是非常必要的。从主观上来说,绝大多数人的本性是追求舒适轻松的工作和生活,回避需要付出艰苦努力的劳动。只有给予物质的或精神的激励,人们才能克服与生俱来的惰性,克服种种困难,满腔热情地投入工作。从客观上来说,推销工作的性质使得推销员常年奔波在外,脱离企业、同事和家人,极易产生孤独感;推销工作的时间没有规律,会对推销员的身心健康产生不利影响;推销工作竞争性很强,推销员常常和竞争对手直接接触,时时感受到竞争的压力;推销员在工作中被顾客拒绝是常有的事,即使付出艰苦的努力也不一定能得到订单,经常受到挫败会使他们的自信心受到伤害。管理部门应当充分认识推销工作的特殊性,经常不断地给予推销员激励,才能使推销员保持旺盛的工作热情。另外,推销员经常出差,不能很好地照顾家庭,可能引起家庭矛盾或导致婚姻危机,推销员个人也会被身体健康状况或债务等多方面问题所困扰,推销管理部门也应注意到这方面的问题,采取妥善的方法激励推销员克服困难。

企业可以通过环境激励、目标激励、物质激励和精神激励等方式来提高推销员的工作积极性。

案例 9-3

华为销售人员的激励

不让销售人员为温饱问题发愁

虽然钱不是万能的,但是没有钱却万万不能。华为虽然不断提倡艰苦奋斗的作风,但对销售人员的起薪水平却普遍高于同行业水平。

按照驱动力 3.0 的原理,温饱问题和小康问题既然都解决了,"内在动机型驱动力"就会蓬勃而出,这是一种"发现新奇事物、进行挑战、拓展并施展才能以及探索和学习的内在倾向"。而且高起薪也能聚合到高素质的人才,而高素质的人才又能引发高水平的业务竞赛与绩效产能。

不搞业务提成模式,搞奖金包

公司根据项目利润管控要求,留出一部分作为铁三角团队的短期激励奖金包,大家可以在奖金包中根据各自的贡献论功行赏,合理分配。当然,公司会给出一个在 AR、SR、FR 中可供参考的分配比率,但具体如何分配,可以由项目负责人进行灵活调配。

在传统企业中,似乎只有 AR 客户经理在前方开疆拓土,而在华为模式中,已经由客户经理的单兵作战转变成小团队作战,变成了面向客户的"铁三角"作战单元。奖励分配比率不会刻意对客户经理岗位进行倾斜,更多的是基于铁三角的岗位职责与业务贡献而确定。在华为,"以岗定级,以级定薪,人岗匹配,易岗易薪"也是进行铁三角激励执行的重要原则。

执行差异化多元化的激励模式

在华为,既有项目签约与交付成功后的短期激励,也有完成年度目标后的长期激励;既有对成熟市场深耕细作的激励政策,也有对空白市场和重点市场打攻坚战的额外激励。

正如华为在内部文件中所指出的那样,要"建立当期激励和回溯激励相结合的机制"以及"落实公司不让雷锋吃亏的激励导向"。你付出了,公司就会奖励你;你愿意勇挑重担,攻坚克难,公司就会重重地奖励你。而且多元化的激励模式,还有利于放大销售人员的视野与格局,不纠结于一时一刻的个人得失,而是谋求个人与企业更长远的发展。

(资料来源:https://www.163.com/dy/article/HO4UMNTB0552P451.html)

营销启示:华为的激励模式还与其面对的市场与客户特点有关,也与其企业文化和价值观息息相关,并不一定适合所有企业的销售管理模式。其他的企业可以借鉴,但不可一味地照搬照抄。合适的,就是最好的。

1. 环境激励

环境激励是指企业创造一种良好的工作氛围,使推销员能心情愉快地开展工作,企业对推销人员的重视程度很重要。有些企业认为销售代表不怎么重要,有些企业则认为他们是实现企业价值的人,给他们提供许多的机会。事实证明,如果对销售代表不重视,其离职率就高,工作绩效就差;反之,其离职率就低,工作绩效就高。企业可以召开定期的销售会议或非正式集会,为销售代表提供一个社交场所,给予销售代表与公司领导交谈的机会,给予他们在更大群体范围内结交朋友、交流感情的机会。

2. 目标激励

目标激励是指为销售代表确定一些拟达到的目标,以目标来激励销售人员上进,企业应建立的主要目标有销售定额、毛利额、访问户数、新客户数、访问费用和货款回收等,其中,制定销售定额是企业的普遍做法。

许多公司为其销售代表确定销售定额,规定他们一年内应推销的数量,并按产品分类确定。销售定额是在制订年度市场营销计划的过程中确定的。公司先确定一个可能达到的合理的预计销售指标,然后为各地区确定销售定额,各地区的销售经理再将定额分配给本地区的销售代表。

确定销售定额有三个学派观点供参考:高定额学派认为,定额应高于大多数销售代表所能达到的水平,这样可刺激销售代表更加努力地工作;中等定额学派认为,定额应是大多数销售代表所能达到的,这样销售人员会感到定额是公平的,易于接受,并增加信心;可变定额学派认为,定额应依销售代表的个体差异分别设定,某些人适合高定额,某些人则适合中等定额。

销售定额的实践经验表明,销售代表的反应是不完全一致的,其实在实行任何一种标准时均会出现此种情况。一些人受到激励,因而发挥出最大潜能,一些人感到气馁,有些销售经理在确定定额时对人的因素极为重视。一般来讲,从长远的观点看,优秀销售人员对精心制定的销售定额将会做出良好的反应,特别是当报酬制度按工作业绩作适当调整时更是如此。

对销售人员个人确定销售定额时应考虑销售人员以往的销售业绩、对所辖地区潜力的估计、对销售人员工作抱负的判断及对压力与奖励的反应等多种因素。

3. 物质激励

物质激励是指对做出优异成绩的销售人员给予晋级、奖金、奖品和额外报酬等实际利益,以此来调动销售人员的积极性,物质激励往往与目标激励联系起来运用。研究人员在评估各种可行激励的价值大小时发现,物质激励对销售人员的激励作用最为强烈。

4. 精神激励

精神激励是指对做出优异成绩的销售人员给予表扬，颁发奖状、奖旗，授予荣誉称号等，以此来激励销售人员上进。对于多数销售人员来讲，精神激励也是不可少的，精神激励是一种较高层次的激励，通常对那些受正规教育较多的年轻销售人员更为有效。所以企业负责人应深入了解销售人员的实际需要，他们不仅有物质生活上的需要，而且有诸如理想、成就、荣誉、尊敬、安全等方面的精神需要，尤其当物质方面的需要基本满足后，对精神方面的需要就会更强烈一些，如有的公司每年都要评出"冠军推销员""推销状元""推销女状元"等，效果很明显。

 课程思政：高举理想目标

素材：建党 100 周年献词视频

在物质生活不断丰富的今天，精神的需求越发显得重要，在物质激励的基础上更要注重对精神的激励。作为当代大学生更要树立远大理想目标，为实现第二个百年目标、为实现中华民族伟大复兴的中国梦而努力奋斗。

讨论：观看视频，讨论在实现第二个百年目标过程中，作为当代大学生，我们可以做什么？如何更好地参与？结合推销员职业谈谈你的想法。

视频：建党100周年献词

9.3 应收账款管理

应收账款的管理是推销管理当中重要的一块内容，推销员成功地把产品卖出去后，如果货款收不回来，其实并没有完成一次完整的推销任务，只有成功地把货款收回来才算一次推销工作的圆满完成。而且，如果货款收不回来对自身和企业都会造成很大的经济损失，因此，推销员还要学习应收账款的管理，做到货款能及时回收，避免产生呆账、坏账，给企业经营带来损失。

微课：应收账款管理

9.3.1 应收账款的含义

本节所讨论的应收账款是企业销售产品以后应该收回但还没有实际收回的销售货款。最后由于对方企业倒闭、恶意拖欠等原因造成的企业实际无法收回的账款，叫作呆账、坏账，一般超过应收日期 6 个月以上不能收回就会被视为呆账、坏账纳入处理程序。应收账款从理论上视为可回收货款，从财务上计入企业的流动资产。应收账款过多就会使企业现金流不足，重则造成企业资金链断裂而出现严重经营风险。应收账款如果不能及时催收，超过一段时间就会转变为呆账、坏账，给企业带来严重的经济损失。

9.3.2 应收账款风险防范要领

由于各种原因，在应收账款中总有一部分不能收回，形成呆账、坏账，直接影响企业经济效益和推销员业绩评价。应收账款的管理,是一件未雨绸缪的事情,可从以下几个方面进行。

1. 建立完善的信用制度

随着市场竞争的加剧,在我国消费品行业,赊销甚至已成风气,不赊销就没法销售,所以,赊销现象的普遍存在是应收账款产生的主要原因,现款现货或者说先款后货政策较难执行。为了降低不良应收账款的产生,应做好事前预防,建立严格完善的信用评价制度,对客户的信用进行严格的评估,按等级进行管理。例如,累计拒付风险系数在 10% 以内的客户为 A 级客户,在 10%~20% 的客户为 B 级客户,等等。企业对于不同信用等级的客户应区别对待,即对其分别采取不同的信用政策,包括接受或拒绝客户信用申请,以及给予不同的信用条件等。

2. 树立良好的收款心态

应收账款的形成有客观因素,也有主观因素。有的应收账款是由于推销员的胆怯、软弱和碍于情面造成的。应该认识到,客户是利用我公司品牌赚钱的,赚钱之后支付货款是天经地义的,催收货款也是理所当然的,不要碍于情面不好意思开口,或内心软弱不敢催收,或对拖延付款的顾客无底线妥协等。

3. 掌握适当的收款方法

收款是一门学问,不但要有胆量,还要有耐心和恰当的方法。比如掌握收款时机、未雨绸缪提前催收、债务发生尽早催收、"死缠烂打"、利用第三方的压力催收等。

9.3.3 应收账款的催收方法

应收账款的催收是一件艰苦和富有挑战性的工作,推销人员要重视客户的信用调查,随时了解客户经营状况,采取适当的方法及时收回账款。

1. 催收货款要及时

研究表明拖欠时间与平均收回款的成功率成反比,货款拖欠半年内应该是最佳的收回时机,欠款 60 日内,收回的可能性几乎是 100%,100 天内收回的可能性接近 80%,180 天内收回的可能性是 50%,超过 12 个月,收回的可能性是 20%。因此,催收货款一定要按约定及时催收,绝不能从今天拖到明天,从明天拖到后天。

2. 要勤上门催收

对所有应收账款都要勤催,勤上门,并且要在合同规定的收款日提早上门。销售人员自己都不挂在心上,自然客户也不会十分重视,从而造成催收的难度加大。

3. 要适度运用"死缠烂打"策略

对于一些总是不好要钱的客户,要有一种不达目的不罢休的精神。不要让客户觉得你很好对付,不给钱你也没有办法。死缠烂打,有时候是一种很好的方法,当然要尽量不要伤了和气。

4. 催讨方式因客户而异

对有信誉、只是一时周转不灵的客户,适当给予延期,诚信催收,并尽可能为他出谋划策,帮他联系业务等,以诚心和服务打动客户,达到收回账款的目的。要注意在收款完毕后再谈新的生意。这样,生意谈起来也就比较顺利。

对于支付货款不干脆的客户,要在约定的收款日期前往,在事前就催收,并提前告知所欠款项数额、交款方式等,这样做一定比收款日当天来催讨要有效得多。

对于付款情况不佳的客户,应直截了当地告诉他你来的目的就是专程收款。如果收款人员吞吞吐吐、羞羞答答的,反而会使对方在精神上处于主动,在时间上做好如何对付你的思想准备。

如果客户一见面就开始讨好你,或请你稍等一下,他马上去某处取钱还你(对方说去某处取钱,这钱十有八九是取不回来的,并且对方还会有"最充分"的理由,满嘴的"对不住"),这时,一定要揭穿对方的把戏,根据当时的具体情况,采取实质性的措施,迫其还款。

如果经过多次催讨,对方还是拖着不肯还款,就要开动脑筋,采用一些非常规的手法灵活催收。或者得知对方手头有现金时,或对方账户刚好进了一笔款项时,应立刻前去收款。

5. 适度运用法律武器

对于恶意欠款,为了减少企业的损失,适度拿起法律武器,通过律师催收,或通过人民法院起诉索赔。

9.4 推销组织管理

9.4.1 推销组织的概念和作用

1. 推销组织的概念

推销组织的定义没有统一的说法,但基本内容类似。这里我们认为推销组织是一个团队,这个团队有明确的目标和任务,是负责计划、组织、安排、控制和指导推销员遵照企业的总体发展目标开展推销活动的企业管理系统的一级管理机构。

微课:推销组织管理

2. 推销组织的作用

推销组织的作用不仅仅是推销企业的产品,对于企业的各方面也都发挥着重要的作用,归纳起来主要有以下几点。

(1) 推销组织是联系企业和消费者的纽带。推销组织通过自己的推销队伍直接和消费者接触,并将消费者的意见反馈给企业。企业通过推销组织能及时了解消费者的消费需求以及需求变化情况,及时调整企业的营销战略和计划。

(2) 推销组织能有效地管理推销员。推销员在外直接面对激烈的市场竞争,在各自负责的推销区域既是企业的形象代表,也是企业与顾客联系的友好使者。推销员对内肩负着企业产品打入市场、扩大市场占有率的销售重任。推销组织只有很好地管理推销员,才能为推销员实现这些使命和责任提供有效的保证。

(3) 推销组织有利于提高推销员的推销能力和水平,提高整个企业的推销业绩。推销组织直接掌握推销员的推销能力和水平,能及时根据各个推销员的不足对症下药,进行技能和知识培训,能有效地开展推销员的培训,最大限度地提高推销员的推销能力和水平。

(4) 推销组织有利于推销员之间的交流与合作。推销组织是推销员的集中场所,并定期组织推销员进行各种信息、技能和经验的交流。为推销员互相沟通、加强友谊和联系提供了非常有利的条件和场所。

9.4.2 建立推销组织

完成企业的销售目标、充分发挥推销过程给企业带来的附加效应,不能仅靠个人的推销行为,必须有一个强有力的管理机构——推销组织。建立好的推销组织不仅能搞好企业的市场营销工作,使企业的产品能更快更好地推向市场、占领市场、扩大市场占有率,而且对实现企业整体发展战略目标奠定扎实的物质基础。

1. 影响建立推销组织的因素

建立推销组织受许多因素的影响,影响比较大的因素有以下几项。

1) 企业内部因素

(1) 企业规模。一般情况下企业的规模和推销组织的规模成正比,企业规模越大,推销组织也越复杂。

(2) 企业类型。企业类型在很大程度上决定着企业推销组织的形式。比如,服务业推销组织的重要部门是广告宣传和市场调研部门,而原材料行业的推销组织,其存储和运输部门的规模应该比较大,分工也细致。

(3) 产品和服务特点。首先,从产品的种类看,如果企业生产的产品种类繁多,结构复杂,则要在广告宣传、营业推广和销售管理上投入较多的人力和资金。因此,推销组织的规模就越庞大,需要的人员越多,同时技术要求也更高;反之则少。其次,从产品质量和生产成本上来看,如果企业提供的产品质量高而成本却低,则推销难度不大,推销组织就应注意加强新产品开发和客户服务等部门的力量;而对质量差、成本高的产品,不仅要用到强大的推销力量,推销组织还需要采取相应的策略。

2) 企业外部因素

(1) 市场供求状况。市场供求状况对企业推销组织的组织方式、工作重点和推销费用等方面均产生重要影响。在供求平衡的情况下,企业推销组织的工作主要集中在市场调研、新产品开发、客户服务以及利用广告和公共关系树立企业形象等方面;当供过于求,推销组织的任务就是要设法调动一切积极力量,采用各种推销手段开拓市场,同时要根据市场需求情况为企业提供及时准确的信息;当供不应求时,推销组织的工作重点应放在及时发现市场供求状况的转变,积极引导消费者转向替代商品,利用有利时机扩大企业影响力上。

(2)企业的客户。企业的推销组织要根据本企业客户数量的多少,客户的类型、客户的地区分布、客户对企业提供产品或服务种类和数量的需求以及客户自身的发展变化来调整相应机构,确定推销员的业务区域,制订推销方案,采取适当的推销方法和手段。

另外,还有一些因素也影响着企业推销组织,如科学技术的进步、社会政治条件的变化等,企业在选择合适的推销组织模式时应全面考虑各个因素对本企业推销组织的影响程度。

2. 推销组织的规模

推销组织的规模主要指推销队伍的规模。正常情况下,推销员的增加,推销力量会相应增加,企业的推销额也会相应增加,但推销员的增加与推销额的增加不是成正比例的。当推销员超过一定数量时,销售额的增长率则会呈递减趋势,主要原因是推销费用增加,推销成本上升。因此,需要科学地确定企业推销队伍的规模。推销组织的规模可以采用工作负荷法或定员法来确定。

1) 工作负荷法

一旦公司确定了它要接触的消费者人数,就可以用工作负荷法来确定推销队伍的规模。这个方法包括以下几个步骤。

(1) 将客户按年销售额分成大、小类型。

(2) 确定每类客户所需访问的次数(每年对每位客户的推销访问次数)。

(3) 每天一类客户数和每类客户所需的访问次数相乘所得到的乘积相加得到的值,就是整个地区的工作量,即每年的客户访问的次数。

(4) 确定一个推销员每年平均推销访问的次数。

(5) 用每年所访问总次数除以每个推销员的年平均访问次数,便确定了所需推销员的人数。

例如,公司估计全国有1000个A类客户,2000个B类客户,每个客户每年需要的访问次数A类客户36次,B类客户是12次。这意味着公司需要每年进行$1000 \times 36 + 2000 \times 12 = 60000$次的推销访问。假设每个推销员一年进行1000次的访问,则该公司需要60位专职推销员。

2) 定员法

定员法是按照企业各类产品或各种市场的销售量来确定应配备的推销员的数量。按产品销售量配备推销员时,要考虑各种不同类型市场的区域特点。有的市场区域面积很大,但销售量并不多,有的却相反。如沿海地区一个市就要配备一名推销员,而西部地区可能一个省或几个省才配备一名推销员,因而要灵活掌握。

3. 推销组织机构组建的方法

企业在组建推销组织机构时,一般采用以下几种方式。

1) 区域组织法

在最简单的推销组织中,各个销售代表被派往不同的地区,在该地区全权代表公司负责销售业务。这种推销组织结构有以下一系列优点:首先,此方法对推销员的职责有明确的划分。作为地区唯一的推销员,因人员推销的效益不同,他可能独享荣誉,也可能因该地区销售不佳而受到指责。其次,地区负责制提高了销售代表的积极性,激励他去开发当地业务和培养人际关系,这对于推销员提高推销业绩有很大的帮助。最后,差旅费相对较少,因为各推销员仅在一个较小的区域内出差。

一般被公司派往一个地区负责销售工作的业务员被称为"区域经理",他们主要的工作职责因公司的不同业务会有所不同。以下是某公司区域经理的职责条款:

(1) 寻找和推荐有能力、有信誉的代理商。
(2) 依照公司政策建立区域内的销售网络,加强售后服务及资信管理。
(3) 定期进行市场调研,制订并执行该地区月、季、年销售计划,费用预算,贷款结算等计划及总结。
(4) 协调、管理并督促区域内各代理商的销售进程。
(5) 向公司提出区域组织管理发展的建议及区域市场信息状况。
(6) 积极参与完成公司组织的相关活动和工作。

该公司对区域经理的待遇,实行"基本工资+绩效工资+提成+奖金"的运作方式,即只要经公司认可的区域经理,公司将按月发给基本工资,区域经理完成公司交给的基本任务将得到绩效工资,超额完成任务开始兑现提成,对于出色完成任务的区域经理,除提成外公司还将给予适当的奖励。

2) 产品组织法

推销员对产品重要性的了解,加上产品生产和产品管理的需要,使许多公司都用产品线来建立销售队伍结构,特别是当产品技术复杂,产品之间联系少或数量众多时,按产品专门化组建销售队伍就比较合适。例如,柯达公司就为它的胶卷产品和产业用品配备了不同的推销队伍,胶卷产品推销队伍负责密集分销简单产品,产业用品推销队伍则负责那些需要了解一定技术的产业用品,但两个推销队伍的收入不同,胶卷推销队伍只领取薪金,而产业推销队伍的报酬则是"底薪+提成"。

然而仅仅是公司产品的不同,还不足以成为按产品建立推销组织的充分理由,如果公司各种产品都由同一个客户购买,这种组织结构可能不是最好的。例如,某医药批发商有好几个产品分部,各个分部都有自己的推销队伍,很可能在同一天好几个推销员到同一家医院去推销,如果只派一个推销员到该医院推销公司的所有产品,就可以省下许多费用。

3) 市场组织法

公司经常按市场或消费者类别来设计自己的推销组织,推销队伍可以按行业的不同甚至是消费者的不同建立。按市场组建推销队伍的最明显的优点是每个推销员都能了解消费者的特定需要。

美国通用电气公司曾按产品(风扇马达、开关等)来组建其推销员,但后来又改成按行业组织(如空调行业、汽车行业),原因在于消费者是按行业来购买风扇马达、开关等产品的。

4) 复合型组织法

如果公司在一个广阔的地域范围内向各种类型的消费者推销种类繁多的产品,通常将以上几种组建队伍的方法混合使用。推销员可以按地区—产品、产品—市场、地区—市场等方法加以组织,一个推销员可能同时对一个或多个产品线经理或部门经理负责。

企业在进行销售组织的管理过程中就应合理选择建立推销组织的方法，使队伍内所有销售因素能够达到资源整合，发挥最大的销售效用，取得最大的推销效果。

本章小结

推销绩效考核的依据有推销员的销售报告、企业销售记录、客户评价、企业内部职员的意见。推销绩效标准应与销售额、利润额和企业目标相一致，应根据整个市场的潜力和每一位销售人员在工作环境和销售能力上的差异制定绩效考核标准。推销绩效考核的方法主要有横向考核法、纵向考核法和尺度考核法。推销控制的基本方法有战略控制、过程控制和预算控制等，这些方法从不同角度出发全面控制企业的推销活动。

推销员管理包括推销员的甄选、培训、日常管理和激励。推销员甄选可通过大中专院校、人才交流会、职业介绍所、广告、内部职员介绍、行业协会推荐和业务接触等渠道进行；推销员培训要先制订计划，可采用课堂培训、会议培训、模拟培训和实地培训；推销员日常管理可通过制定推销手册、组织推销会议、编制简报、按规定写推销报告和推销记录等进行；推销员激励通过环境激励、目标激励、物质激励和精神激励等方式来提高推销员的工作积极性。

应收账款是企业销售产品以后应该收回但还没有实际收回的销售货款。应收账款过多就会使企业现金流不足，重则造成企业资金链断裂而出现严重经营风险。应收账款催收方法：催收货款要及时，要勤上门催收，要适度运用"死缠烂打"的策略，催收方式要因客户而异，适度运用法律武器。

影响建立推销组织的因素有企业内部因素和企业外部因素。推销组织机构组建的方法主要有区域组织法、产品组织法、市场组织法和复合型组织法。

巩固与应用

1. 主要概念

绩效考核标准　推销控制　推销组织　推销人员管理　应收账款管理　推销员日报表

2. 复习思考题

（1）如何确定推销绩效考核标准？
（2）推销绩效考核的依据是什么？
（3）推销控制包括哪些内容？
（4）建立推销组织常用哪些方法？
（5）简要说明影响建立推销组织的因素。

3. 课堂实训

实训背景：

（1）要求学生按照第 1 章自组公司和确定的经营背景完成。

(2) 时光如白驹过隙,年关临近,公司年终总结大会胜利召开了。

实训活动:

(1) 销售部部长针对一年来的推销员绩效考核、推销员管理、推销组织管理三个方面进行了总结。

(2) 董事长(教师扮演)宣布关于任命销售部部长为新一任总经理的决定。

(3) 新一届销售部部长竞选。

① 销售部所有成员主动报名。

② 竞选新任销售部部长的销售员开始竞选演说,并针对未来一年的推销员绩效考核、推销员管理、推销组织管理等方面提出自己的看法和工作计划。

③ 股东(教师与其他公司负责人扮演)投票选举新任销售部部长。

4. 课外实训

任务:调查了解企业的推销绩效考核依据(推销员的销售报告、企业销售记录、客户评价、企业内部职员的意见),以及企业实际的推销控制过程。

目的:熟悉推销绩效考核和推销控制过程。

要求:可以小组为单位,也可以个人为单位,写出调查报告。

考核点:企业推销绩效考核依据、企业推销控制措施。

5. 案例分析

销售人员的激励方案

某电子产品企业的销售部门按行政区划将全国划分成不同的销售区域,每年年初向销售区域总经理下达其所辖销区的销售计划。销售区域奖金总额根据该销售区域销售总额的一定比例提取。每个业务人员的奖金也与其负责区域的销售额挂钩。如果销售区域完不成销售计划,无论什么原因,销售区域所有人员的奖金都会受到很大影响。

为提高自己的销售量,业务人员在向批发商推销产品时,往往向客户承诺一些难以实现的优惠条件,比如批发商进货达到一定量时给予高额返利,向批发商或者专卖店提供进行统一形象装修的补贴等。同时,为扩大自己的销售额,除开拓自己负责的区域外,还向相邻销售区域的经销商以优惠条件批发产品,以至于最后各销售区域之间互相抢占对方地盘。

刚开始时,这种做法的确提高了企业的销售额,企业也因此在一些地方的市场占有率得到大幅度提高,销售区域经理和业务人员的奖金收入在业内达到了中高水平。但是两三年以后,这种做法的弊端就开始暴露出来。首先是许多经销商发现该企业的业务人员不守信用,令他们蒙受了很大损失,纷纷停止从这家企业进货;其次,由于各销售区域之间互相冲货愈演愈烈,严重影响了企业的整体市场策略。最后,企业的整体销售业绩开始下滑。

(资料来源:http://www.sdwen.com/zonghefanwen/549132.html)

思考:

(1) 分析本案例中的激励方案存在的问题。

(2) 谈谈对此激励方案的改进方案。

参考文献

[1] 谢和书,陈君.推销实务[M].2版.北京:中国人民大学出版社,2021.
[2] 郑锐洪,李玉峰.推销原理与实务[M].2版.北京:中国人民大学出版社,2020.
[3] 张迎燕,陶铭芳,胡洁娇.客户关系管理[M].南京:南京大学出版社,2021.
[4] 江帆,谭字均.现代销售技术[M].北京:机械工业出版社,2022.
[5] 陈守则.现代推销学教程[M].2版.北京:机械工业出版社,2018.
[6] 杨芳琼,傅翔.现代推销实务[M].北京:机械工业出版社,2018.
[7] 尹彬.现代推销技术[M].2版.北京:高等教育出版社,2023.